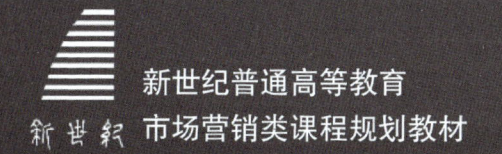

新世纪普通高等教育
市场营销类课程规划教材

市场营销
——前沿、演练与实训

Marketing—Frontier,Practice and Training

郭国庆 总主编
姚　飞 主　编
徐　莉　邓　蕊 副主编

大连理工大学出版社

图书在版编目(CIP)数据

市场营销：前沿、演练与实训/姚飞主编. -- 大连：大连理工大学出版社，2021.1(2023.3重印)
新世纪普通高等教育市场营销类课程规划教材
ISBN 978-7-5685-2779-8

Ⅰ.①市… Ⅱ.①姚… Ⅲ.①市场营销学－高等学校－教材 Ⅳ.①F713.50

中国版本图书馆CIP数据核字(2020)第241669号

市场营销——前沿、演练与实训
SHICHANG YINGXIAO——QIANYAN、YANLIAN YU SHIXUN

大连理工大学出版社出版
地址：大连市软件园路80号 邮政编码：116023
发行：0411-84708842 邮购：0411-84708943 传真：0411-84701466
E-mail:dutp@dutp.cn URL:https://www.dutp.cn
大连市东晟印刷有限公司印刷 大连理工大学出版社发行

幅面尺寸：185mm×260mm 印张：15.75 字数：360千字
2021年1月第1版 2021年1月第1次印刷
2023年3月第2次印刷

责任编辑：王晓历 责任校对：李明轩
封面设计：对岸书影

ISBN 978-7-5685-2779-8 定　价：47.80元

本书如有印装质量问题，请与我社发行部联系更换。

新世纪普通高等教育市场营销类课程规划教材编审委员会

主任委员：

郭国庆　中国人民大学

副主任委员（按拼音排序）：

安贺新　中央财经大学

杜　岩　山东财经大学

王天春　东北财经大学

张泉馨　山东大学

周志民　深圳大学

委员（按拼音排序）：

常相全　济南大学

陈转青　河南科技大学

戴　勇　江苏大学

邓　镝　渤海大学

杜海玲　辽宁对外经贸学院

高　贺　大连交通大学

关　辉　大连大学

郝胜宇　大连海事大学

何　丹　东北财经大学津桥商学院

姜　岩　大连交通大学

金依明　辽宁对外经贸学院

李　丹　大连艺术学院

李　莉　大连工业大学

李玉峰　上海海洋大学

廖佳丽　山东工商学院

刘国防　武汉工程大学

刘世雄　深圳大学

吕洪兵　大连交通大学

牟莉莉　辽宁对外经贸学院

乔　辉	武汉工程大学
申文青	广州大学松田学院
史保金	河南科技大学
孙晓红	渤海大学
陶化冶	山东工商学院
王　鹏	山东财经大学
王素梅	长江师范学院
王伟芳	北京石油化工学院
王伟娅	东北财经大学
吴国庆	河南科技学院
姚　飞	天津工业大学
伊　铭	上海商学院
于国庆	大连艺术学院
于　宁	东北财经大学
张德南	大连交通大学
赵瑞琴	河北农业大学
郑　红	北京第二外国语学院
郑锐洪	天津工业大学
朱德明	三峡大学
朱捍华	上海金融学院

前　言

本教材旨在提高学生全面营销实战的能力,可作为普通高校本科生和MBA"市场营销学"教材,也可作为企业营销经理人培训的专门教材。

实操性：为师生教与学创造更多价值

本教材的内容编排将"教"与"学"过程实操化。每章包含营销名言、引导案例、理论知识、穿插案例、营销演练和案例实训等内容,均以学生参与、教师引导为主线。为提高教学效果,特别建议：一是教师吃透本教材设计的课堂教学等内容；二是学生课前认真阅读案例,思考问题并预习理论知识；三是学生积极参与课堂互动；四是学生课后认真回顾与总结。

前沿性：新时代下有底线的全面精准营销

这是一个中国企业尤其是互联网企业集体崛起的新时代！从营销实践上,本教材既保留国外经典案例,也精选体现时代变迁的华为、海尔、百度、腾讯(微信)、京东、今日头条(抖音)、小米等富有时代特征的中国案例。

从营销理论上,以价值观、大数据、社区、新技术为基础的线上与线下相结合的全面精准营销已成为营销大势,本教材将相关前沿理论融入营销战略4P和战术4P的主框架中。

政治性：全面落实二十大精神

坚持以人民为中心,强调市场营销活动应该以人为本,关注和尊重消费者权益和需求,推动市场营销事业实现更大的人民利益。

推动创新,引领未来。市场营销需不断创新,鼓励学生具有勇于创新和开拓的精神,注重前瞻性和创造性,提升市场营销的竞争力和可持续性。

促进高质量发展。强调创新、协调、绿色、开放、共享的新发展理念,注重提高产品和服务的质量,促进市场营销事业的高质量发展。

坚持改革创新驱动发展。注重探究和创新市场营销理论和实践,推动市场营销活动的改革和发展,引领市场经济的发展和进步。

提高中国市场营销对外开放水平。推动中国市场营销对外开放,与国际市场接轨,培养会讲中国故事且具有国际视野的市场营销人才。

推进伟大事业。帮助学生了解中国特色社会主义伟大事业的发展历程和重大成就,坚定中国特色市场经济的发展方向,为实现中华民族伟大复兴的中国梦而奋斗。

本教材内容框架

本教材将内容分成如下三个模块,共十四章:

模块一:感悟营销真谛(第一至第三章)

模块二:战略4P(第四至第八章)

模块三:战术4P(第九至第十四章)

本教材由天津工业大学姚飞任主编,天津工业大学徐莉、邓蕊任副主编。具体编写分工为:姚飞完成初稿,徐莉、邓蕊结合自己的一线教学实践对案例与理论进行补充、更新和调整,最后由姚飞定稿。

在编写本教材的过程中,编者参考、引用和改编了国内外出版物中的相关资料以及网络资源,在此表示深深的谢意!相关著作权人看到本教材后,请与出版社联系,出版社将按照相关法律的规定支付稿酬。

限于水平,书中仍有疏漏和不妥之处,敬请专家和读者批评指正,意见或建议请发至1795984981@qq.com,以使教材日臻完善。

编 者

2023年3月

所有意见和建议请发往:dutpbk@163.com

欢迎访问高教数字化服务平台:https://www.dutp.cn/hep/

联系电话:0411-84708445　84708462

目 录

模块一　感悟营销真谛

第一章　营销生涯与理念 ………………………………………………………… 3
第一节　你会从事营销工作吗？……………………………………………… 4
第二节　营销理念 ……………………………………………………………… 9

第二章　营销本质 …………………………………………………………………… 25
第一节　营销误解 ……………………………………………………………… 26
第二节　理解市场与顾客 ……………………………………………………… 27

第三章　营销过程 …………………………………………………………………… 39
第一节　营销战略 4P ………………………………………………………… 40
第二节　营销战术 4P ………………………………………………………… 40
第三节　营销战术 4P 与 4C 的融合 ………………………………………… 41
第四节　营销 4R ……………………………………………………………… 42
第五节　营销的过程 …………………………………………………………… 42

模块二　战略 4P

第四章　市场环境分析 ……………………………………………………………… 55
第一节　企业营销的宏观环境 ………………………………………………… 56
第二节　企业营销的微观环境 ………………………………………………… 58
第三节　环境分析方法 ………………………………………………………… 61

第五章　消费者行为 ………………………………………………………………… 70
第一节　消费者购买行为分析的基本内容 …………………………………… 71
第二节　消费者的购买行为模式及类型 ……………………………………… 72
第三节　影响消费者购买行为的因素 ………………………………………… 73
第四节　消费者需求的特点及购买决策过程 ………………………………… 75

第六章　市场调查 …………………………………………………………………… 84
第一节　市场调查的重要性和科学性 ………………………………………… 85
第二节　市场调查的主要内容 ………………………………………………… 86
第三节　市场调查的基本过程 ………………………………………………… 87

第七章　市场细分与目标市场选择 ………………………………………………… 101
第一节　市场细分 ……………………………………………………………… 102
第二节　目标市场选择 ………………………………………………………… 108

第八章　市场定位 ... 116
第一节　市场定位的概念及依据 ... 117
第二节　市场定位的战略 ... 118
第三节　市场定位的程序 ... 119

模块三　战术 4P

第九章　产品决策 ... 129
第一节　产品的层次 ... 130
第二节　产品的分类 ... 131
第三节　单个产品决策 ... 135
第四节　产品线和产品组合决策 ... 135

第十章　品牌决策 ... 148
第一节　品牌内涵 ... 149
第二节　品牌价值 ... 149
第三节　品牌定位 ... 151
第四节　品牌策略 ... 151

第十一章　新产品开发决策和产品生命周期决策 ... 162
第一节　新产品开发决策 ... 163
第二节　产品生命周期决策 ... 168

第十二章　价格决策 ... 181
第一节　定价因素 ... 182
第二节　定价方法 ... 187
第三节　定价策略 ... 188

第十三章　渠道决策 ... 200
第一节　渠道设计 ... 201
第二节　渠道管理 ... 205

第十四章　促销决策 ... 221
第一节　人员推销 ... 222
第二节　营业推广 ... 223
第三节　广　告 ... 226
第四节　公共关系 ... 228
第五节　整合营销沟通策略 ... 229

参考文献 ... 242

附　录 ... 243
附录一　第三章营销演练参考答案及结果分析 ... 243
附录二　营销计划书的主要内容 ... 244

模块一　感悟营销真谛

透彻理解营销生涯、理念、本质和过程，为学习营销奠定基础，有利于做好营销职业生涯规划，并为深度学习营销增强动力。本模块分为三章：

☑ 第一章　营销生涯与理念

☑ 第二章　营销本质

☑ 第三章　营销过程

第一章　营销生涯与理念

人生处处是营销。

——佚名

对于一艘盲目航行的船来说,所有的风都是逆风。

——哈伯特

学习目标

1. 了解营销工作的内涵并学会营销职业生涯规划。
2. 了解并掌握各种营销理念。

引导案例

案例1.1　马云的营销人生

1988年,马云从杭州师范学院毕业后,应聘30多次全部失败。后来,马云任教后干得风生水起,当选过杭州十佳教师,在西湖边上发起了第一个"英语角",在杭州市的翻译界也小有名气。再后来,马云进入互联网行业创业,创办"中国黄页"。

马云初入互联网行业遇到的最大营销挑战是怎么向别人证明互联网的存在。中国黄页的业务是将国内单位的资料放到互联网上,让外国人能看到。但那时候国内还没有互联网,谁也不了解,属于"信则有,不信则无"的状态。马云及其营销团队在收到客户资料后翻译成英文,然后快递给美国合作方做成网页。但客户看不到网页,怎么可能付钱呢?马云不懂技术,能做的事情就是不断地"说",他每天出去对客户讲互联网的神奇,但客户不相信,马云打印网页让他们看,还请客户打国际电话,让在美国的亲戚朋友上网查证。央视的纪录片里,马云梳着八分头、背着一个黑色的单肩包,敲门和人说:"我是来推销中国黄页的",随即便被对方"请了出去"。

1995年,上海终于开通了互联网,"中国黄页"团队向客户提供额外服务——通过长途电话接入互联网,但从美国到上海需要3个半小时才能看到网上的照片。尽管如此,马云依然欣喜若狂,但在很多没有互联网的城市,马云则仍被称为"骗子"。

就是在这种屈辱中,马云一步一步将阿里巴巴做大。目前,马云已辞去阿里巴巴董事长的职务,选择当一名教师。马云曾说过,他永远忘不了教师这份伟大的职业。(资料来源:作者整理)

思考:

1. 你了解哪些营销工作?马云当教师和营销有联系吗?
2. 你觉得马云是怎么应对营销职业挑战的?

理论知识

第一节　你会从事营销工作吗?

一、营销工作

市场经济条件下,营销部门是企业的核心部门,专业的营销精英也是绝大多数企业的紧缺人才。许多公司的"一把手"都是从市场营销开始做起的。据统计,我国劳动力市场每年都存在数以百万的专业营销人才缺口,市场营销职位稳居历年全国人才市场招聘数量第一,营销人才的工资水平也是同级别员工的领先者。随着市场竞争的加剧,市场越来越细分,一些细分行业对营销人才的需求更为紧缺。比如,在我国,IT营销人才曾一度非常紧缺,近年来,移动网络营销人才缺口很大,尤其对既懂营销又懂移动网络的综合人才更为急需。对于就业市场来说,市场越不景气,对营销人员的需求越紧迫、要求就越高。

遗憾的是,在营销领域里有很多鱼龙混杂的人员。因为营销环境和消费者一直在变化,越是变化快的行业,往往越让人捉摸不透,所以不管是谁,都可以冒充"营销专家"到处忽悠。很多人把营销工作简单地理解为销售工作,或者感觉营销这个词很好听,显得工作比较高深,实则根本不理解营销工作的内涵。事实上,在企业实践中,营销工作涉及的范围很广,可简单地分为市场工作和销售工作。

很多公司专设市场部门负责市场工作,包括:企业产品与品牌形象的宣传和推广,与媒体、广告公司、会展公司、印刷公司打交道,具体工作小到印制宣传单页,大到参加制定营销战略、发动大规模的市场推广活动,等等。通俗地讲,市场部门是花钱的部门,是对销售部门有力的支持,一些公司形象地称呼市场部门为"空中部队"。并非所有公司都专设市场部门,但几乎所有公司都有销售部门(少数企业又称为业务部门),销售部门负责推销相关工作,实际上就是面向终端客户,直接把企业的产品卖给意向客户。销售部门可以说是企业的赚钱部门,一些公司形象地称呼销售部门为"地面部队"。当然,有的公司为了节约成本,把销售和市场两个部门合并在一起,但工作内容依然是分开的。当然,也有很多公司将市场与销售工作混为一谈,市场部就是销售部,做市场就是做销售。本教材将二者加以区分,着重体现营销工作的专业性。

简言之,营销工作是一个系统,包括销售工作和市场工作,二者在工作内容、工作方式、思维方式和结果诉求等方面存在明显区别,具体情况见表1-1。

表1-1　　　　　　　　　销售工作和市场工作的区别

区别	销售工作	市场工作
工作内容	客户拜访、订单达成、客户服务等	市场调研、市场推广、品牌策划等
工作方式	推销赚钱;以固有产品或服务来吸引或寻找客户	推广花钱;以客户需求为导向来有效地开发市场
思维方式	由内向外;重战术思考;以推销为中心,注重推销技巧和方法	由外而内;重战略思考;以满足市场需求为中心,注重客户满意度与忠诚度
结果诉求	通过推销把现有产品卖好;关心短期销量提升	通过市场策划让产品好卖;关心客户价值和品牌价值

这里需要指出的是,许多公司经常出现市场工作和销售工作脱节、市场部门和销售部门矛盾冲突的问题,表现在以下几个方面:

(1)信息沟通不畅

销售部门是企业接触市场的最前沿部门,对市场动态、竞争信息的了解通常是最直接、最全面的;然而,市场部门在进行市场决策时,往往不能及时地从销售部门获取有价值的市场信息。市场部门是负责企业营销策略整合的部门,对企业的市场、渠道及品牌策略理解深刻;但是,销售部门很少了解本企业各种具体方案背后的市场、渠道、品牌目标及核心策略。

(2)方案操作性欠佳

在很多企业中,促销方案或营销策略的制订被认为只是市场部门的事情。在方案制订过程中,市场部门不重视与销售部门讨论,销售部门也极少主动参与。市场部门为了使方案更具市场竞争力,通常会全面考虑市场状况及竞争对手的策略,却极少考虑本企业销售运作的实际状况。

(3)销售执行不力

市场部门和销售部门沟通协作不力造成营销方案的制订与销售执行脱节。在销售人员执行过程中,市场部门可能既不了解方案的实际可行程度,又不了解方案所产生的真实效果。而销售部门可能不了解公司营销方案的目标及核心策略,使其在销售人员执行过程中只能够考虑如何利用公司资源实现直接效益(如短期销量)最大化,更有甚者会"活用"公司营销方案造成公司实际损失。

优秀的公司会处理好销售与市场工作的矛盾,把战术与战略、眼前和未来、短利和长利、生存和永续结合起来,从而实现从销售到营销的跨越。本教材内容侧重为市场工作而编写,尽量兼顾销售工作。针对销售工作的系统性内容,请参阅本教材作者的另一本教材《客户关系管理:销售的视角》。

二、营销职业生涯

营销职业生涯可划分为销售职业生涯和市场职业生涯。对于大学生和年轻人来讲,规划营销职业生涯并非易事。案例1.2介绍了一位大学生营销职业生涯的困惑。

穿插案例

案例1.2 一位大学生营销职业生涯的困惑

我大学学习的是市场营销专业,坦率的来说,没学到特别有用的东西,只悟到了五个字"凡事有捷径"。大一的时候,我就立志要做一名商人,这也是我一辈子的梦想。

毕业之后我毫不犹豫地选择了销售工作,包括卖电子产品、衣服、鞋子、牛奶,做啤酒代理……所做的一切都是为以后做铺垫。但可惜的是,都没有坚持下来。一年后我加入了武汉顶益(康师傅),开始了三年营销之旅。

我们先接受新人培训。培训师为中国台湾人士华中三省总经理黄总,我现在还记得他说的第一句话:"中国大陆有14亿人口,个个想出头,你们凭什么?"培训结束后,我被分到了长沙城区,先是跟着别的销售员跑小卖部。一周后,我开始单独工作了,负责长沙大学、中医大学等地方,这时的我充满了激情,不停地跑单,做陈列,一直在同事中抢着出头,一心想着把业绩做好,职位得到提升。那段时间,我骑着一辆电动车跑遍了长沙市的大街小巷,越干越起劲,起得比鸡早,睡得比狗晚,做得比牛多。晚上有做不完的报表、促销回馈、看板……九点下班后,去超市买菜或者楼下吃夜宵。心里一直还坚持着一个信念"吃得苦中苦,方为人上人"。我很快成为当地销售冠军、优秀员工,大概经过一年时间又如愿升职,负责城区特殊渠道,这个职位真的有很多的空闲时间,我告诉自己不能虚度光阴!经过一番慎重的考虑,我把所有的积蓄拿了出来,还找朋友借了七万元,代理了一款高档白酒,惶恐过了几个月后,最终也算小赚了一笔。后来,我被调到益阳市,主要负责城区整个市场,工作还算顺利。没多久,我在这里成了家,也买了房。接下来,过着朝五晚九的生活,感觉有点混日子了。四年了,我该如何走好下一步棋子,未来的路在何方呢?(资料来源:作者整理)

(一)销售职业生涯

据调查,70%的总经理都是销售出身的。高科技企业超过50%的总经理都是理工科专业背景,毕业后从技术转向销售,再转向销售管理,最终走向总经理的职位。比尔·盖茨大学二年级休学,创办微软公司之后,从销售做起,推销自己开发的软件,跟客户签合同。IBM的创始人托马斯·约翰·沃森(Thomas·J·Watson),毕业于美国埃尔米拉商业学校。1896年进入美国收款机公司担任推销员,1914年进入计算制表记录公司(CTR)任公司经理,10年后沃森将该公司改名为IBM并成为其创始人。沃森能成为20世纪前半叶伟大的企业家之一,得益于他的销售经历及营销才能,他说服大量商家放弃分类账簿,使用穿孔卡这种原始的会计机器来计账,使IBM闻名遐迩。他给世界留下了一句箴言——思考。

对年轻人或刚毕业的大学生而言,销售是最可能在短时间内获得成功的职业。销售人员作为企业员工中相对独立的一个群体,与财务人员、研发人员、生产人员、技术人员等岗位相比,销售工作的岗位入职要求较低。从事其他工作的人员无论是从事技术性或服务性工作,只要身体健康、年龄适当,都有可能转到销售岗位上。较低的岗位,使销售成为很多人的就业切入点。由于销售是一个实践性非常强的职业,大家全凭业绩说话,而且业绩也比较容易衡量销售人员的能力,所以除了一些特别专业的技术销售岗位外,很多销售岗位对学历要求并不是很高。

销售职业有非常明显的特点:工作稳定性差,工作压力大,经常出差应酬。特别对于直接面向客户的基层销售人员而言,虽然工作时间比较自由,但由于销售指标的压力,常常使得销售人员很少有自己的私人娱乐时间。当然,销售也是一个高回报的职业,除了最高决策层外,多数企业中最容易产生高薪的岗位便是销售工作,和同级别的财务总监、人力资源总监相比,销售总监或经理的收入普遍会高出很多。

随着年龄的增长,当冲劲和激情淡淡褪去,对家庭的责任和对稳定生活的追求,使很多年轻的基层销售人员开始规划自己的职业方向。按照所从事的销售工作的内容,销售人员可分为高级销售人员(如销售总监、销售经理)、一般销售人员(多为客户代表)、推销人员(包括商场售货员和挖掘客户的推销员)和兼职销售人员。总体来看,销售人员有四种职业发展路径:一是纵向发展,成长为高级销售经理,不过能达到这一目标的销售人员为数很少;二是横向发展,转换到其他岗位;三是自己创业;四是专业发展,做销售领域的管理咨询或培训。

(二)市场职业生涯

精明的市场人员会根据市场调研和经验研究消费者的购买行为,制订成功的营销策略和计划,让企业在激烈的市场竞争中脱颖而出,增加企业销售额和利润。具体来讲,市场职业可细分为以下几种类型:

1. 市场调研

市场调研是为了提高产品的营销决策质量和解决营销工作中存在的问题,从而进行系统的、客观的识别、收集和分析营销信息的过程。市场调研人员既需要经常户外作业,穿梭于存在潜在客户群的各种公共场所获取一手信息资料,又要掌握统计分析基本工具方法。因此要求市场调研人员应具备良好的沟通和市场分析能力。市场调研人员可就职于不同的行业,包括一般公司的市场部门(有些公司设立专门的市场调研部门)、管理类、科研类以及技术类的咨询公司、市场调研和民意调查专业机构,等等。专业的市场调研人员通常经历调研员、分析师、市场研究经理、市场研究总监等职业发展路径。

2. 营销策划与咨询

营销策划是以一定的营销理念为指导,根据企业的营销目标,以满足消费者需求为核心,制定营销战略和战术的过程。营销策划人员通常经历市场专员、市场经理、市场总监、市场副总裁等职业发展路径。营销策划人员也可在咨询公司工作,在很多知名的咨询公司都有许多不同领域的市场专家,他们主要从事品牌策划、市场研究等相关咨询工作,为不同客户提供营销咨询服务。营销咨询人员通常经历客户经理、分析师、咨询顾问、咨询总监等职业发展路径。

3. 广告策划

广告策划的目的是用较低的广告费用取得较好的促销效果。广告策划工作内容包括分析广告机会、确定广告目标、形成广告内容、选择广告媒体以及确定广告预算等。广告策划人员可以到广告公司工作，也可以到部分公司的市场部或广告部（通常大公司才设立）工作。广告策划人员通常负责提炼产品卖点、撰写商业策划书、执行广告策略、制订并执行媒体计划等工作。在广告公司工作，通常经历广告策划专员、策划经理、策划总监、合伙人等职业发展路径；在一般公司工作，职业发展路径与营销策划人员相似。

4. 品牌管理与公共关系

品牌管理工作的核心就是品牌策划，主要包括品牌定位、品牌设计、品牌保护、品牌传播和品牌更新。公关关系工作是指企业在处理企业与社会、公众、媒体关系时所进行的相关活动，目的是塑造企业良好的品牌形象，提高企业的品牌价值。例如，大型快速消费品公司（宝洁、联合利华等）往往会设立品牌管理或公共关系岗位来负责不同品牌的管理或公共关系工作。品牌管理或公共关系人员通常经历品牌管理或公共关系专员、品牌管理或公共关系经理、市场部经理、营销副总经理等职业发展路径。

5. 新媒体营销

新媒体营销是基于特定产品的概念诉求与问题分析，借助门户网站、搜索引擎、社交网络、移动设备、App等新媒体，对消费者进行针对性心理引导的一种营销模式。新媒体营销工作可以往两个方向发展，若擅长文案工作，可以沿着编辑、总编辑的路径发展；若擅长营销策划工作，可沿着策划专员、营销专员或运营总监的路径发展。当然，这两条路径间也没有特别明显的界限，基础技能都是相似的，营销新手可考虑在这两个职业方向之间适时转换。

（三）销售职业生涯与市场职业生涯的转换与融合

市场工作与销售工作并无好坏之分，选择什么样的职业要考虑个人的兴趣、薪酬和行业差异。例如，在大部分企业，销售作为企业的创收部门，平均薪酬在企业内部偏高且与销售业绩挂钩；大型消费品、食品或饮料公司往往具有较高的市场预算，市场工作岗位不但薪酬较高，而且有较多的学习和历练的机会；当然，不少工业企业，销售和市场是一体的。

从理论上看，销售和市场之间可以相互转换。当销售人员具备一定的经验后，可以结合个人兴趣和组织需求，通过横向流动转向市场分析、公共关系、品牌建设与管理等市场工作，实现职业转型。当然，市场人员也可转向销售岗位。

从实践上看，优秀的营销人员应同时具备销售技能与市场技能。不懂销售做不好市场，不懂市场也做不好销售。一个有志成为职业经理人的营销者，应有丰富的销售经验与市场经验，并将二者融合起来促进营销职业的发展，否则，营销职业生涯是不完美的，对自己的发展也不利。

总之，对大学生或年轻人来讲，不能轻易说自己不适合做营销工作。营销工作范围广泛，不管未来打算从事市场工作还是销售工作，自我探索是非常关键的一步，应根据市场与销售两条发展路线的能力要求差异,选择职业切入点,在营销实战中逐步认清自己的职业发展潜力。自我探索遵循人－职匹配理论,该理论认为职业成功取决于人的个性特征与职业性质是否一致,这就要求人们在进行职业决策时,选择与自身的个性特征、工作性质与企业特点相适应的工作,如图1-1所示。

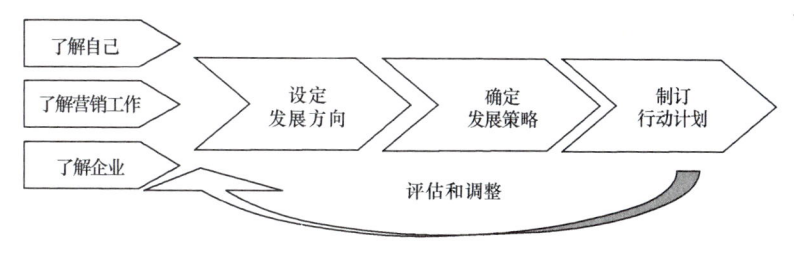

图1-1 营销职业生涯规划过程

第二节 营销理念

营销理念是指导营销决策人员进行市场营销实践活动的基本思想。自营销学于20世纪初在美国产生以来,营销理念不断创新与丰富,并向社会各个领域渗透。现实生活中,大到国家,小到个人,都可运用营销理念来指导实践。可以说,生活处处是营销,即使真的不适合做营销工作,了解一些营销理念也会受益匪浅。这里主要针对企业概括七种营销理念。

一、生产理念

生产理念是指企业的一切经营活动以生产为中心,围绕生产来安排一切业务,以产定销。生产理念的假设前提:消费者可以接受任何买得到和买得起的商品,因而企业的主要任务就是努力提高效率,降低成本,扩大生产。例如,20世纪20年代美国汽车大王亨利·福特曾说:"不管顾客的需要是什么,我们的汽车就是黑色的。"

生产理念产生和适用的条件:市场商品需求超过供给,卖方竞争较弱,买方争夺,选择余地不多;或者产品成本较高,只有提高生产效率,降低成本和销价,才能扩大销路。

二、产品理念

产品理念是在生产理念发展的末期出现的一种营销理念。这种理念认为,企业的主要任务是提高产品质量,只要产品好,就能卖出去;只要产品有特色,就会顾客盈门。在我国的"酒好不怕巷子深"和"一招鲜,吃遍天"等谚语中,都有产品理念的影子。这种理念和生产理念一样,无视消费者的需求和欲望。因此产品理念有两个缺陷:其一,工程师在设计产品时并不知道消费者对其产品的价值衡量标准,生产出来的产品很可能低于消费者预期价值,从而造成滞销;其二,企业一味追求高质量往往会导致产品质量和功能的过剩。高质量多功能往往附带着高成本,消费者的购买力是有限的,如果产品质量过高,客户就可能会拒绝承担为这些额外的高质量所增加的成本,从而转向购买其他企业的产品。

三、推销理念

推销理念可概括为"我们卖什么,就让人们买什么"。生产理念转变为推销理念,使销售工作在企业中的地位大大地提高,但没有跳出"生产导向"或"以生产者为中心"的范畴。仍然属于以产定销、先产后销的旧的营销理念。与生产理念的区别在于:推销理念认为消费者一般不会根据自身的需要和愿望主动地选择和购买商品,企业只有通过推销产生的刺激,才能诱导其产生购买商品的行为。因此,对于任何企业的产品,只要努力地推销,都可以销售出去。

四、营销理念

营销理念是以消费者需要和欲望为导向的经营哲学,是消费者主权论的体现,于20世纪50年代出现在美国。这种理念的准则是"市场(顾客)需要什么,就生产和推销什么"或者是"能卖什么,就生产什么"。决定生产什么产品的主权不在于生产者,也不在于政府,而在于消费者。这是一种以销定产的顾客导向理念,是营销学发展历史上的一次根本变革。

营销职能经历了作为一般功能、作为相对重要功能和作为核心功能的演变,目前,已发展到把营销看作整体功能,以消费者或顾客为核心的阶段,营销职能的演变如图1-2所示。

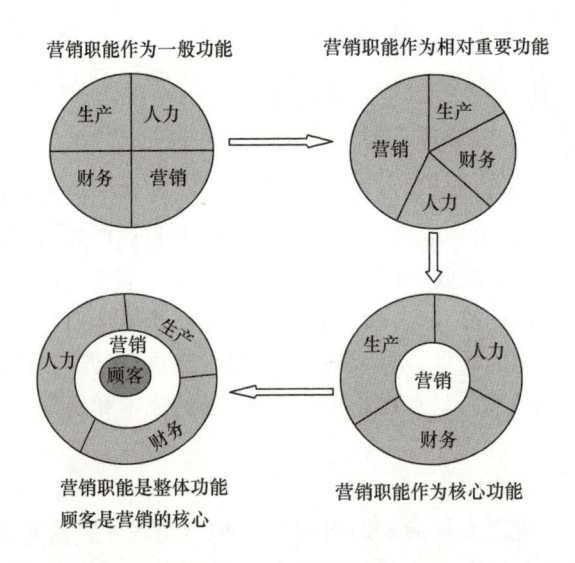

图 1-2 营销职能的演变

五、社会营销理念

进入20世纪70年代后,又出现了社会营销理念,这是在面对全球性的生态危机、资源短缺、人口增长、金融动荡等现象,单靠满足个体消费者需要的营销理念已远远不够的情况下发展起来的新观念。它要求经营者在奉行以消费者为中心的营销理念的同时,必须牢固树立起保护生态、节省人力资源和地球资源、限制人口增长以及实施经济、社会与自然相互协调的可持续性发展战略等价值观念。它主张营销活动应以顾客、社会与企业三方的共同利益为核心,强调企业目标与社会发展目标的统一。社会营销理念如图 1-3 所示。这是从更广大的全球全社会角度对消费者的长远需要和利益的认识和理解,也是对营销学本质更为全面和深入的认识。

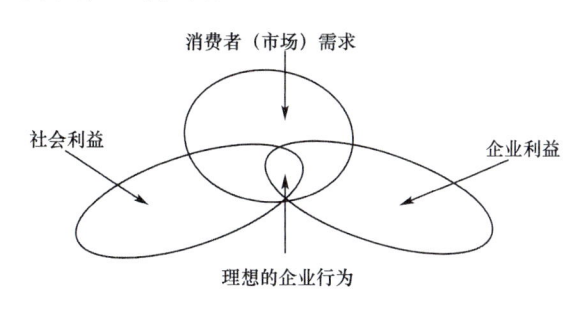

图 1-3　社会营销理念

六、大市场营销理念

现代世界经济迈向区域化和全球化,企业之间的竞争范围早已超越本土,形成了无国界竞争的态势。在这种背景下,出现了大市场营销理念,它是指为了成功地进入特定市场,并在那里从事业务经营,在战略上协调使用经济、心理、政治和公共关系等手段,以获得有关方面(如经销商、供应商、消费者、市场营销研究机构、政府人员、各利益集团、宣传媒介等)的合作及支持。

大市场营销除了包括产品(Product)、价格(Price)、渠道(Place)、促销(Promotion)等 4P 营销组合外,还包括另外两个 P:权力(Power)和公共关系(Public Relation)。

七、全面营销理念

全面营销理念注重营销活动的全面开发、设计和实施过程,其目的是提高整体营销绩效,它既关注财务回报,也关注非财务回报。前者涉及销售额、市场份额、顾客流失率、顾客满意度、品牌资产等指标;后者涉及营销活动对法律、伦理、社会、环境等方面的影响。它由整合营销、服务营销、关系营销和网络营销四大部分组成,如图 1-4 所示。本教材以全面营销理念为指导编写相关内容。

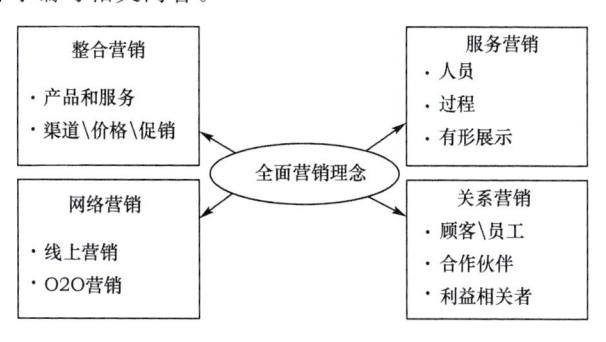

图 1-4　全面营销理念的要素

1. 整合营销

整合营销就是把广告、直接营销、销售促进、人员推销、包装、事件、赞助和客户服务等各个独立的营销活动整合成一个整体,以产生协同效应。

2. 服务营销

服务营销是结合服务自身的特点,将经典4P营销组合理论进一步拓展为包含人员(People)、过程(Process)、有形展示(Physical Evidence)的7Ps理论。

3. 关系营销

关系营销是把营销活动看成一个企业与顾客、员工、合作伙伴(供应商、分销商等)、利益相关者(股东、投资者、分析家等)建立长期关系的过程。

4. 网络营销

网络营销是以互联网为基本手段,为实现企业整体营销目标所进行的网上营销及关联活动。随着网络的普及与信息社会的发展,网络营销不仅关注网上客户和网民的需求,而且通过社会关系网络连接企业、社会公众和各种利益相关者,并为其传递有价值的信息和服务。O2O营销就是基于线上(Online)和线下(Offline)的全面营销。

本章习题

一、判断题

1. 在实践中,很多企业将营销、市场与销售三个概念混用,因此将营销工作分为市场工作与销售工作是没有意义的。（　　）

2. 销售与市场职业生涯是可以转换与融合的,优秀的营销人员应同时具备销售与市场技能。（　　）

3. 全面营销理念只关注财务回报。（　　）

二、单选题

1. 下列关于市场与销售工作的描述,正确的是（　　）。

A. 客户拜访、订单达成、客户服务是市场工作的主要内容

B. 市场调研、市场推广、品牌策划是市场工作的主要内容

C. 销售工作主要通过广告来开发市场

D. 销售工作通过市场策划让产品好卖,不关心短期销量提升

2. 下列（　　）不属于市场职业的细分方向。

A. 市场调研与广告策划

B. 销售管理

C. 营销策划、咨询与新媒体营销

D. 品牌管理与公共关系

3. 下列关于营销理念的描述,不正确的是（　　）。

A. 生产理念通常以产定销

B. 产品理念是只要产品能生产出来,就能卖出去

C. 推销理念可概括为"我们卖什么,就让人们买什么"
D. 营销理念可概括为"能卖什么,就生产什么"

三、简答题

1. 简述销售与市场工作的区别。
2. 简述销售人员的四种职业路径。
3. 简述全面营销理念的主要内容。

营销演练

非洲卖鞋——靠营销理念制胜

请仔细阅读下面营销故事,并完成相应的营销演练任务。

美国一家制鞋公司正在寻找国外市场,为了开发非洲一个岛国,公司先后派出四个人去考察市场。

第一个被派出去的考察人员叫张三,他在岛上转悠了半天,第二天就回来了。他在考察报告中声称:岛上的居民是不穿鞋的,他们没有穿鞋的习惯。简言之,这里的人不穿鞋,没有市场,建议公司不要进入该市场。

第二个被派出去的考察人员叫李四,他像张三一样在岛上转悠了半天,第二天就回来了。但他在考察报告中声称:岛上的居民虽没有一个是穿鞋的,但岛上暂时也没有鞋出售。由于存在这么巨大的市场空缺,公司可以把鞋大批量地运过去,给这些岛国的居民使用。简言之,这里人不穿鞋,但市场巨大,因此建议公司立即进入该市场。

第三个被派出去的考察人员叫王五,他比较了"国际贸易"和"本地化生产"两种模式后认为,岛国的原料、土地、劳动力、水、电等资源价格相对低廉,而公司的鞋厂距离岛国都非常远,而且岛国的关税低,综合两种模式所需的各方面成本,本地化生产的优势较高。只要新建的鞋厂能够保持每天 1 000 双以上的生产量(这对公司说是不难做到的),本地化生产每双鞋的成本就可比国际贸易节省 4 美元。按一个月生产 3 万双鞋计算,一个月就可以节省 12 万美元,半年公司就可以收回建厂的全部成本。所以,他建议公司到岛国设厂,就地销售鞋子。

最后,公司派出第四个考察人员马六,他在岛上待了一个月。他先拜访了许多普通居民,发现这里的居民根本没有穿鞋的习惯,并且大部分人的脚都是有疾病的,他们也想过很多办法去避免脚疾,但都不太奏效,他们都渴望脚疾得到根除。当他们了解到穿鞋可以避免很多意外伤害并且更有利于防止他们的脚疾后,都表示愿意且非常渴望拥有一双鞋。马六还了解到,岛国居民的脚普遍比公司所在的美国同年龄段的人的脚长 2 英寸~3 英寸,宽 1 英寸左右。

紧接着,马六又拜访了岛国的酋长,令他失望的是,他了解到这个岛国有个不成文的规定:不允许销售鞋产品。但通过酋长身边的工作人员打听到一些消息,若能做一些公关工作,还是可以拿到销售许可证的,不过这需要投入大约 1.5 万美元。曾经有一个有一定竞争力的公司派人来考察过,但当他们发现当地居民都不穿鞋以后,认为没有市场,就放弃了。不过也不能排除他们日后会卷土重来的可能性。岛国的居民都听从酋长的命令，马六跟酋长商谈过，也去岛上的香蕉园参观过，酋长有意向以20千克到30千克的香蕉换一双鞋的比例，换取制鞋公司专门为岛国定制的鞋，总数量大概10万双左右。

马六还了解到，这样的香蕉如果经过适当的包装，可以每千克30美元的价格卖给美国的某连锁超市，按1万千克计算，扣除包装、运输、关税、人员工资等，每千克香蕉的纯利润为23美元。1万双鞋如果从离岛国最近的厂运到岛国，公司的总成本为16万元，可以换得的香蕉总数量(按25千克香蕉换1双鞋算)是25万千克，而香蕉的总利润为575万美元，扣除鞋的成本，公司可以在第一笔交易中盈利559万元。如果鞋在本岛生产，每双鞋可以节省成本4美元，公司则可以得到563万美元的总利润。

同时，马六也计算过，投资设厂的资金需要200万元，而且从建厂到真正出成品至少需要1年时间。而公司在最近的鞋厂设计、生产1万双鞋，再运到岛国出售，只需一个半月。

经过上述考察，马六写了份考察报告，建议公司进军该市场。制鞋公司对马六的报告大加赞赏，同时给予重奖。

(资料来源：赵越. 市场营销实训[M]. 北京：首都经济贸易大学出版社，2007：7-8. 有改动)

营销演练任务

请每位学生认真回顾本章所学内容，扮演马六撰写正式的市场考察报告。要求学生在撰写报告时要综合运用各种营销理念，并发挥主观能动性查找相关资料。市场考察报告的提纲如下：

市场考察报告

报告人姓名：　　　　　　　撰写时间：　　　年　　　月　　　日

考察目的：

① _____

_____

② _____

_____

_____

_____

张三所采纳的营销理念：_____

_____

李四所采纳的营销理念：_____

_____

王五所采纳的营销理念:

建议使用的营销理念:

主要考察内容:
①
②
③

主要考察结论:
①
②
③

案例实训

案例1.3 商战不倒翁:娃哈哈公司创始人宗庆后的营销职业生涯

(1)宗庆后简介

宗庆后,1945年10月出生,高级经济师,浙江大学MBA特聘导师,娃哈哈集团公司董事长兼总经理。

宗庆后,共有兄妹5人,家庭成分较差,家庭非常贫困。

1949年后,宗庆后的父亲迁回杭州后找不到工作,他的母亲在杭州做小学教师,全家只能靠母亲的工资度日。

1963年,宗庆后初中毕业后,到舟山马目农场挖盐、晒盐、挑盐。

1964年,在浙江绍兴农场任调度。

1978年,宗庆后母亲退休,33岁的宗庆后回到杭州,顶替母亲教师岗位入工农校办纸箱厂做推销员。

1979年,在杭州光明电器仪表厂负责生产销售管理。

1981年,在杭州胜利电器仪表厂负责生产销售管理。

1982年,在杭州工农校办厂做业务员。

1986年,任杭州市上城区校办企业经销部经理。

1987年,宗庆后承包校办企业经销部。

1989年,创建杭州娃哈哈营养食品厂并任厂长。

2007年—2012年登上《福布斯》全球亿万富豪排行榜。

2010年、2012年、2013年中国内地首富。

2020年1月,当选"2019十大经济年度人物"。

(2)靠销售起步

1978年秋,从北京传来一个振奋人心的消息:鉴于全国各地的知青家长不断上访呼吁,中央新出台了一个文件,规定城镇干部职工退休后,其在农村下乡插队的知青子女可以返城顶替。

执教已经整整三十年的王树珍得知这一消息后,立即想到了要让宗庆后顶职回杭州。虽然她是那么热爱教师的岗位,平时有些小病小痛从来都不肯请假休息,但是为了儿子的前途,王树珍几乎是毫不犹豫地向学校递交了提前退休的申请。

1978年12月,尽管瑟瑟的寒风已经十分刺骨,但是迎风而行的宗庆后却感觉浑身包围在浓浓的暖意之中。他隐忍了多年、坚守了多年、执着了多年,在无私的母爱召唤下,终于守得云开见日出,踌躇满志地踏着寒风回到了阔别十五年的杭州。

可是,等待着宗庆后的,并不是大展宏图的疆场。由于文化程度低,回城顶职的宗庆后没能真正顶替上母亲的教师岗位,而是被安排到了同属教育系统的杭州上城区邮电路小学工农校办纸箱厂当工人。每天,他面对着一沓沓的纸板,唯一的工作就是不停地做纸箱。

难道千辛万苦回到城市里,仍旧要日复一日地在这种枯燥乏味的方式里生活吗?在艰苦的农村磨砺了十五年才终于走出大山的宗庆后自然心有不甘。他想,这里是省会城市杭州,不是那偏僻的山区,不是那闭塞的茶场,只要自己努力去争取,总有我可以施展才华的空间。

于是,内向沉稳的宗庆后开始逐渐显露出他性格中刚毅、好强的一面。他不断地向领导提各种各样的建议,并且敢于在众人面前发表自己的观点和意见。对那些看不惯的人和事,他也常常据理力争,根本不愿意看领导的眼色行事。

面对这个有些才干,却不太服管的大龄年轻人,正为产品的销路而犯愁的厂领导决定来个"人尽其才,任人唯贤"。你不是有那么多好点子吗?你不是这么能说会道吗?你不是觉得做纸箱对你来说是大材小用吗?那好,就请你来当供销员。

这个校办小企业的所谓"供销员",说出来实在有点寒酸,无非就是踩着三轮车卖冰棍、作业本、纸板箱等。在众人眼里,这活儿风吹雨打、吃苦受累,还不如坐在车间里糊纸箱来得轻松呢。可宗庆后却不这么认为,他照样干得很起劲。每天踩着三轮车为不同的单位送货,跟各种各样的人打交道,熟悉做买卖的套路和窍门,虽然做的都是不起眼的小生意,但是宗庆后觉得很充实、很开心。

令他更开心的还有一件事,就是厂里分了一间宿舍给他。虽然那宿舍远在拱宸桥,离他上班的地方有二十多里路,但这对一直和几个弟弟一起挤住在父母那个简陋房屋里的宗庆后来说,简直已经是一方天堂了。有了这间宿舍,他可以安安静静地读书,这可是他最大的享受。

更叫宗庆后意想不到的是,这间小小的宿舍不仅为他创造了一个难得的学习空间,还为他带来了一段姗姗来迟的美好姻缘。

在宗庆后宿舍的隔壁,住着一位退休的干部,这位细心的大伯看到孤身一人的宗庆后成天关在屋子里看书,从来不见他串门闲聊,更没见过他打牌喝酒,这样的年轻人实在有点难得。于是大伯开始留意起这位已经不算太年轻的小伙子。

"小宗啊,都快36了吧?不能光顾着看书,该考虑考虑个人的终身大事了。"观察了一段时间后,大伯忍不住发自内心地提醒宗庆后。

宗庆后憨憨地一笑,摸着头说:"没办法,找不到合适的啊。"宗庆后说的也并不完全是客套话。老实说,在乡下插队的时候,有很多女孩子主动接近他,可那时候他的确还不想谈恋爱。而现在,已经回城的宗庆后年龄毕竟也不小了,要说还不想谈女朋友,那可不是真话。只是缘分这东西可遇而不可求,宗庆后也没有太放在心上。不过在这位令人敬重的大伯面前,宗庆后还是敞开了心扉。

"瞎说,像你这样优秀的小伙子,怎么可能找不到合适的女孩子?"大伯拍拍宗庆后的肩膀,热心地说道:"这事儿就包在大伯身上了。"

说来也真巧,就在大伯处处留意为宗庆后物色对象的时候,他的一位老哥们跑来托他为自己的大女儿介绍男朋友。大伯一听,当时眼睛就亮了:这姑娘跟隔壁的小宗实在是太般配了!

对于老哥们家的这位女儿,大伯是比较了解的。姑娘名叫施幼珍,不仅模样长得端庄秀丽,而且性格温和善解人意。杭州第八中学新二届毕业后,按照当时的政策,她本来是可以留在城里的,可对家庭充满爱心和责任心的施幼珍为了把留城的机会让给妹妹,主动报名去了黑龙江兵团。在东北边陲完达山下一个名叫雁窝岛的地方,这位来自江南水乡的女孩经受住了各种磨砺和考验,在男知青成堆的兵团里,她一个女孩子从学习割麦、养猪干起,一直当上了畜牧排的副排长,令大家对她刮目相看。1978年,根据政策施幼珍回到杭州,被安排到商业系统工作。那时候她已经年过三十,在长辈眼里早已超过了谈婚论嫁的年龄,于是介绍朋友的、上门提亲的络绎不绝,有些热情大胆的男孩子索性直接向她表达爱慕之情,可外表娴静传统的施幼珍内心里却极有主见。她有自己的择偶标准,不看长相帅不帅、地位高不高、钱财多不多,只看人品好不好,有没有进取心。她觉得只要男友人品好,有上进心,跟着他将来肯定会过上幸福的生活。

施幼珍与宗庆后都是家中的老大,都在乡下经历了长期的生活磨炼,都是挺有思想的年轻人。他俩有着非常相似的经历,大伯觉得两人一定会有许多共同语言,于是立即给他们安排了见面的机会。

第一次见到施幼珍,宗庆后就有一种似曾相识的亲切感,清新秀丽的面容上洋溢着青春活泼的气息,落落大方的谈吐中透露出善良宽厚的个性,连平时很少正眼对着女孩子看的他,这回竟忍不住多看了几眼。而施幼珍对宗庆后的印象也很好,这个衣着朴素、举止稳重的男子,给人一种朴实、可靠而又非常独特的感觉。于是两人越谈越投机,越谈越觉得相识恨晚。

经过一年的交往,宗庆后和施幼珍的感情日臻成熟,终于到了谈婚论嫁的阶段。双方的家长见了面之后,对这对年轻人的婚姻也是赞不绝口,表示将尽全力替他们操办好婚事。

然而宗庆后知道,虽然两个弟弟都已长大成人,但三弟尚在念书,家里的经济条件仍然比较拮据,他实在不愿再给家里增添负担了。于是,不安于现状的宗庆后就暗暗思忖着要找机会跳槽到效益好的单位去。

(3)靠销售锻炼才干

当时,正是国家刚刚开始改革开放的时期,城乡大兴土木搞建设,许多与之相关的产品变得十分紧俏。比如电度表,就是当时的紧缺商品,杭州几家电器仪表厂的日子都非常好过。经过毛遂自荐,宗庆后凭着在校办厂当过供销员的经历,于1979年成功进入杭州光明电器仪表厂,担任生产销售管理员。

可市场是严酷的,推销是艰难的。电度表供不应求的好形势仅仅维持了一段时间,之后大批的乡镇企业就如雨后春笋般冒了出来,短短一年,浙江省就出现了数百家电度表生产厂家。这些乡镇企业机制更灵活、价格更低廉、推销更有力,杭州光明电器仪表厂"朝南坐"的好日子很快被乡镇企业冲得一去不复返了。订单越来越少,产品开始积压,企业领导急得如热锅上的蚂蚁,作为销售管理员的宗庆后,自然也感到了肩上无法推卸的重任。

受命于危难之中,才是英雄真本色!宗庆后背上近百斤重的几十只电度表样品,开始踏上了外出推销产品的征途。

辗转千里,赔足笑脸,磨破嘴皮,承受了一次又一次的冷遇回绝后,宗庆后终于在山西看到了曙光:一家单位欲出每只23元的价格,向宗庆后订购一千多只电度表。虽然这只是一笔利润并不怎么丰厚的订单,但毕竟是一个良好的开端,对于大批积压在厂里的产品来说,一千多销量的订单也可以算是雪中送炭了。

宗庆后顾不上休息,连夜打电话给厂领导报告喜讯,却怎么也没有想到竟被当头浇了一盆冷水。

"23元一只?你的价格报得太低了!"厂领导用责备的语气说道:"不要卖给他们了。你明天赶紧给我去广州,听说那边有人要上万的数量,而且每只的价格可以卖24元。"

受了"军命"的宗庆后尽管心里有点委屈、有点难受,但一想到有上万只的订单在等着自己,他立即调整好了心态,背起沉重的样品袋,又风风火火地挤上了开往广州的列车。

然而,当他历经艰辛来到广州后,却赫然发现厂里传达给他的竟然是一个子虚乌有的信息。什么24元一只!什么上万只的订量!人家精明能干的广东人,看到你如乡下人进城一般,背着大包小包的样品,马上就摆出一副爱理不理的样子。宗庆后赔着笑脸好话说尽,对方才显得很不情愿地说:"现在广州的电度表太多啦,看你这么辛辛苦苦赶过来,我就准备资金积压啦。18元一只,我进500只,怎么样?"

真是得了便宜还卖乖!宗庆后的倔劲上来了。"不卖了!"他背起电度表就走出了门。

可是走到大街上,渐渐冷静下来的宗庆后,心情不禁又沉重起来。跑了大半个中国,难道就这么灰溜溜地带着"零"的纪录回家去吗?虽然责任并不在自己身上,可要强的宗庆后还是觉得不甘,觉得脸上无光。

他想凭借自己的力量,再做最后的一番努力。于是宗庆后鼓足勇气,开始一家又一家地走访那些散布在广州城各个角落的厂家和店家,期待着奇迹能够出现。

然而,奇迹并没有出现。在广州劳心劳累地整整跑了几天,还是一无所获。

那天,疲惫不堪的宗庆后来到一家简陋的大排档,想解决一下温饱问题。在等着服务员把食物端上来的时候,邻桌两个客人谈论的内容引起了他的兴趣。从他们的交谈中宗庆后获得了一个重要的信息:与广东隔海相望的海南岛,正处在大开发大建设的时期,那里的机会很多。

说者无心,听者有意。两位陌生人的交谈如一道透过层层阴霾的阳光,刹那间照亮了宗庆后沉重了多日的心境。"对,去海南再做最后的一试!"直觉告诉他,海南很可能会有新的转机。

第二天一早,宗庆后没有向厂领导请示报告,甚至也没有通知家人,就踏上了继续南行之路。不是他没有组织观念,也不是他不牵挂家中的亲人,而是已经吃过一回错误决策之苦的他,可不想再重蹈覆辙了。因为他很清楚,此番独闯海南,还是冒一定风险的。但是他觉得这样的风险是值得的,即使海南之行仍以失败告终,他也无怨无悔,甚至让他承担责任也在所不辞,因为当他看到希望的时候他去努力了。

广州之行给了宗庆后一个深刻的教训:大城市是商家火力集聚的地方,竞争激烈,分羹的空间很小;而面向广大农村的县乡一级,却有着相当大的潜力可挖。这不禁让他想起了毛泽东关于在农村建立革命根据地和农村包围城市的伟大创举。营销好比是新时期的一场革命,同样应该放眼广大农村去开拓市场!有了理论的指导,一踏上海南这片热土,宗庆后便马不停蹄地直接深入当地的县乡。

没过几天,宗庆后果然在一个县里如愿谈下了第一笔订单,虽然数量并不大,但好歹总算实现了零的突破,这个来之不易的突破大大增强了他的信心。他索性一不做二不休,一个接一个地把海南岛的大小县城都跑了个遍。

功夫不负苦心人。一个月后,就在光明仪器仪表厂的领导们正在为宗庆后这个擅作主张、失去了音讯的销售员而大为恼火的时候,他却带着一份与海南某五金交电公司签订的供销合同胜利归来了。

面对订单,提心吊胆的领导终于松了一口气。他们甚至有些意外地发现,这位平时里就不太好管的销售员,不仅具有深入市场挖掘客源的本事,而且考虑问题其实也蛮周全的。比如,考虑到要货的客户分散在海南岛各地,万一出现拖欠货款的情况,收拾起来比较麻烦,牵扯的精力肯定会很大。于是宗庆后想了个办法,到海南的省会城市海口找了一家比较正规的五金交电公司,邀请他们作为中介方参与买卖活动,虽然多花了点钱,却为这批发往海南这块新市场的货物扎上了"安全带"。

宗庆后的胜利归来,也让为他担惊受怕了一个多月的家人们放下心来。望着一脸疲惫的宗庆后,一向敬重哥哥的弟弟们都忍不住数落起来:"你的婚期就快到了,还在天南海北地跑,连个消息都没有,你知道嫂子心里多担心啊!"

宗庆后面带歉意地望望施幼珍,得到的竟是宽容理解的一个笑脸:"你们就别说他了,他也是想把厂里的事情办好了,可以安安心心、踏踏实实地回来办婚事。"

1980年的劳动节,对于宗庆后来说,是他37年来最幸福、最重要的日子,这天他终于和33岁的施幼珍携手相牵、满怀憧憬地步入婚姻的殿堂。然而蜜月还未结束,宗庆后又被厂领导派到外地去催收货款了。

这一去又是近半个月的时间,四川、内蒙古,他一路跑过去,与拖欠货款的客户们软磨硬泡、斗智斗勇,总算把欠款一笔一笔地收了回来。可新婚不久的妻子,却只好在家里独守空房,望眼欲穿地盼望着丈夫早日回家。

婚后第二年,宗庆后的女儿宗馥莉出生,这个小小的新生命为宗庆后一家带来了无尽的欢乐,也带来了许许多多繁杂的日常琐事。可是,宗庆后还是那么地忙,忙得根本无暇腾出一点点精力来照顾家庭和孩子。多少个夜晚,当他风尘仆仆地从外地赶回杭州,回到家的时候,幼小的女儿早已进入了梦乡,望着床上那张天真无邪的小脸,宗庆后的心里充满了歉疚。

于是他又想到了跳槽。他想找一份相对安定一点的工作,能够有更多的时间留给妻子和女儿。

1981年,他跳到了杭州胜利仪表厂,还是发挥他的特长搞销售。当时因为电风扇的市场非常好,厂里几乎已不生产仪器仪表,全部转产电风扇了。可市场是变幻莫测的,不到一年时间,电风扇市场也急转直下,企业很快到了濒临倒闭的边缘。

1982年,经过了几番折腾的宗庆后又回到了杭州工农校办纸箱厂,其间甚至还兼任起了体育老师。不过在大家眼里,这时的宗庆后已经是一个颇有经营经验的人才了。事实上,经过两年时间的冲锋陷阵,他也的确在严酷的市场中经受了实践锻炼,并且积累了丰富的营销经验。

(4)从销售到营销,成就娃哈哈食品巨头

1987年5月1日,娃哈哈前身——杭州上城区校办企业经销部,于杭州市清泰街160号成立,多年后的中国产业巨子就此起步。当时,经销部仅三名员工——创始人宗庆后及两名退休教师,流动资金14万元,没有任何固定资产。

校办企业经销部主要向杭州上城区各小学供货,批发销售文具纸张、饮料等日常用品。不久,企业开始经销当年火爆的保健食品"中国花粉口服液",后来引进了一条简单的"灌装"生产线,为"中国花粉口服液"做配套加工,赚取微薄的加工费。

1988年,宗庆后得知"中国花粉口服液"可能存在激素。本着对顾客负责的态度,宗庆后停止经销该产品,同时,鉴于保健食品行业存在着很大的市场商机,宗庆后果断地从普通的小经销商转型为保健食品生产商。

1988年年中,杭州娃哈哈营养食品厂成立,"娃哈哈"品牌正式诞生。同年8月,娃哈哈儿童营养口服液上市。凭借着精确的市场定位、超前意识的广告效应——"喝了娃哈哈,吃饭就是香",儿童营养口服液两年之内红遍了中国,娃哈哈营养食品厂赚得了第一桶金。

1990年,仅这一项产品的销售额就近亿元,利税近3 000万元,在当年的全国500家最佳经济效益工业企业中排名第85位。创业才三年的娃哈哈意外地成为浙江省的利税大户、蓝筹企业,此后的娃哈哈一直都是各类工业企业排名的"常客"。

1991年,仅100余人的杭州娃哈哈营养食品厂,在杭州市政府的牵头下,进行了"小鱼吃大鱼"的尝试,以8 000多万元的代价有偿兼并了有2 000多人(包括700多名退休职工)的国营老厂——杭州罐头食品厂,该厂当时情况为资不抵债,经营陷入严重的困境。这既解决了当时供不应求的娃哈哈口服液的生产场地、熟练工人缺少等问题,同时也承揽了罐头厂近7 000万元的债务,解决了2 000多人的就业问题,一举多赢。

1991年年中,杭州娃哈哈集团有限公司成立。在娃哈哈营养口服液持续畅销的同时,宗庆后敏锐地感觉到保健食品生命周期的短暂性,难以长期持续发展,再次果断地由保健食品转型为食品饮料生产制造商。

1991年年末,娃哈哈果奶(儿童乳饮料)上市,凭借着"妈妈我要喝,娃哈哈果奶"的广告效应及产品质量,产品很快销售到大江南北。随后,宗庆后根据原杭州罐头厂的研发经验、生产资源推出了八宝粥、银耳燕窝等罐头食品及与外商合资生产的娃哈哈平安感冒液,前者销量也不错,目前仍居国内市场第一位;后者维持艰难,银耳燕窝等罐头食品几年后淘汰。

1994年,响应党和国家的号召——对口支援三峡移民建设,娃哈哈在重庆市涪陵以"移民经费与移民任务总承包"的改革思路,与当地政府各出资4 000万元,兼并了当地三家特困企业,组建了娃哈哈涪陵有限公司,这是娃哈哈在外省成立的首家子公司。娃哈哈以成熟的产品、成熟的技术、成熟的市场,辅以雄厚的资金实力,使涪陵公司一举打开僵局,产值、利税连年增长,娃哈哈系列产品在西南市场的影响力与日俱增。娃哈哈涪陵公司成为三峡库区最大的对口支援企业之一,跻身于重庆市工业企业的50强。

尝到"销地产"甜头的娃哈哈,自此开始了全国"销地产"生产力的布局,至2007年,有100多家子公司分布在全国各地(包括39家与达能合资的公司)。

1995年,急于扩大规模的娃哈哈,一年之内推出了红豆沙、绿豆沙、儿童健康饮料、清凉露、果冻、膨化食品、关帝酒、榨菜、康有利等10余种产品,但几乎全线失败(后来,宗庆后不得不承认这是重大的决策失误)。不过依靠着果奶、八宝粥等强势产品的发展,当年的销量依旧达8.8亿元,取得了两位数的同比增长,利税超亿元。

1996年初,娃哈哈痛下决心进军成人饮料——娃哈哈纯净水。娃哈哈纯净水凭借着价格、广告优势高调上市,当年即拿下全国市场占有率第一的销售业绩。次年,娃哈哈AD钙奶强势推出,这使得娃哈哈集团年营业额连破10亿元、20亿元大关。

1998年年末,娃哈哈集团的营业规模及营业利润开始位居中国饮料行业首位,企业声誉日隆,此后多年一直雄踞中国饮料业榜首地位。

1999年末,基于国退民进的战略方针,已经挂了多年"红帽子"的娃哈哈集团有限公司进行股权改制,还民营之魂。其中杭州市上城区国资局占51%的股份(两年后,国资局将5%的股权转让给娃哈哈集团公司职工持股会,还占46%;若不是2007年的达能事件,剩下的46%,也将可能转让给管理层和员工);宗庆后获得1.5亿元股本(其获取股本的资本金以个人信用向银行借贷而来),股权比例为29.4%;除宗庆后外的38名高管共持股权2.3%;职工按岗位级别获得持股配额,1 885名正式职工共持股8 923万元,占总股本的17.3%。

2001年,娃哈哈茶饮料、果汁饮料系列顺势推出,加上前几年的乳饮料、瓶装水、碳酸饮料,自此,娃哈哈定位于"全方位(全方位指全人群、全产品、全区域、全面推广,不断巩固并提升中国饮料业的榜首地位)饮料公司"的战略规划初见雏形。

2002年,在坚持以饮料业为主的同时,娃哈哈进军童装产业,被称为娃哈哈多元化元年。起初,宗庆后雄心勃勃,但低估了跨行业经营运作的艰难性,当年的娃哈哈童装目标销售额为10亿元,但至今仍在1亿元上下徘徊,处于一种进退维谷、处境尴尬的状态。

2003年,娃哈哈集团营业额超过100亿元,企业随即又提出了营业规模在3年~5年超过200亿元(2007年,娃哈哈的营业规模超过200亿元,即在第4年达到目标)、5年~10年达1 000亿元的"三次创业"的宏伟目标。

2005年开始,营养快线、爽歪歪、非常咖啡可乐等城市型产品相继强势上市,娃哈哈集团吹响了"农村包围城市,攻占大城市,解放全中国"的战斗号角。"洗脚上田",从"野战"到"正规战"的娃哈哈果然身手不凡,新产品不辱使命,在城市开始站稳脚跟,娃哈哈再次进入了发展的快车道。

2012年,娃哈哈集团公司实现营业收入636.31亿元,实现利税139.34亿。2018年营业收入下降至464.4亿元。(资料来源:作者整理)

1. 实训目的

(1)结合案例,加深对优秀营销人员特质、营销工作实质等知识点的理解。

(2)提高营销职业生涯规划的技能。

(3)加深对各种营销理念的理解。

2. 实训任务

(1)你认为宗庆后适合做营销工作吗?为什么?宗庆后是如何进行营销职业生涯规划的?

(2)根据背景资料,请归纳宗庆后从事营销工作面临的具体机遇与挑战。

(3)讨论娃哈哈的营销理念。

3. 实训步骤

(1)个人阅读

督促学生针对实训任务进行阅读,并在课前完成。针对学生特点,课堂上老师或学生还需再花费5~10分钟对案例学习要点及相关背景进行简单的陈述。

(2)案例的开场白(3~5分钟)

有人认为"宗庆后的推销经历是其创业成功的捷径",你认同这一观点吗?请简要说明理由。

(3)小组讨论与报告(20~30分钟)

主要在课堂进行,围绕"实训任务"展开讨论,同时鼓励学生提出新的有价值的问题。要求每个小组将讨论要点或关键词按小组抄写在黑板的指定位置上并进行简要报告,便于课堂互动。小组所报告的内容尽可能是小组所达成共识的内容。

小组讨论与报告

小组名称或编号:_____   组长:_____

报告人：_____　　　记录人：_____
小组成员：_____
_____

①小组讨论记录：
　　发言人1：_____
_____
　　发言人2：_____
_____
　　发言人3：_____
_____
　　发言人4：_____
_____
　　发言人5：_____
_____
　　发言人6：_____
_____
　　发言人7：_____
_____
　　发言人8：_____
_____

②小组报告的要点或关键词（小组所达成共识的内容）：
　　任务1：_____
　　任务2：_____
　　任务3：_____

(4) 师生互动（30～40分钟）

主要在课堂进行，老师针对学生的报告与问题进行互动，同时带领学生对本章的关键知识点进行回顾。并追问学生还有哪些问题或困惑，激发学生学习兴趣，使学生自觉地在课后进一步查询相关资料并进行系统的回顾与总结。

(5) 课后作业

根据课堂讨论，要求每位学生进一步回顾本章所学内容，形成正式的实训报告。建议实训报告以个人课后作业的形式进行，其目的是帮助学生在课堂学习的基础上，进一步巩固核心知识，联系自身实际思考并解决问题，最终形成一个有效或学生自认为最佳的解决方案或行动计划。要求学生在制订方案时应坚持自己的主见，学以致用。实训报告的提纲如下：

实训报告

对照宗庆后的职业发展历程，根据图1-1对自己的职业生涯进行简要规划：
　　若自己适合销售工作：_____
_____

_____
_____
_____
_____
_____

若自己适合市场工作：
_____
_____
_____
_____
_____
_____

根据营销理念的相关内容，请分析娃哈哈的各种营销理念：
① _____
_____
② _____
_____
③ _____
_____

根据图1-4及相关内容，帮助娃哈哈提出营销理念方面的改进建议：
① _____
_____
② _____
_____
③ _____
_____

(6) 实训成果的考核

根据学生课堂表现和实训报告质量，评定实训成绩。

第二章　营销本质

从顾客的观点来看,市场营销是整个企业的活动。

——彼德·德鲁克

营销是一门真正创造顾客价值的艺术。

——菲利普·科特勒

学习目标

1. 澄清营销误解并理解营销的本质。
2. 形成顾客终生价值的思维。

引导案例

案例 2.1　宜家的 1 元冰淇淋亏本吗？

如果列一份宜家的畅销产品榜单,排名第一的可能不是沙发、台灯、置物架,而是出口处 1 元一支的冰淇淋甜筒。仅 2015 年,宜家在中国就售出 1 200 万支甜筒。宜家冰淇淋在中国的售价是 1 元,在德国的售价是 1 欧元。1 元的冰淇淋不会亏本吗？

宜家创立之初就坚信"饿着肚子促不成好生意",所以每家门店都会设立餐饮部,它增强了宜家作为商业形态本身的整体吸引力和人气指数,增加了顾客的滞留时间。在全球市场,宜家餐厅的业绩占到商场总销售额的 5%;而在中国市场,比例超过 10%,看来吃饭的人要比来看商品的人多。

1 元的冰淇淋看似赔本,却为宜家带来了极佳的"终"体验,成为人们记住宜家的一个标记。当人们回忆起宜家的购物之旅时,会觉得整体行程都非常棒。(资料来源:巨头宜家的商业阴谋,搜狐网,2018-06-13)

思考:

1. 宜家的 1 元冰淇淋赔本营销的目的是什么？
2. 你觉得宜家的做法是否抓住了营销的本质？为什么？

理论知识

第一节 营销误解

一种营销活动短期的盈亏并不能反映公司长期营销的整体效果。在现实生活中,大部分的人都会对营销产生误解。一般情况下,对营销的误解可归纳为五类:

一、营销就是低价战

价格战泛指把价格作为竞争策略的各种市场竞争行为。营销中的价格战并非都是低价战,而是分为低价战和高价战两种。

低价战是通过降低产品的价格获得更多的消费市场份额,具有强大的杀伤力,被很多企业所采用,尤其是一些劳动密集型行业,如消费电子、日用消费等行业。低价战产生的原因有很多,比如同质化产品为争夺市场、规模经济导致行业成本降低、供过于求及被迫应对竞争等。一些企业,尤其是互联网企业,采取低价或免费策略增加客流量。低价战是市场经济的必然产物,它可以使消费者直接得益,促进市场扩张,提高社会购买能力及扩大需求。但是从长远来看,由于市场供求关系的不确定性,供过于求会周期性地发生,单纯的低价战会大大降低企业的创新意识,减少企业的积极性,因此导致企业甚至是国民经济的病态发展。

随着市场经济的高速发展,国内出现了一批对品牌和质量趋之若鹜而对价格不是很敏感的人。针对这种群体,一些企业拉高产品销售价格,配以多种营销手段,虽然将大多数人拒之门外,但是很大程度上提升了品牌和产品的价值感和稀缺感。很多国际高端产品就是运用这种营销策略,取得了巨大成功。当然,这种营销策略需要过硬的产品质量及强大的营销团队作为后盾。

总体来讲,价格战作为一种营销工具可以很好地帮助企业做好产品及品牌的营销推广,但是一定要配合其他营销工具同步进行,否则,营销效果将难以持续。

二、营销就是推销

这是最常见的"概念混淆"。事实上,推销只是营销的一部分,营销的内涵要比推销广泛得多。现代企业营销中一次成功的营销不再需要更多推销。营销持续贯穿产品周期的各个阶段,而推销只发生在产品制造之后,二者有着本质上的不同。具体来讲:

推销是企业市场营销人员的职能之一,但不是其最重要的职能。菲利普·科特勒指出,推销只是"市场营销冰山"的尖端,营销就是要让推销变得无用。

推销是市场营销的一部分,包含人员推销、广告宣传、营业推广、公共关系等活动。

如果企业市场营销人员全面做好市场营销研究,了解并满足顾客需求,做好分销、促销等市场营销工作,那么不用费力推销,产品就可以较容易地销售出去。

三、营销只是营销部门的工作

很多公司都设有专门的营销部门(不少公司细分为市场部和销售部)负责营销工作,但营销理念和营销工作得不到其他部门的认可和配合,再好的营销部门也是无法获得成功的。也就是说,公司有必要把营销理念传达给每个部门,使公司整体都能以客户为导向,从而形成营销氛围。那些成功的公司,总会试图将营销理念植入日常各项工作,为公司赢得更多的客户和更高的人气,从而赚取更多的利润。

四、营销就是巧妙的欺骗

在现实的营销过程中,一些企业为片面追求短期利润最大化,利用与消费者的信息不对称,在产品、价格、渠道、促销等诸多环节故意欺骗顾客,出现许多不道德的行为。如提供伪劣产品、虚假促销、骗人广告等,这些营销行为经常使用饮鸩止渴式或掠夺式的营销手段,只顾一时的利益,不惜牺牲顾客利益,短期可能有人相信,也能吸引新顾客,但因为难以让老顾客满意,所以通常会变成一锤子买卖,迟早会遭到顾客的抛弃。

随着法制社会的逐步健全和顾客变得越来越聪明,低劣的营销手段会逐渐消失。在越来越透明化的网络时代,真正好的产品必然能通过规范的营销手段来获得客户的信任,树立起品牌,并体现出应有的价值。这就要求营销者以诚实守信的态度与顾客沟通,以取得顾客信任为目的,促进营销的可持续性发展。真正的营销是可持续性营销,能够实现买卖双方的共赢,使顾客满意甚至忠诚。

五、营销理论是无用的

营销理论自古就有,货郎的叫卖、商铺门前的招牌、字号的由来都是一些营销的手段,只不过这些手段缺少归纳与理性。事实上,营销理论是对企业的成功经验、失败教训的提炼和系统总结,可以指导营销实践,帮助营销者少走弯路。但营销理论需要在实践中学习,在学习中不断升华。

今天的营销已经成为一门建立在经济科学、行为科学和现代管理理论基础之上的应用科学。市场营销学的研究对象是以满足消费者需求为中心的企业市场营销活动过程及其规律,其内容具有综合性、实践性、应用性的特点。市场营销是思和行的结合,是一门技能类学科,可以通过实训加以学习。

第二节 理解市场与顾客

生活中,营销无处不在。在小商店或大超市,你可以看到促销;在电视、报纸或网络上,你可以看到广告;在家里、学校或办公室,你随时会接触到各种营销活动。但我们看到的这些营销,往往只是表象。我们需要理解营销的本质,只有抓住了营销的本质,才能澄清营销误解,才能深入系统地学习营销理论并更有效地开展各种营销活动。

营销不仅仅是促销和广告，还涉及满足顾客需求。营销是通过适当的价格、适当的渠道和适当的促销为顾客提供适当的产品或服务，来满足顾客需求并创造出众的顾客价值。简言之，营销是公司为顾客创造价值、建立牢固的顾客关系并从顾客身上获得价值的过程。为抓住营销本质，营销人员需要了解市场需求、顾客满意、顾客忠诚、顾客让渡价值、顾客终生价值、顾客资产等核心概念。

一、市场需求

市场是产品现有和潜在购买者的集合。需求是有购买能力的特定需要。营销意味着管理市场需求带来有利可图的客户关系。因此，必须搜寻购买者，识别并满足其需求。图 2-1 给出了现代市场体系的核心要素。

在这个体系中，公司和竞争者把各自的产品和信息直接或通过营销中介传递给最终用户。每一个部分都为下一部分增加价值。箭头代表必须发展和管理的关系。因此，公司的整体营销业绩取决于整个系统满足最终用户需求的程度。

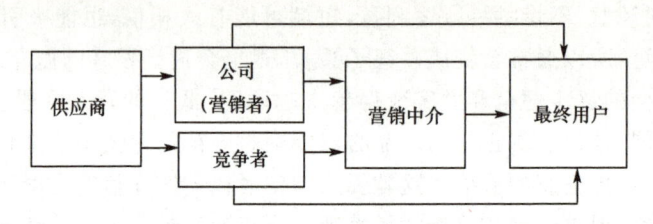

图 2-1　现代市场体系的核心要素

二、顾客满意

顾客满意是指一个人通过对一个产品的可感知效果与期望值相比较后，所形成的愉悦或失望的感觉状态。当商品的实际消费效果达到消费者的预期时，顾客就会满意，否则，就会导致顾客不满意。由此可见，满意水平是可感知效果和期望值之间的差异函数。如果可感知效果低于期望值，顾客就会不满意；如果可感知效果与期望值相匹配，顾客就会满意；如果可感知效果超过期望值，顾客就会高度满意。顾客满意度是对顾客满意做出的定量描述，可定义为：顾客对企业产品和服务的实际感受与其期望值比较的程度。据美国汽车工业调查，一个满意的顾客能带来 8 笔生意，而一个不满意的顾客会影响 25 个人的购买意愿。所以，顾客满意度已成为很多企业重要的营销战略或成功的秘密武器。

穿插案例

案例 2.2　索尼网上银行如何靠顾客满意度制胜？

在日本经济新闻的银行业排名中，索尼银行已经连续 7 年在"顾客满意度"这一指标排名第一。2001 年索尼银行成立，没有实体店，是面向个人客户、主要进行个人资产服务的网络银行。它只有 94 万个银行户头，存款量 1.8 兆日元，才是日本大银行的百分之一，但为什么能超越传统巨头,连续7年获得最高顾客满意度呢?

其一,面向用户体验的设计。以查看余额为起点,按照用户逻辑推送服务。页面设计不断迭代,以前到交易页面需要五步,现在只要一两步。在用户登录界面时,首页就能清楚看到自己的资产状况,"总菜单"非常便利,它就像个导航系统,让人能随时找到需要的服务选项。

其二,产品服务不断创新。索尼银行取消保证金,降低贷款利率,客户可以随时选择变更利率种类。如果1万日元以上金额,随时可以提前还款。采用"人生存折"并不断改进,使用日历管理资产状况。首先把各家银行和证券公司、信用卡等信息一并管理,只要申请了网络银行的金融服务和卡片管理功能,设置好账户和密码,就能把各种账户信息合并到一起。其次,每天的账户变动,比如ATM提款、信用卡消费等信息都会在日历上显示出来。最后,索尼银行提出"外币存款限时促销"的活动,也就是卖方直到实施之前才揭晓促销时段,这种营销既让用户觉得有趣,又让他们产生经常来网页看看的冲动。限时促销时,手续费只收0.1日元,是平时的一半。

作为网络银行,索尼银行无法像一般银行那样交易外币。所以其企划部门提出了尽量简化服务的提案,若客户想要从外币活期账户里提取现金,可以直接配送到家。但是,这个简单的服务就引起了话题。索尼银行的解释是:因为是网络银行,就无法提出真正的现金——人们总是有这种印象。我们现在开始把钱给你送过去,这对刻板印象是个颠覆。
(案例来源:作者整理)

三、顾客忠诚

在营销实践中,顾客忠诚被定义为顾客购买行为的连续性。它是指顾客对企业产品或服务的依赖和认可,坚持长期购买和使用该企业产品或服务所表现出的、在思想和情感上的一种高度信任和忠诚的程度,是顾客对企业产品在长期竞争中所表现出的优势的综合评价。

顾客忠诚是营销的最高境界。优秀的公司往往拥有数量较大的忠诚顾客。顾客忠诚分为情感忠诚、行为忠诚和意识忠诚。其中,情感忠诚表现为顾客对企业的理念、行为和视觉形象的高度认同和满意;行为忠诚表现为顾客再次消费时对企业的产品和服务的重复购买行为;意识忠诚则表现为顾客做出的对企业的产品和服务的未来消费意向。

顾客忠诚度是指顾客忠诚的程度,是一个量化概念。顾客忠诚度是指由于质量、价格、服务等诸多因素的影响,使顾客对某一企业的产品或服务产生感情,形成偏爱并长期重复购买该企业产品或服务的程度。

需要指出的是,顾客满意和顾客忠诚之间并不总是强正相关关系。无论在高度竞争的行业还是低度竞争的行业,顾客满意都是形成顾客忠诚的必要条件。

四、顾客让渡价值

顾客让渡价值(Customer Delivered Value)是指顾客总价值(Total Customer Value)与顾客总成本(Total Customer Cost)之间的差额。图2-2给出了顾客让渡价值的构成要素。

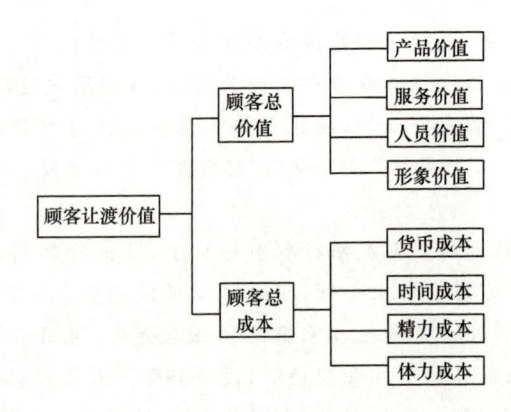

```
                        ┌─ 产品价值
              ┌─ 顾客总 ─┼─ 服务价值
              │  价值   ├─ 人员价值
              │        └─ 形象价值
顾客让渡价值 ─┤
              │        ┌─ 货币成本
              │  顾客总 ├─ 时间成本
              └─ 成本  ├─ 精力成本
                       └─ 体力成本
```

图 2-2　顾客让渡价值的构成要素

五、顾客终生价值

顾客终生价值是指每个购买者在过去和未来可能为企业带来的收益总和。一般来讲,分析顾客终生价值应遵循几个步骤,如图 2-3 所示。大数据时代,现代信息技术使搜集顾客数据变得更便利,对顾客终生价值的分析会更加全面,营销活动会变得更加精准。

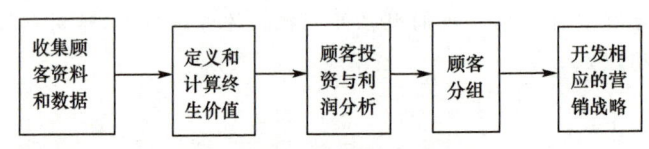

```
┌─────────┐  ┌─────────┐  ┌─────────┐  ┌──────┐  ┌─────────┐
│收集顾客 │→ │定义和   │→ │顾客投   │→ │顾客  │→ │开发相   │
│客资料   │  │计算终   │  │资与利   │  │分组  │  │应的营   │
│和数据   │  │生价值   │  │润分析   │  │      │  │销战略   │
└─────────┘  └─────────┘  └─────────┘  └──────┘  └─────────┘
```

图 2-3　分析顾客终生价值的主要步骤

(一)收集顾客资料和数据

公司需要收集的基本数据包括个人信息(年龄、婚姻状况、性别、收入、职业等)、住址信息(区号、房屋类型、拥有者等)、生活方式(爱好、产品使用情况等)、态度(对风险、产品和服务的态度,将来购买或推荐的可能)、地区(经济、气候、风俗、历史等)、客户行为方式(购买渠道、更新、交易等)、需求(未来产品和服务需求等)、关系(家庭、朋友等)。这些数据随着时间的推移将直接影响顾客终生价值的测算。

(二)定义和计算终生价值

影响终生价值的主要因素包括:所有来自顾客初始购买的收益;所有与顾客购买有关的直接可变成本;顾客购买的频率;顾客购买的时间长度;顾客购买其他产品的喜好及其收益;顾客推荐给朋友、同事及其他人的可能。

(三)顾客投资与利润分析

可以直接基于交易成本或资金投入进行计算,或者根据过去类似顾客的行为模式,利用成熟的统计技术预测顾客将来的利润。国外的汽车业这样计算顾客的终生价值:他们把每位到店的顾客一生所可能购买的汽车数乘以汽车的平均售价,再加上顾客可能需要的零件和维修服务而得出这个数字。他们甚至更精确地计算出加上购车贷款所带给公司的利息收入。

（四）顾客分组

根据相关数据将顾客分成具有不同特征、不同行为模式和不同需求的组。例如，用聚类分析法将顾客分成苛刻的顾客、犹豫不决的顾客、节俭的顾客和久经世故的顾客，根据每组顾客的特点制定相应的措施。

（五）开发相应的营销战略

衡量顾客终生价值的目的不仅仅是确定目标市场和认知消费者，还要设计出能吸引它们的交叉销售的方法，如向上销售法是指把销售工作做到大客户的高层中去。这些手段都能够帮助企业提高客户的价值，尽可能地将客户的潜力开发出来。

综上所述，表2-1给出了顾客价值维度分析的关键点。

表 2-1　　　　　　　　　　顾客价值维度分析的关键点

关键点	说　明
确定维度	根据产品特性确定维度类别，注意在维度的确定上不重不漏
维度资料搜集和分析	维度资料的取得来源于市场，可以采用市场调查等方式获得，设计出对目标群体的调查表，内容包含产品本身各种属性在顾客心目中的重要性
综合资料进行测量	在搜集信息后进行分析，以顾客调查结果为准。根据企业需要制定保留维度的名额。由于企业制订计划的侧重点不同，因此选择维度和数据也有所区别

六、顾客资产

营销的最终目的是产生高的顾客资产，顾客资产是公司现有和潜在顾客的终生顾客价值总和。显然，公司的客户越忠诚，顾客资产就越多。顾客资产能够比当前销售量和市场份额更好地评估公司业绩。销售量和市场占有率代表过去，顾客资产预示着未来。

公司应细心经营顾客资产，但并不是所有的客户都值得投资。公司可以根据顾客的潜在利润将顾客分类并以此来经营与他们的关系。如图2-4所示的客户关系群体就是根据顾客的潜在利润和顾客忠诚度将顾客分为四类，不同顾客需要不同的营销策略。

	短期顾客	长期顾客
高 潜在利润	蝴蝶 公司产品和顾客需求间有好的平衡；高的利润潜力	真朋友 公司产品和顾客需求间有好的平衡；最高的利润潜力
低	陌生人 公司产品和顾客需求间有不好的平衡；最低的利润潜力	藤壶 公司产品和顾客需求间的平衡受限；低的利润潜力

图 2-4　客户关系群体

"陌生人"代表低的利润潜力和低的顾客忠诚度。公司产品和顾客需求契合度很低。对这类顾客,营销战略很简单:不对其进行投资。

"蝴蝶"代表利润潜力高但不忠诚的顾客。公司产品和顾客需求契合度较好,但像蝴蝶一样,只会享受一会儿,它们很快会飞走。如股票市场的投资者,经常进行大笔交易,但是它们只是追求做好交易而不与任何单个公司建立正式关系。试图将"蝴蝶"变成忠诚顾客是很少成功的。相反,公司应该利用宣传攻势吸引它们,与它们进行有利可图的交易,在下一轮时停止对它们进行投资。

"真朋友"代表既有高的利润潜力又很忠诚的顾客。公司产品和顾客需求契合度非常好。公司须进行持续的投资使这些顾客满意,并且需要不断培育、维持、扩大这类顾客,把这类顾客变成回头客或真正的信徒,让它们向周围的人宣传该公司的好产品。

"藤壶"指高度忠诚但利润潜力较低的客户。公司产品和顾客需求契合度有限。例如,银行的小顾客经常到银行办理业务,但是不能产生足够的利润以维持成本。这些客户像附在船体上的藤壶,产生破损力。"藤壶"是最难处理的顾客。公司应该通过向其销售更多、收取更高的费用或者较少对其服务以增强营利性。如果还是不能盈利,那么就该放弃这类顾客。

总之,不同类型的顾客需要不同的营销战略,公司的目标是和正确的顾客建立正确的关系。

本章习题

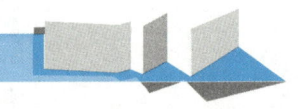

一、判断题

1. 顾客满意度是顾客对企业产品和服务的实际感受与其期望值比较的程度。（   ）
2. 顾客满意一定会带来顾客忠诚。（   ）
3. "藤壶"型客户虽然营利性差,但忠诚度高,所以公司应在任何情况下不该放弃他们。（   ）

二、单选题

1. 下列陈述中不正确的是（   ）。
   A. 营销已经成为一门建立在经济科学、行为科学和现代管理理论基础之上的应用科学
   B. 营销是公司为顾客创造价值、建立牢固的顾客关系并从顾客身上获得价值的过程
   C. 营销就是推销
   D. 营销通过适当的价格、适当的渠道和适当的促销为顾客提供适当的产品或服务,来满足顾客需求并创造出众的顾客价值

2. 下列陈述不正确的是（   ）。
   A. 无论在高度竞争的行业还是低度竞争的行业,顾客的高度满意都是形成顾客忠诚感的必要条件
   B. 顾客让渡价值是指顾客总价值与顾客总成本之间的差额
   C. 顾客终生价值指所有购买者在过去和未来可能为企业带来的收益总和

D.营销的最终目的是产生高的顾客资产

3.下列客户关系群体盈利潜力最大的是(   )。

A.陌生人　　　　　B.蝴蝶　　　　　C.真朋友　　　　　D.藤壶

三、简答题

1.简述营销常见的误解。

2.简述顾客让渡价值的构成要素。

3.简述分析顾客终生价值的主要步骤。

营销演练

麦当劳如何提升顾客价值?

请阅读下面案例,并完成营销演练任务。

麦当劳公司拥有超过32 000家快餐厅,分布在全球121个国家和地区。目前,麦当劳在全球快餐连锁领域是冠军。2017年,麦当劳(中国)有限公司更名为金拱门(中国)有限公司。2019年初,中国大陆的麦当劳餐厅约2 500家,香港约240家。2020年,麦当劳在福布斯全球品牌价的100强中排名第10位。

麦当劳的黄金准则是"顾客至上,顾客永远第一",提供服务的最高标准是质量(Quality)、服务(Service)、清洁(Cleanliness)和价值(Value),即QSC&V原则。这是最能体现麦当劳特色的重要原则。质量(Quality)是指麦当劳为保障食品品质制定了极其严格的标准。例如,牛肉食品要经过40多项品质检查;食品制作后超过一定期限(汉堡包的时限是20~30分钟、炸薯条是7分钟),便丢弃;规定肉饼必须由83%的肩肉与17%的上选五花肉混制等。严格的标准使顾客在任何时间、任何地点所品尝的麦当劳食品都是同一品质的。服务(Service)是指按照细心、关心和爱心的原则,提供热情、周到、快捷的服务。清洁(Cleanliness)是指麦当劳制定了严格的清洁工作标准。价值(Value)是传达麦当劳的"向顾客提供更有价值的高品质"的理念。

孩子永远是最受宠爱的,在现代社会中,谁能赢得孩子的心,谁就会生意兴隆。无疑,麦当劳成功地赢得了孩子们的偏爱。很多人都知道,麦当劳并不是以美味取胜的,那些快餐食品与色香味不断翻新的"中华料理"相比并没有优势。麦当劳虽然是快餐,但品尝麦当劳的孩子们,总是尽可能在里面多待一会儿。那么,麦当劳在中国市场是如何吸引孩子的呢?

麦当劳在公司的网站上,要求孩子们向麦当劳公司发送电子邮件,告诉他们自己最喜欢的产品、最喜欢的书、最喜欢的运动队,甚至询问他们的名字。这个网站还告诉孩子们,麦当劳是"一切的最终权威"。因为玩具,麦当劳成了中国孩子最喜欢的快餐店。另有调查显示,儿童玩具套餐是孩子们选择麦当劳的最重要原因:87%的六到七岁儿童和80%的八到九岁儿童表示,他们希望在吃饭时能得到一个玩具。有时候成年人也会购买儿童套餐。这样,用玩具作为引诱剂,麦当劳靠搭售成为最大分销商。

从开发自己的玩具汉堡神偷、大鸟姐姐,再到小黄人、马达加斯加企鹅、蓝精灵,以及

Hello Kitty、小丸子,这些经久不衰的形象多次被麦当劳拿来进行跨界设计改良。这样一来,来买儿童套餐的就不仅仅是麦当劳的狂热粉了,还有那些荧幕玩具的爱好者。甚至有不少人为了集齐一套玩具,一次次走进麦当劳。

随着数字时代的到来,麦当劳也升级了自己吸引儿童消费的策略。2013 年推出 McPlay 手机 App,孩子们可以扫套餐盒上的二维码来解锁游戏或者其他电子内容。在麦当劳儿童套餐网上,孩子们可以看到现在和将来会有的玩具供应,下载游戏、电子书等。为了留住孩子们的心,麦当劳还试图为孩子们提供最喜欢的阅读材料。在 2013 年 11 月,麦当劳把儿童套餐内的玩具换成了教育类书籍。

麦当劳几乎和每一个与孩子生活息息相关的娱乐公司合作过。阿狸是麦当劳目前合作过的唯一中国原创形象。2014 年底,麦当劳推出过四款限量版阿狸钥匙包。之所以找阿狸,麦当劳(中国)给出的解释是,作为国内最成熟的授权品牌之一,阿狸团队成熟,周边销售成绩好,和麦当劳品牌定位匹配。(资料来源:作者整理)

营销演练任务

1. 你认为麦当劳的儿童顾客和成年人顾客都很忠诚吗?为什么?

你的观点:_____

支持上述观点的理由:

① _____

② _____

③ _____

2. 针对儿童和成年人顾客,你认为应采取哪些不同的营销策略?

策略① _____

策略② _____

策略③ _____

3. 角色演练

建议在课堂上进行。假如你是某大学里快餐店的营销策划人员,为测定针对大学生和教师的各种产品的顾客维度重要性分布,请根据表 2-1,设计一张"某快餐店顾客价值维度调查表"。

4.制订营销行动计划

请根据"角色演练"中所设计的顾客价值维度调查表,对麦当劳的顾客做一个简单的调查,采取便利抽样,访问15～20位顾客,根据图2-3和图2-4帮助企业制订一个具体的营销行动计划,不断提高公司的顾客资产。

案例实训

六位网民讨论怎样学营销

以下是光头、黄瓜、西红柿、苹果、air123air、花猫这六位网民在网络论坛上讨论关于"怎样学营销"的对话内容及分析:

光头:很简单,做推销员去!

需不断学习专业知识,因为专业知识是理论依据,是理论基础,唯有坚实的理论基础,配合实践,才能提升自己水平。美国营销权威菲利普·科特勒编写的《营销管理》,是最基础又最实用的教材,而且是大学本科市场营销专业的专业书籍。

市场营销这门课程是一门应用学科,在掌握基本概念、基本原理的前提下,应注重应用能力的培养。因此,学习中,除了系统学习教材,认真完成作业外,对教材中的案例也应认真思考,老师在辅导中可以对学生进行必要的提示。

黄瓜:最重要的是,应多接触实际工作,多针对实际遇到的问题进行思考和分析。还有,一定要先理解各种营销的名词概念,记牢相关的国家法律及政策;要时刻揣摩客户的心理,锻炼自身换位思考的能力,这是这门课程的精髓。

我看了很多的营销书,看的时候觉得好,放下书,就像梦醒了,还是没有办法应用。现在虽然不做营销了,但是人生处处都是营销,包括个人求职、与人交流,其实都是在推销自己或者自己的东西。

西红柿:尤其是做营销的朋友,没有任何一个人是先学会如何干营销,再来做营销的。读书是一种学习,使用更是一种学习,从战争中学习战争——毛泽东。营销也是一样,这就是实践论告诉我们,实践—认识—再实践—再认识,循环往复,以至于无穷。

从别人成功的故事中找到经验从而变为自己的营销经验。

我觉得学习最好的办法是教会别人,你教得越多证明你掌握得越多,所以孟子说:"善政者得民才,善教者得民心";你说你善政,你会经营,你会管理,你让你的员工帮你聚财可以,但你能不能得到员工的心,这才是最重要的。

德鲁克说:"把管理者和普通员工区分开来的第一功能是什么?那就是管理者先是教育者。"

苹果:怎么学营销?通过案例学,包括各行各业的案例,而且要教给别人,教得越多,懂得越多。你要学会把理论和实践结合起来,例如,老师告诉你一个什么理论,你能在现实生活中举出这样的例子,这才能说明你掌握了它,用自己的例子去丰富理论,你就会发现,市场营销很简单。

air123air:我就是学营销的,从别人的经验中学到的比在书本上学到的更实用。学习营销要从实践开始做起,理论来源于实践,并反过来指导实践;理论是前人实践活动的总结和提炼,其中包括了成功的经验和失败的教训;学习理论可最大限度地避免你走弯路,减少损失,加大成功的概率。建议一定要注意理论与实践相结合的学习方法,有目的地学、带着问题学,学用结合,立竿见影。

花猫:我告诉你,谁要是说他讲的营销是百分之百的真理,那可能是骗你的。

营销属于管理学的范畴,新经验管理学派的一个著名的代表人物就是彼德·德鲁克,德鲁克有一段话很精彩,他说:"对于管理工作的最终考察,是企业的绩效,而非知识。是绩效,既是政绩又是目的。换句话说,管理是实践而非科学,尽管它里面含有科学和专业的因素,但也不是专业。"

大学本科学了四年市场营销的学生,到企业做营销,他照样不会干,为什么?因为管理是一门实践,而不是科学,更不是一门专业。

那么营销这门学问怎么来学呢?到底学什么东西呢?我说两个重要的东西,第一个我们叫学规律,第二个我们叫找感觉。(资料来源:作者整理)

1. 实训目的
(1)帮助学生深度理解营销的本质。
(2)启发学生掌握学习营销的有效方法。
(3)引导学生制订可行的学习计划。

2. 实训任务
(1)根据本章的理论要点,指出背景材料中六位网民对营销误解的具体表现。
(2)结合背景材料中六位网民对怎样营销的讨论,说明你最支持谁的观点。
(3)制订自己具体的营销学习计划。

3. 实训步骤
(1)个人阅读

每位学生课前认真阅读背景材料。针对"实训任务"进行阅读,督促学生在课前完成。针对学生的特点,课堂上老师或学生还需再花费10～20分钟对背景材料的关键信息及相关背景进行简单的陈述。

(2)分组

在授课教师指导下,以6～8人为单位组成一个团队,要求学生选出组长、记录人、报告人等角色。

(3)小组讨论与报告

主要在课堂进行,时间为15分钟,围绕"实训任务"展开讨论,同时鼓励学生提出新的有价值的问题。要求每个小组将讨论要点或关键词按小组抄写在黑板上的指定位置并进行简要报告,便于课堂互动。小组所报告的内容尽可能是小组所达成共识的内容。

小组讨论与报告

小组名称或编号:＿＿＿＿＿＿＿＿　　　　组长:＿＿＿＿＿＿＿＿

报告人：_____　　　记录人：_____
小组成员：_____
_____

①小组讨论记录：
发言人1：_____
_____
发言人2：_____
_____
发言人3：_____
_____
发言人4：_____
_____
发言人5：_____
_____
发言人6：_____
_____
发言人7：_____
_____
发言人8：_____
_____

②小组报告的要点或关键词(小组所达成共识的内容)：
任务1：_____
任务2：_____
任务3：_____

(4)师生互动

主要在课堂进行，时间为15分钟，老师针对学生的报告与问题进行互动，同时带领学生对营销概念的关键知识点进行回顾。追问学生还有哪些问题或困惑，激发学生学习兴趣，使学生自觉地在课后进一步查询相关资料并进行系统的回顾与总结。

(5)课后作业

根据课堂讨论，要求每位学生进一步回顾本章所学内容，形成正式的实训报告。建议实训报告以个人课后作业的形式进行，其目的是帮助学生在课堂学习的基础上，进一步巩固核心知识，联系自身实际思考并解决问题，最终形成一个有效或学生自认为最佳的解决方案或行动计划。要求学生在制订方案时应坚持自己的主见，学以致用。实训报告的提纲如下：

实训报告

在学习本课程之前，个人对营销的误解具体表现在：
①_____
_____

② _____

③ _____
_____

学习本课程之后,个人对营销本质的理解是:
① _____

② _____

③ _____
_____

结合自身实际,制订学习营销的具体计划:
课堂学习计划:
① _____

② _____

③ _____
_____

课外学习计划:
① _____

② _____

③ _____
_____

(6)实训成果的考核

根据学生课堂表现和实训报告质量,评定实训成绩。

第三章 营销过程

花一天就可以学到营销,掌握它却需要一辈子。

——菲利普·科特勒

营销者要学会用过程的成功来保证结果的成功。

——佚名

学习目标

1. 了解营销战略4P,营销战术4P与4C、4R组合的内涵。
2. 理解营销的过程。

引导案例

案例3.1 拼多多的营销奇迹

拼多多成立三年,月活跃用户1.95亿,活跃买家3.43亿。2018年7月,拼多多在纳斯达克上市,市值300亿美元。尽管很多人高度质疑拼多多的产品质量,但是不得不承认拼多多营销过程的巨大成功。

拼多多创业之初的调研发现,市场上无论天猫还是京东,满足的都是还算追求品质的那批人,但从没有人关注"能用就行"这批用户。拼多多剑走偏锋,瞄准了被竞争对手"轻视"的三、四、五线城市人群,以低价大量拉取用户。在拼多多,很容易看到这样的商品:1元的纸巾,7.7元10条的内裤,8.8元的加绒打底裤,44元的冬季羽绒服……这样的超低价,使得很多对拼团敏感的人参与进来。

"拼多多,拼多多,拼的多,省的多"的广告在《中国好声音2》独家特约播出,同时赞助《极限挑战3》综艺节目,不断提升产品认知度。看了广告之后,很多人迫不及待地想要知道拼多多是什么样子的,打开拼多多网站,首页醒目位置有一个"新人特价商品",有居家拖鞋,垃圾袋,色彩铅笔、甚至还有手机,手机价格低至0.01元。

如果在淘宝上购物,通常一个人悄悄买。但在拼多多上不同,拼团能够获得更优惠的价格,付款后可以一键分享到微信、QQ等社交平台上,与朋友、亲戚分享。从下单到支付,再到最后离开拼单页面,每一个关卡都在暗示、引导买家分享并有机会获得免单券。

(资料来源:作者整理)

思考:

1. 你认为拼多多营销过程的关键点是什么?
2. 你觉得拼多多未来的最大营销挑战是什么?

理论知识

第一节 营销战略 4P

营销战略 4P 是指探测(Probing)、细分(Partitioning 或 Segmentation)、优选(Prioritizing 或 Targeting)与定位(Positioning),后三个 P 放在一起通常简称 STP。

营销战略 4P 要求企业首先学会市场探测,通过市场调查,不断地分析变化的环境和市场需求状况,发现细分市场动态和机会。其次,选定合适的目标市场。最后,通过准确的市场定位,为产品或服务赋予一定的特色,在消费者心目中形成一定的印象,从而确立产品竞争优势。营销战略 4P 组合的主要内容如图 3-1 所示。

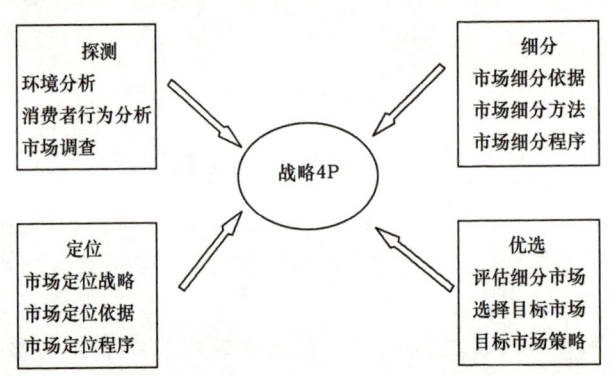

图 3-1 营销战略 4P 组合的主要内容

第二节 营销战术 4P

营销战术 4P 是指产品(Product)、价格(Price)、渠道(Place)、促销(Promotion)等 4Ps 营销要素组合方法,如图 3-2 所示。

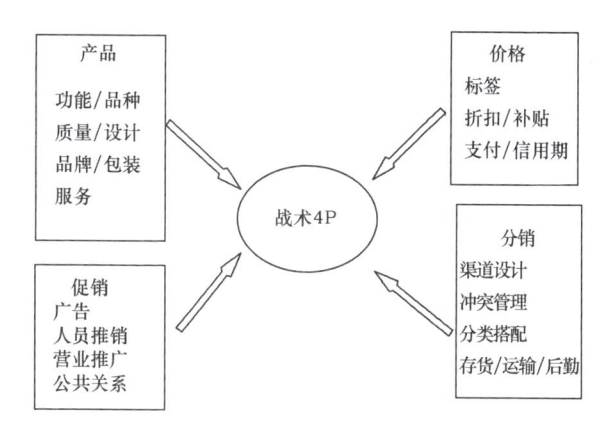

図 3-2 营销战术 4P 组合

第三节　营销战术 4P 与 4C 的融合

整合营销的核心要素是 4C,即从买方的角度来考虑问题,而 4P 要素是从卖方的角度考虑问题,如图 3-3 所示。

```
4P                      4C
产品（Product）   →   顾客解决方案（Customer Solution）
价格（Price）     →   顾客成本（Cost）
渠道（Place）     →   便利（Convenience）
促销（Promotion） →   沟通（Communication）
```

图 3-3　营销战术 4P 与 4C 的关系

在企业实践中,营销战术 4P 与 4C 既不是对立的,又不是孤立的,而应该是相辅相成的两个营销模型,这就要求企业进行营销时应将 4P 与 4C 结合起来考虑。图 3-4 给出了 4C 与 4P 融合的矩阵。

	产品(Product)	价格(Price)	渠道(Place)	促销(Promotion)
顾客解决方案(Customer Solution)				
顾客成本(Cost)				
便利(Convenience)				
沟通(Communication)				

图 3-4　4P-4C 矩阵

第四节　营销 4R

关系营销注重通过 4R(关联 Relevance、反应 Reaction、关系 Relationship、回报 Reward)来建立顾客满意与忠诚,提高顾客终身价值。

1. 关联

在竞争性市场中,要提高顾客的忠诚度,赢得长期而稳定的市场,重要的营销策略是通过某些有效的方式在业务、需求等方面与顾客建立关联,形成一种互助、互求、互需的关系,把顾客与企业联系在一起,这样就大大减少了顾客流失的可能性。

2. 反应

关系营销的关键在于如何站在顾客的角度及时地倾听顾客的希望、渴望和需求,并及时答复和迅速做出反应,满足顾客的需求。目前多数公司大多倾向于说给顾客听,而不是听顾客说。

3. 关系

在目前动态多变的市场环境中,抢占市场的关键是与顾客建立长期而稳固的关系,从交易变成责任,从顾客变成拥护者,从管理营销组合变成管理和顾客的互动关系。

4. 回报

营销目标必须注重产出,注重企业在营销活动中的回报。一切营销活动都必须以为顾客及股东创造价值为目的。

第五节　营销的过程

营销的过程是在理解营销本质的基础上,通过战略 4P 发现和评价市场机会,选择目标市场并确定市场定位,通过战术 4P 制订整合营销方案,为顾客创造价值的过程。本书突出为顾客创造价值,将内容分成三个模块,如图 3-5 所示。

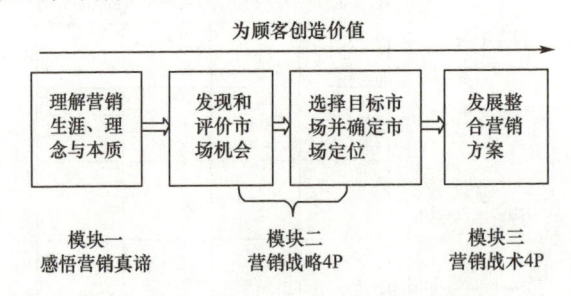

图 3-5　营销的过程:本书的框架

模块一　感悟营销真谛　透彻理解营销生涯、理念、本质和过程,为学习营销奠定基础,有利于做好营销职业生涯规划,并为深度学习营销增强动力。本模块包括第 1~3 章。

模块二 营销战略 4P 通过探测(Probing)、细分(Partitioning 或 Segmentation)、优选(Prioritizing 或 Targeting)与定位(Positioning)战略 4P 分析,发现和评价市场机会,选择目标市场并确定市场定位,为企业确立竞争优势。本模块包括第 4~8 章。

模块三 营销战术 4P 通过产品(Product)、价格(Price)、渠道(Place)与促销(Promotion)战术 4P 组合,制订整合营销方案,为顾客创造价值。本模块包括第 9~14 章。

本章习题

一、判断题

1. 整合营销的核心要素是营销战术 4P。( )
2. 一切营销活动只需考虑为股东创造价值。( )
3. 关系营销注重通过 4R 来建立顾客满意与忠诚,提高顾客终身价值。( )

二、单选题

1. 下列不属于 STP 策略的是( )。
   A. 探测　　　　B. 市场细分　　　　C. 选择目标市场　　　　D. 市场定位
2. 下列叙述中不正确的是( )。
   A. 在企业实践中,4P 与 4C 是相辅相成的两个营销模型
   B. 营销战术 4P 要素是从卖方的角度考虑问题
   C. 企业进行营销时应将 4P 与 4C 结合起来考虑
   D. 4C 是从顾客角度思考营销问题,所以在企业实践中,4P 与 4C 是对立的
3. 下列叙述中不正确的是( )。
   A. 全面营销可实现企业整体营销绩效的提高
   B. 全面营销通过战略 4P,发现和评价市场机会,选择目标市场并确定市场定位
   C. 全面营销通过战术 4P,制订整合营销方案,为顾客创造价值
   D. 全面营销不涉及网络营销

三、简答题

1. 简述营销战略 4P 的主要内容。
2. 简述营销战术 4P 的主要内容。
3. 简述全面营销的过程。

营销演练

你的营销智商如何?

每个管理者都有许多营销方面的看法,我们称为营销智商。管理者营销智商的高低,左右着企业的营销决策与营销行为,决定着企业经营的成败。使用本问卷,可以让管理者基本了解自己营销智商的水平,从而在营销的过程中找到初步修正的方向。

下列 20 题是关于营销现状的陈述,有可能是正确的,也有可能是错误的,请在题目读

完以后选择答案。如果你不确定,最好选"不知道",千万不要猜,免得答错,产生误差。这个测试就像在真实的世界中一样,你必须为你错误的判断付出代价。不过,不要有压力,测一测便于增强你的学习动力。

测试问卷

1. 发达国家的跨国企业,其大多数产品的市场运作都表现得相当成功。
   □正确　　　　　□错误　　　　　□不知道

2. 竞争日益激烈的年代里,企业从新产品开发中所赚取的利润将比现有产品更多。
   □正确　　　　　□错误　　　　　□不知道

3. 企业如果能创造规模经济效应,其产品就会具有较高的市场占有率,并具较高的获利能力。
   □正确　　　　　□错误　　　　　□不知道

4. 销售通路的推销努力与配合意愿对消费者购买行为的影响越大,厂商"推"的策略比重就会越大。
   □正确　　　　　□错误　　　　　□不知道

5. 去年的营销预算乘以通货膨胀指数,就能比较合理地推算出今年的营销预算。
   □正确　　　　　□错误　　　　　□不知道

6. 通过产品系列延伸的方式来推出新产品极具风险。
   □正确　　　　　□错误　　　　　□不知道

7. 市场调查是一种严谨的营销工具,根据市场调查的结果所做的重要营销决策及建议,大多数情况都可放心采用。
   □正确　　　　　□错误　　　　　□不知道

8. 现在的企业在寻找新客户上的投资比在维持旧客户上的投资要大。
   □正确　　　　　□错误　　　　　□不知道

9. 使一个公司获利最高的顾客通常是最大的客户。
   □正确　　　　　□错误　　　　　□不知道

10. 公司在做营销决定时,通常会预先评估各种方案的获利能力。
    □正确　　　　　□错误　　　　　□不知道

11. 企业新推出产品时,产品概念对于预订的顾客越具吸引力,在推出后就越可能成功。
    □正确　　　　　□错误　　　　　□不知道

12. 每一家公司都应该尽全力保住所有的客户。
    □正确　　　　　□错误　　　　　□不知道

13. 新产品是能够通过创造消费来取得成功的,现实中有许多成功地改变消费者习惯的案例。
    □正确　　　　　□错误　　　　　□不知道

14. 追求100%的客户满意度并不是一个明智的营业目标。
    □正确　　　　　□错误　　　　　□不知道

15. 大广告公司不但能提供广告服务,还能为企业提供整体营销策划。
　　□正确　　　　　　　□错误　　　　　　　□不知道

16. 因为定价在营销组合中极为重要,所以大部分的企业都有很严谨的定价策略,而且都经过相当严谨的市场调查。
　　□正确　　　　　　　□错误　　　　　　　□不知道

17. 消费者对于涉及自身利益的商品打折会全神贯注地注意每一个细节。
　　□正确　　　　　　　□错误　　　　　　　□不知道

18. 对消费者及企业而言,促销活动要比广告更具获利能力。
　　□正确　　　　　　　□错误　　　　　　　□不知道

19. 由于公共关系的效力无法量化,所以在营销组合中,公关不如广告及其他销售促进工具重要
　　□正确　　　　　　　□错误　　　　　　　□不知道

20. 大部分营销及广告活动通常都以获利能力作为评估标准。
　　□正确　　　　　　　□错误　　　　　　　□不知道

(参考答案及结果分析见附录一)

案例实训

案例 3.2　TCL 公司在印度市场的营销过程

TCL 集团股份有限公司创立于 1981 年,是目前中国较大的、全球性规模经营的消费类电子企业集团之一。TCL 三个英文字母代表着 The Creative Life,意为创意感动生活。从 1999 年开始,TCL 公司开始了国际化经营的探索,并将其触角勇敢地伸向了印度这一新兴市场。作为"金砖四国"之一的印度,种族文化、宗教文化、消费行为等与中国市场有着天壤之别,其贫穷、落后、庞大的人口基数即将突破 14 亿,大街上牛车与汽车并行不悖,神牛和流浪狗、流浪汉一起安然的晒着太阳。印度虽拥有较多的世界级富翁,但是只城市孟买就拥有超过五百万人的亚洲较大贫民窟。工薪阶层享受着经济发展带来的好处,就是工资的不断提升,购买力和消费欲望也在不断提升。在印度家电市场,日韩品牌和印度本土品牌已有相当的竞争实力,面对如此全新的海外市场,作为后入者的 TCL 如何推广品牌是一个比拓展中国本土市场更为复杂的问题。

(1) 进军印度市场的过程

1998 年,TCL 以出口加工为主要海外业务,受到亚洲金融危机的影响,其管理人李东生萌发了走出国门,在海外建立生产基地,从而打破出口贸易束缚的想法。

TCL 曾于 20 世纪 90 年代初,在越南收购中国香港投资的彩电生产企业,经过 18 个月的整合,TCL 越南公司在付出了 1.8 亿元的"学费"后终于走出了亏损困境。2005 年,TCL 越南公司实现 19.3% 的市场占有率,成为唯一进入前三名的中国品牌。

2000 年,TCL 与印度巴朗公司共同投资 2 000 万美元组建合资公司,开始在印度市场的征程。第一年 TCL 彩电在印度市场占有率达到 2.7%,第二年上升到 5%。但在业

务上升的过程中，市场拓展方面的理念差异导致双方在经营与利益上的矛盾逐渐加深。2002年年初，TCL停止了合资公司的运作，退出印度市场。

事实上，从1999年开始，中国进军印度市场的彩电企业有长虹、康佳、TCL和海尔，都是以高调进入开局，低调撤回结局。

在2002年退出之后，同年10月，TCL收购德国老牌电子企业施耐德的品牌资产及部分固定资产。2004年1月29日，TCL正式并购汤姆逊这个年亏损额高达1.3亿欧元的老牌企业的彩电业务。2004年3月，TCL正式成立印度分公司。2006年，TCL借助汤姆逊在印度原有的销售队伍和网络，仅用5个月的时间，在印度全国建立了19个业务据点、3 000多个分销商队伍、148个特许加盟点，实际市场占有率达到3%。从此开始了再攻印度市场的品牌战役。

2004年4月，TCL完成了对法国阿尔卡特公司手机业务的并购，排名一跃成为世界手机第七强。2006年，TCL亏损19.32亿元，其中欧洲区的亏损达到10.06亿元。2006年年底，TCL多媒体业务宣布退出欧洲，欧洲团队被削减三分之一，重组成本高达2.3亿欧元~2.4亿欧元。

2011年，TCL集团实现营业总收入608.34亿元，同比增长17.28%，其中实现销售收入594.48亿元，同比增长18.30%。按区域划分，国内销售收入同比增长21.14%，海外销售收入同比增长13.85%，净利润16.71亿元，同比增长253.73%，实现经营活动现金净流量16.66亿元。

目前，TCL集团的6万多名员工遍布亚洲、美洲、欧洲、大洋洲等多个国家和地区。在全球40多个国家和地区设有销售机构，销售旗下TCL、汤姆逊等品牌彩电及TCL、Alcatel品牌手机。主力产业在中国、美国、法国、新加坡等国家设有研发总部和十几个研发分部。在中国、波兰、墨西哥、泰国、越南等国家和地区拥有近20个制造加工基地。

(2) 印度市场背景

印度大约有30个邦（类似中国的省），拥有22种联邦官方语言，英语是唯一通用的语言，每个邦有自己的语言文字、电台报纸、法律以及传统节日，货物跨邦运输需要交纳3%~4%的跨邦税。印度还是一个按种姓划分高低贵贱的等级制度国家，不论政府如何的努力淡化种姓制度，但是根深蒂固了三千多年的种姓制度还是深深地影响着印度人的生活。人生来就由种姓决定其高低贵贱，也决定了一生的机会多寡。印度贫富差距非常悬殊，但是印度是个宗教国家，宗教是印度人生活中的主要组成部分，对来世轮回的期望让大多数印度人能安然面对贫富差距，过着贫困而快乐的生活。贫富的差距不仅体现在种姓上，还体现在区域发展不平衡上：以加尔各答为中心的印度东部经济发展比较落后，而以农业为主的南部获益于印度IT行业而发展势头较好，北部和西部是印度的工商业中心，也是比较发达和富裕的地方。归属不同宗教、不同等级、不同区域、不同经济地位的印度消费者在消费行为上体现出了鲜明的消费风格，其区域消费差异特性远甚于中国市场。

(3) 印度消费者的家电消费行为特征

印度官方的国家应用经济研究院统计，目前印度人中有5.4亿人买得起消费品，另外有1.68亿印度人则买得起耐用消费品，而这1.68亿的群体自然而然成为家电产品消费的生力军,并且通过对印度彩电三线市场的调查,小城镇的居民和农民对彩电的需求也日益旺盛,并且他们日益成长为TCL的主流顾客群体。他们的消费特性主要有以下几点:

印度家庭以节俭为美德,节俭是传统形成的价值观,也与印度人均收入偏低有关。即使是最富裕的印度人,也是节俭过日。但受全球化影响,印度都市消费者的价值体系也逐渐改变。

印度人也有追求时尚的,但是他们的时尚元素少,成分单一,变化周期长,公认度高,流行范围窄。印度文化有自己明确的价值核心和追求,在产品与品牌分层很清晰的前提下,印度人更乐于接受明确的价格体系,不是非常喜欢非明示价格或者可以大幅地讨价还价。

印度部分消费者好面子,具有从众心理和攀比心理,他们不会在21寸彩电成为时尚的时候,仍然执迷不悟地购买14寸的彩电。

在印度农村的三线市场,农民的积累性消费特点突出,他们购买彩电一般是在农产品收获以后,或者手中有了能够购买彩电所需的"首付"。

印度是一个崇尚歌舞的民族,他们经常会随着音乐起舞。因此他们要求电视伴音要大,低音要轻,声音要高。同时,他们很注重电视对有线电视信号接收是否稳定以及电视的售后服务是否到位。印度Prakasam地区的一些经销商反映TCL的21D08I电视图像闪烁不稳定,声音不清楚,其他型号也有类似问题。另外,很多经销商对TCL的售后服务颇有微词。

印度大部分的人对家电的消费具有时间性和可诱导性。他们购买家电往往选择节假日和大型的节日,并且其购买决策明显受到品牌推广、广告宣传、商家建议的影响。

(4) 印度家电市场的竞争格局

目前印度的彩电市场主要由三方力量主导:一是包括LG、三星、索尼在内的日韩系列品牌,占当地市场的30%~40%;二是当地比较大的彩电品牌Onida和Videocon,共占20%;三是TCL等中国彩电品牌,共占10%。其中LG和三星为TCL强而有力的竞争对手。漂亮的外观设计及尖端技术力使得LG电子成为印度国民的首选品牌。LG彩电以25%甚至更高的市场份额占据着绝对统治地位,在印度三线市场其彩电产品销量以较大优势遥遥领先于TCL。另外,在液晶电视方面,三星电子自2006年至今销售额、销售台数持续把持"冠军"宝座,再加上LG和三星早于TCL进入印度市场,他们有较为成熟的市场和营销渠道。

(5) TCL的营销战术组合方案

① 贴近消费者

印度家电消费者虽然很关注产品的价格和质量,但也有很强的品牌意识,同时存在很强的从众心理和口碑效应。为贴近消费者,TCL采用强化心理感知定位的策略。

利用当地媒体加大对TCL品牌的宣传,详细介绍TCL的品牌形象,将它定位为一个物美价廉的国际化品牌,注意宣传它与LG、三星的质量相差无几,但价格大大低于两者。

在代理商和经销商的店面投放大量的Inshop Branging等广告宣传资料。根据店面的大小重新设计TCL展柜,加大了TCL产品陈列和店内品牌建设。并且说服店主加强对TCL品牌的宣传。

赞助印巴板球对抗赛,逐步提升TCL的品牌知名度,同时,允许一些分销商通过放贷方式销售。例如,Sri Devi Electronics分销商向当地一家结婚典礼礼堂提供了20台两匹的分体式空调,放贷期限为6个月。

②绑定消费者

延伸产品的类型,满足不同消费者的偏好。TCL在推出彩电、DVD及空调的基础上尝试推出了其他的产品类型。

增加产品的规格,延伸产品的深度。TCL在推出普平、21A21H、21D08I、21D08D、DP21125等规格的彩电后,增加了新规格的音箱电视。新产品的开发是基于充分的市场调研基础上做出的,同时讲究质优价廉。

增加产品的核心功能和服务。在彩电方面提高产品的音效,改善音质,减少应用性不强的附加功能,降低产品的成本和价格。提高产品的可靠性和安全性,解决印度农村电力不稳的问题,配合推出各种电器稳压器和调节器,结合印度当地气候温度条件选用不同材料开发适合该地区的家电。

完善售后服务。对于顾客和经销商的投诉,TCL及时给予了回复与解决。TCL在交通便利的地方设立了专门的维修站和代理维修点,提供售前咨询,售时帮助选购,售后跟踪维修。

③寸土必争的渠道攻略

通过在Prakasam和Khammam市场终端经历的分析,TCL在印度某些三线市场上的作为已经对LG形成了强而有力的挑战。

首先,抢占LG的广告地盘。TCL终端工作人员"动之以情,晓之以利",劝服经销商用持久性的TCL门头和Glowsign替换LG的门头,并给予他们适当的奖励,还主动提供刷墙广告、灯箱。在当地电视台、电影院做TCL片头广告,并要求店主将POP贴画张贴到显眼的位置。

其次,抢占陈列空间。在一些经销商店内,TCL家电的摆放不是很显眼,TCL要求店主一定要将TCL的家电摆在高段和上段的展柜,并且陈列在展柜上的TCL产品触手可及,标签完整,货架的POP硬卡一目了然。TCL展柜的色彩搭配力求明快、抢眼,使其观感比LG更富现代感、有力度。对有条件的店,TCL还要求设立专门的展柜,展柜上的TCL产品按照产品的新旧、利润率的高低等进行有规律的排列。

最后,抢夺经销商。在农村的三线市场上,有些经销商阳奉阴违,并没有主推TCL的产品,导致当地市场TCL的销量毫无起色,而那些主推TCL的店面销量却稳步上升。于是TCL对经销商进行"威逼利诱",给他们绑定消费量,设定TCL的目标销量,并且给予适当的物质奖励和精神奖励(例如在他们完成目标销量后奖励一台TCL空调、提供店内品牌建设的支持、帮助做广告、给他们的家人照相等),确保他们主推TCL品牌。

开发新的经销商的宗旨是:不求最好,只求最合适。不要求刻意选择实力强、规模大的经销商,TCL公司只选择对TCL这个新品牌感兴趣,拥有营销管理和市场运作经验、勤于跑市场、人际关系好、有一定经济实力的经销商。还注意吸收和同化前LG的员工,给他们灌输TCL在产品质量上毫不逊色于LG,利用他们提供的情报和工作经验有针对性的挑战LG。必要时,TCL对于其中的优秀员工,重金礼聘,赋予其重要的工作任务。

适时培训三线市场的经销商,告诉他们如何布置展柜、促销、经营TCL的产品,并进行有效的沟通、定期巡视、保持适当的拜访频率、倾听他们的意见。公司派遣了一名副总经理祁先生常年走访终端市场,鼓舞经销商士气,现场指导管理。祁经理常常适时地要求经销商提供一些好的位置陈列产品和做店内品牌建设,同时让区域经理和市场部经理记录下来,马上跟进。祁先生和印方员工的配合非常默契,要了店内好位置后,区域经理和分公司经理就跟经销商谈回款和本月进货计划。通常,一个经销商在TCL五六个中印员工的无形夹击下,很快就回款和同意进货了。

适时培训店内的Sales boys,传输TCL作为一个强大的国际品牌的相关知识,增加其信心。一是企业简介、产品功能必须让他们倒背如流。二是促销技巧。TCL对于市场有限的小城镇把握"一山不容二虎"的原则,坚决打击串货的现象,对情节严重,屡教不改的经销商严惩不贷。

④本土化促销

TCL因地制宜采用了本土化的促销策略。在印度的三线市场大部分消费者是农民,针对农民群体文化普遍不高,思维比较简单,对太复杂的事物接受度较低,TCL用于促销的所有条幅、吊旗、海报、宣传单页、机身贴、立牌等都力求简单。条幅内容主要宣传主推机型和当日活动,其次是形象宣传或服务承诺,文字力求简练,朗朗上口;吊旗悬挂不厌其多;海报少而精致,主题鲜明,有视觉冲击力。

广告方面,TCL加大了在当地电视台的广告覆盖率,全天候滚动播出。抓住印度人喜欢看电影的特点,在当地电影院打出很多TCL的电影片头广告。还采用墙体广告,发挥其形式简单、价格低廉、针对性强、便于操控、持久性强的独特优势。

在农民收割完庄稼,出售农产品以后,TCL不失时机地在月底和恰当的时间做促销活动,往各村发传单,在小镇上打横幅标语,进行一个为期5天到10天的强势促销。在此期间,公司还提供促销礼品以资鼓励,利用部分经销商广泛的交际网络,到街头播放TCL的广告短片,放电影等来吸引顾客。

农村消费者购买大件家电产品时,一般会选择在当地的元旦、国庆节、丰收节等进行,TCL抓住这些节日和活动,推行了相应的折扣,部分产品的价格差突出,使消费者看出促销时的差价,同时赠送部分礼品。

TCL在进行促销时还配合产品的演示,让顾客真切感受TCL彩电震撼的音效、良好的音质以及清晰的画面;让顾客站在启动的空调前感受自然风、健康风等。这一切都要求经销商和Sales boys的配合无间。

⑤高度灵活的价格策略

首先,灵活定价。TCL首先通过对LG家电的价格和质量,自身的价格和质量有一个全方位的了解后,然后派人员去了解顾客对价格的态度和对产品的看法,获得LG的价目表。最后通过与LG的比较来制定相应的价格。TCL在提高质量的同时,尽量减少产品的非核心功能来降低成本,采用低价位进入,低价位经营的策略。TCL在产品的定价上始终低于对手LG的定价。

其次,灵活调价。TCL时刻关注LG的举动,采取有力的攻势:一是以变应变,降低价格。针对LG的降价迅速做出反应,将自己的价格始终保持在LG之下。二是以攻为守,提高产品的价值。面对降价的挑战,公司可以在维持原价的基础上,提高产品的价值。三是以牙还牙,推出低价进攻性产品。当LG降价时,迅速推出低价产品或推出另一低价的品牌与其抗衡。此外还采取了数量打折、季节打折、回扣、贸易折扣等方式。

最后,灵活付款。在农村三线市场,顾客购买家电多以赊欠为主,很多中小型经销商在一定的时期内无法将下游的欠款回笼,所以TCL相应的采用以下付款方式:结算优惠——根本在于先货后款。使用代理销售、定期结算、分期付款、货物与货款的"上达下结"。软价格优惠——折扣和返利、变相的奖励与附赠。对于三线市场的消费者则采取赊账销售为主,即分销商给次级销商放账,先提货后付款,次级经销商再给顾客赊账销售,顾客只需支付产品的首期即可,余下的货款要求在一定时期内付清。(资料来源:作者整理)

1. 实训目的

(1)加深对全面营销过程的理解。

(2)理解营销战略4P和营销战术4P的内涵。

2. 实训任务

(1)根据本章的理论要点,结合背景材料,讨论TCL公司印度市场营销能否取得成功并总结其营销的主要过程。

(2)根据你对营销概念的理解,对TCL在印度进行的大量营销活动进行评价,具体说明好的做法和不好的做法分别是什么。

(3)如果你是TCL公司董事长李东生先生,请针对TCL印度的营销方案,提出具体的改进建议。

3. 实训步骤

(1)个人阅读

每位学生课前认真阅读背景材料。针对"实训任务"进行阅读,督促学生在课前完成。针对学生的特点,课堂上老师或学生还需再花费15~25分钟对背景材料的关键信息及相关背景进行简单的陈述。

(2)分组

在授课教师指导下,以6~8个人为单位组成一个团队,要求学生选出组长、记录人、报告人等角色。

(3)小组讨论与报告

主要在课堂进行,时间为45分钟,围绕"实训任务"展开讨论,同时鼓励学生提出新的有价值的问题。要求记录人将讨论要点或关键词按小组抄写在黑板上的指定位置并进行简要报告,便于课堂互动。小组所报告的内容尽可能是小组所达成共识的内容。

小组讨论与报告

小组名称或编号:_____   组长:_____

报告人:_____   记录人:_____

小组成员:_____

①小组讨论记录：

发言人1：_____

发言人2：_____

发言人3：_____

发言人4：_____

发言人5：_____

发言人6：_____

发言人7：_____

发言人8：_____

②小组报告的要点或关键词（小组所达成共识的内容）：

任务1：_____

任务2：_____

任务3：_____

(4) 师生互动

主要在课堂进行，时间为30分钟，老师针对学生的报告与问题进行互动，同时带领学生对营销过程的关键知识点进行回顾。追问学生还有哪些问题或困惑，激发学生学习兴趣，使学生自觉地在课后进一步查询相关资料并进行系统的回顾与总结。

(5) 课后作业

根据课堂讨论，进一步回顾本章所学内容，要求学生登录 TCL 公司网站或通过实地参观、访谈，进一步寻找案例中未提供的决策依据和未考虑到的决策要素，形成正式的实训报告。

实训报告建议以个人课后作业的形式进行，其目的是帮助学生在课堂学习的基础上，进一步巩固核心知识，联系实际思考并解决问题，最终形成一个有效或学生自认为最佳的解决方案，要求学生在制订方案时应坚持自己的主见，并提供数据、事实的支撑和分析。帮助学生学会在复杂和挑战的环境下，提高分析解决问题的技能。实训报告的提纲如下：

实训报告

①从营销过程的视角，分析 TCL 公司在印度市场能否取得可持续的成功：

短期：_____

长远：_____
主要依据：_____
_____
_____

② 请从战略 4P 和战术 4P 视角，提出 TCL 公司印度市场营销改进方案：
战略 4P：_____
_____
_____
_____
_____

战术 4P：_____
_____
_____
_____
_____

全面营销：_____
_____
_____
_____
_____

(6) 实训成果的考核

根据学生课堂表现和实训报告质量，评定实训成绩。

模块二　战略4P

通过探测（Probing）、细分（Partitioning 或 Segmentation）、优选（Prioritizing 或 Targeting）、定位（Positioning）战略 4P 分析，发现和评价市场机会，选择目标市场并确定市场定位，从而为企业确立竞争优势。本模块分为五章：

☑ 第四章　市场环境分析

☑ 第五章　消费者行为

☑ 第六章　市场调查

☑ 第七章　市场细分与目标市场选择

☑ 第八章　市场定位

第四章 市场环境分析

21世纪,我们将在数字地球上生存!

——美国前总统 克林顿

面对市场环境的不确定性,要像下围棋,既要系统分析,还要局部突破。

——佚名

学习目标

1. 理解营销环境的基本内容。
2. 掌握环境分析的常用工具。

引导案例

案例4.1 李嘉诚如何抓住营销环境中的机会?

2018年3月,年近90岁的香港首富长江实业集团主席李嘉诚正式宣布退休。2006年4月8日,内地30位顶尖企业家集体拜访李嘉诚,午餐时,汇源集团总经理朱新礼问道:"国外的经济环境与中国有什么区别?"李嘉诚回答说:"很多人抱怨环境不好,实际上是没有静下心来认真去找机会。中国机会太多,到处是金矿。中国企业家应该好好抓住这些机会。"

1936年,李嘉诚一家辗转来到香港,其父李云认识到以前对李嘉诚的那套教育完全不适应香港社会现实,于是让李嘉诚"学做香港人"。首先学会熟练地讲广东话和英语,从而更好地适应并融入香港社会。

创业初期,李嘉诚是一名推销员,推销过五金及塑胶产品,凭借勤劳、机敏和对用户心理的洞察,销售业绩骄人。从1950年创办长江塑胶厂开始,总是认真寻找每一个机会。到今天,他已经勇敢地跨越了一个又一个行业,由制造业到地产业,再到港口业、电信业,之后又进入零售业,尽管他在每一个行业都属于后来者,但他不断地超越前人和自己,最终成为每一个行业中数一数二的人物。李嘉诚说过:"一个新生事物出现,只有5%的人知道时赶紧做,这就是机会,做早就是先机;当有50%的人知道时,你做个消费者就行了;

当超过50%时,你看都不用去看了!"

李嘉诚对政治一直保持距离,在商言商,但他的生活和事业已与政治、经济、文化、科技牢牢地系在一起了。20世纪50年代从事加工企业与全球性的政治动荡相关,60年代在香港的所有收购举动都与内地政治变化有关:内地"文革"造成的香港移籍潮使其在1967—1969年收购了不少廉价地产;70年代后英资怡和在香港的信心出现动摇,李嘉诚趁机与其直接竞争并一举收购和记黄埔;80年代初,中英双方在香港问题上的争端再度给市场带来动荡,李嘉诚逢低收购港灯和青州英泥,并在中英签署联合声明后联合其他地产商一举收购置地公司。这期间,他在股市中低进高出而大获其利的操作更是数不胜数。他曾说过:"生意人也要讲政治。"中国向来商政不分家,经商必须靠国家政治上和经济上的稳定来保证,所谓的"商人莫谈国事"完全是狭隘的观点。(资料来源:作者整理)

思考:

1. 李嘉诚对待中国营销环境的态度是什么?
2. 你认为李嘉诚商业成功的关键环境因素是什么?

理论知识

第一节 企业营销的宏观环境

宏观环境对营销活动产生间接影响。如图4-1所示宏观环境的六种主要因素,包括人口环境、经济环境、自然环境、科学技术环境、政治法律环境、文化环境。

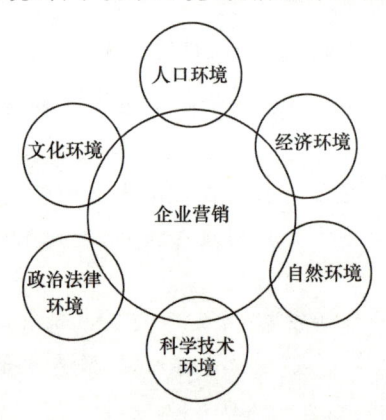

图 4-1 企业营销宏观环境的六种主要因素

一、人口环境

人口环境包括人口的总量和增长速度、地理分布、年龄与性别、受教育程度、家庭规模、居住环境等因素,它们分别从不同的侧面影响着企业营销活动。企业必须密切注视人口环境各因素的变化趋势,及时捕捉机会,适时调整战略,保持企业的竞争优势。

二、经济环境

经济环境是指影响消费者购买力和消费支出模式（Spending Patterns）的经济因素，包括消费者收入水平的变化、消费结构的变化、储蓄和消费信贷、通货膨胀等指标。

三、自然环境

自然环境主要指营销者所需要或受营销活动所影响的自然资源。为适应自然环境，企业不仅要充分地分析和认识自然环境，而且还要努力创造和保护好自然环境。目前，企业面临的自然环境问题及压力主要包括自然资源短缺、自然资源浪费、自然环境污染、公众的生态需求增加、政府的环保立法更加严密等。因此，企业在营销过程中，不仅要自觉提高环保意识，还要严格遵守政府颁布的各种环保立法。

四、科学技术环境

科学技术环境的发展变化极大地促进了生产力发展，给企业营销活动带来巨大影响。当代科学技术环境的主要特点是科学技术和工艺的发展速度越来越快，高科技创新领域越来越广泛，微电子技术和网络技术成为一种潮流，专利技术和知识产权的保护日益加强等。

五、政治法律环境

政治环境指企业市场营销的外部政治形势。在国内，安定团结的政治环境，不仅有利于经济发展，而且影响群众心理状况，导致市场需求的变化，案例4.2介绍了日益改善的中国营销政治环境，对国际政治环境进行了分析。同时，应了解国际"政治权力"与"政治冲突"对企业营销活动的影响。

法律环境指国家或地方政府颁布的各项法规、法令和条例等。国家的法律法规对企业营销活动起保证和约束的作用，如《中华人民共和国反不正当竞争法》《广告法》《消费者权益保护法》《产品质量法》《专利法》和《环境保护法》等。

穿插案例

案例4.2 日益改善的中国营销政治环境

近年来，从中央到地方政府反腐之风劲吹，取得了举世瞩目的成就。2018年，中央成立国家监察委，专门负责反腐工作。同时，国有企业的廉政建设和反腐力度也不断加大，以中国电信集团为例，2018年，其纪检监察机构处置问题线索2 324件，立案430件，给予处分538人，提醒、诫勉及组织处理1 967人。此外，民营企业也在积极探索反腐新机制，比如阿里巴巴2009年成立"廉正部"，2012年升级为"廉正合规部"，主要职能为腐败调查、预防及合规管理，该部门独立于各业务线内审及内控部门，调查权限上不封顶，专设举报平台，要求员工在与外部合作伙伴进行业务往来时体现诚信的价值观，绝不容忍任何不道德或不合法的行为。除"廉正合规部"外,阿里巴巴的每个部门,每条业务线也有内审、内控部门,还有"首席风险官"一职,专门负责公司内部重大经济案件的防治和侦破。2015年,阿里巴巴又增设了"首席平台治理官"一职,下设平台治理部,负责电商平台的规则、知识产权保护、打假、打击信用炒作等管理事宜。多年来,阿里巴巴已处理违反营销道德法规的大批员工,上至CEO,下至基层服务人员。2015年6月,阿里巴巴联合碧桂园、复星、美的、顺丰、世茂、万科等企业成立了中国企业反舞弊联盟,旨在通过创新和合作,帮助企业实施反舞弊行动和制度建设,搭建企业反舞弊经验交流平台,共同建设廉洁的商业环境。(资料来源:中共中央纪律检查委员会官网、阿里巴巴官网)

六、文化环境

文化环境主要由基本价值、观念、偏好、风俗习惯和其他影响力因素构成。主要表现为风俗习惯、社会风尚、宗教信仰、语言文字、文化教育、人生观、价值观以及婚姻观等。文化不仅影响企业营销组合,而且影响消费心理、消费习惯等,这些影响多半是通过间接的、潜移默化的方式来进行的。

第二节 企业营销的微观环境

微观环境为企业营销提供直接的机会,企业营销微观环境的主要参与者,如图4-2所示。

图 4-2 微观环境的主要参与者

1. 公司

公司是企业营销微观环境的首要因素。在制订营销计划时,营销管理者必然要考虑到企业的其他职能部门和各个管理层的协调,这包括最高管理层、财务部门、研究与开发部门、采购部门、生产部门和会计部门等。

2. 供应商

供应商是指为企业及其竞争者提供生产上所需资源的企业和个人。供应商供应的资源主要包括原料、材料、燃料、机械设备、技术、信息、资金和劳务等。供应商的行为对于企业的有效营销的影响主要体现在资源供应的可靠性、资源供应的价格变动趋势和资源的质量水平等方面。

3. 营销中介

营销中介是指在促销、销售以及将产品送达给最终购买者方面,给企业以帮助的所有企业和个人。营销中介主要包括:

(1)转卖中间商。为本企业寻找顾客并转卖本企业产品给顾客的批发商和零售商。

(2)实体分配机构。主要指那些帮助企业储存商品并将其自原产地转运到目的地的企业和个人。实体分配的要素包括包装、运输、仓储、装卸、搬运、库存控制和订单处理七个方面,其基本功能是调节生产与消费之间的矛盾,弥合产销时空上的背离,提供商品的时间效用和空间效用,以利于适时、适地和适量地把商品供给消费者。

(3)营销服务机构。主要有营销调研机构、广告代理商、媒体和营销咨询机构等。企业可自设营销服务机构,也可委托外部营销服务机构代理有关业务,并定期评估其绩效,促进创造力、质量和服务水平的提高。

(4)金融中介机构。主要包括银行、保险公司、信托投资公司和其他从财务上支持交易,帮助企业规避商品买卖风险的所有机构。在市场经济中,企业与金融机构关系密切,企业间的财务往来要通过银行结算,企业财产和货物要通过投保取得风险保障,而贷款利率与保险费率的变动也会直接影响企业成本,信贷来源受到限制更会使企业处于困境。

4. 顾客

顾客又称用户或消费者,它是企业的目标市场,是企业服务的对象,也是营销活动的出发点和归宿。管理大师彼得·德鲁克认为,企业唯一有价值的目标就是创造顾客。企业要进行有效的营销,就必须认真研究顾客市场。顾客市场依不同标准和特点可划分成许多类别,主要包括消费者市场、生产者市场、转卖者市场、政府市场和国际市场等。

5. 竞争者

企业不能独占市场,总是会面对形形色色的竞争对手。在竞争的市场上,除来自本行业的竞争外,还有来自代用品生产者、潜在加入者、原材料供应者和购买者等多种力量的竞争。一个企业要想营销成功,就必须能够提供比其竞争对手更大的顾客价值和顾客满意。

6. 公众

企业进行营销所面临的微观环境还包括各种不同类型的公众。公众主要有七类:

(1)融资公众。包括银行、投资公司和股票持有者等。企业可以通过发布乐观的年度财务报告,回答关于财务问题的询问,稳健地运用资金,在融资公众中树立信誉。

(2)媒体公众。包括报纸、杂志、广播电台、电视台及网络等。企业必须与媒体组织建立友善关系,争取有更多更好的有利于本企业的新闻、特写以及社论。

(3)政府公众。指负责管理企业营销业务的有关政府职能部门。企业的发展战略与营销计划,必须和政府的发展计划、产业政策、法律法规保持一致;注意咨询有关产品安全卫生、广告真实性等法律问题;倡导同业者遵纪守法,向有关部门反映行业的实情,争取有利于产业发展的立法。

(4)社团公众。包括消费者协会、环境保护组织或其他公共利益团体等。有时他们可能对企业的营销决策提出问题或质问,与之对抗或漠不关心对企业来说都是不可取的;相反,企业应当尽可能地理解他们的利益,聆听他们的观点,找到一个"共赢"的解决方案。

(5)社区公众。指企业周边地区的居民和社团组织。他们对公司的各项活动可能持积极态度,也可能持消极态度。企业中主管与地方公众关系的员工的主要职责有:关注社团、参加社团会议、回答问题以及赞助有意义的事业。积极主动的企业不会无动于衷地坐视地区问题爆发。他们会给社团投资,帮助他们更好地运作,与此同时,企业也将为自身赢得声望。

(6)一般公众。这不是有组织的公众,但他们对企业产品和服务的认识以及对企业的印象却对广大消费者的购买决策有很大的影响。

(7)内部公众。指企业内部全体职工。企业的营销计划,需要全体职工的充分理解、支持和具体执行。要经常向员工通报有关情况,介绍企业发展计划,发动员工出谋划策,关心职工福利,奖励有功人员,增强内部凝聚力。员工的责任感和满意度,必然传播并影响外部公众,从而有利于塑造良好的企业形象。

优秀公司能洞察各种宏观与微观环境因素的微妙变化,适应甚至创造环境,从而取得营销成功,联想集团就是随环境而改变的中国式跨国公司的典范,具体见案例4.3。

穿插案例

案例4.3 联想集团:随环境而改变的中国式跨国公司

联想集团是一家极富创新性的国际化的科技公司,由联想及原IBM个人电脑事业部组成。2018年,联想PC市场份额超越惠普,位居全球第一。

1984年,柳传志怀揣将研发成果转化为成功产品的坚定决心,带领中国科学院的11名科研人员在北京一处租来的传达室中开始了创业之路。创业之初,柳传志发现环境因素是一个最大的问题,其一,计划经济要求一个企业如果想要有生产能力,就得有批文,联想当时就面临批文的困扰。其二,人民币汇率问题,外汇的官价底价是3元,但实际上联想所用外汇的底价大概在六七元,所以,人民币和外汇比价一浮动,联想经营就陷入困境。当然,联想在创办之初,也曾两次从中科院获得外汇定额,一次作为创业启动资金,获得20万元人民币,另一次25万美元,用于发行联想汉卡。其三,进口权问题。柳传志认为,一个企业在成活的时候,会受到环境说不清的压力,这些东西如果单独来的话,还能应付;有时候连续出现或者叠加在一起出现,就会有危险。柳传志曾说:"我刚办公司的时候,各方面环境都很恶劣,如果都按我的急性子来的话,公司早就倒闭了。调整不了环境,我就要调整自己。我之所以能够在改革中存活下来,很重要的一点就是,大环境改造不来,我就改造小环境,小环境改造不来,我就适应环境。"

2001年,联想计划走向国际化时发现"Legend"这个名字在欧洲几乎所有国家都被注册了,注册范围涵盖计算机、食品、汽车等各个领域,随即将品牌更名为"Lenovo"。2004年,联想集团和IBM签署"收购IBM个人电脑事业部"的协议,并成为国际奥委会全球合作伙伴。2014年,联想收购摩托罗拉。2015年4月,联想发布新版Logo及新的口号"never stand still"(永不止步)。2018年7月,面临IT市场的残酷竞争,联想大面积裁员以进行战略调整,联想接班人杨元庆说,希望这一次调整能给联想带来10年的好运气。
(资料来源:作者整理)

第三节 环境分析方法

一、SWOT 分析

SWOT分析是对企业优势(Strengths)、劣势(Weaknesses)、机会(Opportunity)和威胁(Threats)的分析。因此,SWOT分析法实际上是对企业内、外部条件各方面内容进行的综合和概括,进而分析组织的优势和劣势、面临的机会和威胁的一种方法。其中,优势和劣势分析主要是着眼于企业自身的实力及其与竞争者的比较,而机会和威胁分析将注意力放在外部环境的变化及对企业的可能影响上。SWOT分析的步骤如下:

第1步:罗列企业的优势和劣势,可能的机会和风险。把识别出的所有优势分成两组,分析的时候应以下面的原则为基础:看看它们是与行业中潜在的机会有关,还是与潜在的威胁有关。用同样的方法把所有劣势分成两组。一组与机会有关,另一组与威胁有关。

第2步:优势、劣势与机会、威胁相组合,形成SO、ST、WO、WT策略,见表4-1。把公司的优势和劣势与机会和威胁配对,分别放在每个格子中。在此过程中,将那些对组织发展有直接的、重要的、大量的、迫切的、久远的影响因素优先排列出来,而将那些间接的、次要的、少许的、不急的、短暂的影响因素排列在后面。

表 4-1　　　　　　　　SWOT 分析矩阵

企业内部因素 企业外部因素	优势(S)	劣势(W)
机会(O)	SO 战略	WO 战略
威胁(T)	ST 战略	WT 战略

第3步:对SO、ST、WO、WT策略进行甄别和选择,确定企业目前应采取的具体战略与策略。在完成环境因素分析和SWOT矩阵的构造后,便可以制订出相应的行动计划。制订计划的基本思路是:发挥优势因素,克服弱点因素,利用机会因素,化解威胁因素,考虑过去,立足当前,着眼未来。运用系统分析的综合分析方法,将排列与考虑的各种环境因素相互匹配起来加以组合,得出可选择对策。

二、五力分析

营销者要了解产业环境,需对该产业的竞争者、新进入者、替代品、买方的议价能力,供应商的议价能力等五种力量进行分析,以此明确该行业的竞争状况和营销机会。五力模型如图4-3所示。

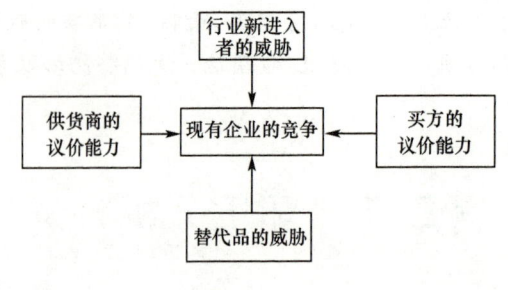

图 4-3　五力模型

1. 行业新进入者的威胁

进入本行业有哪些壁垒？它们阻碍新进入者的作用有多大？本企业应怎样确定自己的地位（自己进入或者阻止对手进入）？

2. 供货商的议价能力

供货商的品牌或价格特色，供货商的战略中本企业的地位，供货商之间的关系，从供货商之间转移的成本等，都影响企业与供货商的关系及其竞争优势。

3. 买方的议价能力

买方的议价能力包括本企业的部件或原材料产品占买方成本的比例，各买方之间是否有联合的危险，本企业与买方是否具有战略合作关系等。

4. 替代品的威胁

替代品限定了公司产品的最高价，替代品对公司不仅有威胁，可能也带来机会。企业必须分析替代品给公司的产品或服务带来的是"灭顶之灾"，还是提供了更高的利润或价值；购买者转而购买替代品的转移成本；公司可以采取什么措施来降低成本或增加附加值来降低消费者购买替代品的风险。

5. 现有企业的竞争

行业内竞争者的均衡程度、增长速度、固定成本比例、本行业产品或服务的差异化程度、退出壁垒等，决定了一个行业内的竞争激烈程度。

三、不确定性分析

当前，受全球化和技术变革速度加快的影响，企业面临越来越动态、多变、复杂的外部营销环境，需采取多种方法来分析这种不确定性的营销环境。根据环境简单与复杂程度、稳定与不稳定程度形成四种环境状况，见表 4-2。

表 4-2　外部环境不确定性分析

	环境简单	环境复杂
稳定	不确定性程度低 采取传统环境分析方法 如面粉加工企业	不确定性程度低至中 采取传统与创新环境分析方法 如保险公司、银行
不稳定	不确定性程度中至高 采取传统与创新环境分析方法 如时装公司、玩具公司	不确定性程度低至中 采取创新环境分析方法 如电信公司、航空公司

本章习题

一、判断题

1. 宏观环境和微观环境通常都对营销活动产生直接影响。（　　）
2. 五力模型主要用来分析企业所面临的微观环境。（　　）
3. 企业面临越来越动态、多变、复杂的外部营销环境，只需采取单一方法来分析这种不确定性的营销环境。（　　）

二、单选题

1. 下列不属于企业所面临的微观营销环境的是（　　）。
   A. 公司与供应商　　　　B. 营销中介与顾客
   C. 公众　　　　　　　　D. 政府
2. 下列叙述中不正确的是（　　）。
   A. SWOT 分析是对企业优势、劣势、机会和威胁的分析
   B. SWOT 分析法是对企业内外部条件各方面内容进行综合和概括
   C. SWOT 中的优劣势分析主要是着眼于企业自身的实力及其与竞争对手的比较
   D. SWOT 中的机会和威胁分析将注意力放在内部环境的变化与竞争对手的比较
3. 对于"不稳定、复杂"的环境状况，通常采取（　　）。
   A. SWOT 分析法　　　　　　B. 五力模型分析法
   C. 创新环境分析法　　　　　D. SWOT 与五力模型分析法相结合

三、简答题

1. 简述企业营销宏观环境的主要内容。
2. 简述企业营销微观环境的主要内容。
3. 简述五力模型分析的主要内容。

营销演练

营销类工作就业环境分析

请仔细阅读下面资料，并完成相应的营销演练任务。

市场营销专业毕业生可以从事市场调研、营销策划、广告策划、市场开发、营销管理、推销服务和教学科研等工作。市场营销人员是各个企业、特别是大型企业不可缺少的人才。市场营销专业毕业生就业岗位包括：①企业销售部门的业务员或主管岗位；②零售企业或批发企业的促销员、推销员等岗位；③企业营销部门的市场调查、信息统计、售后服务等岗位；④企业的营销策划、市场预测人员；⑤各类咨询公司的相关岗位。

根据我国有关资料统计，从 20 世纪 80 年代中期至今，我国企业界自办或协办的人才交流会两千多场次，而每一次的人才交流会上，市场营销人员都是最受欢迎、最供不应求的。随着我国经济的高速发展和市场竞争的日趋激烈，这种势头在未来将越来越猛烈。

市场营销人才需求很大,对学历要求不是很高,就业前景广阔。

2018年,市场营销专业毕业生10%的工资超过十万元,7%在八万到九万九千元,25%为六万到七万九千元,40%在四万到五万九千元,16%在两万到三万九千元,另有2%的收入少于两万元,平均年总收入为65 868元。主要就业行业:37%在商业、金融业和管理业,35%在销售业及服务业,12%为自然及应用科学或相关行业,10%在政府、教育和社会机构。学历背景要求方面,41%要求必须是大学毕业,19%要求专科毕业,11%只要求高中毕业再加相关训练,29%则没有特别要求。在选择市场营销专业之前,37%的人已经确定自己将来的职业目标,44%对选择何种主修专业则还没有主见。(资料来源:2019市场营销专业就业形势分析.职业学校招生网,2019-06-03)

营销演练任务

假定你将来选择营销类工作,请认真回顾本章所学内容,运用SWOT分析方法,把自己的优势和劣势、机会和威胁写在下面的"自我SWOT分析矩阵"中。

自我SWOT分析矩阵

外部因素 \ 自身因素	优势(S)	劣势(W)
机会(O)		
威胁(T)		

案例实训

案例4.4 华为公司如何应对复杂多变的营销环境?

任正非,毕业于重庆大学,43岁创立华为技术有限公司。华为发展的30年历程,大致上可以划分为以下四个阶段:

第一阶段(1987—1994年):活下去

1987年,任正非与五位合伙人共同出资2万元成立了华为公司。公司成立初期,任正非一直为华为生存问题绞尽脑汁。一个偶然的机会,任正非通过老友介绍拿到了香港一家公司的小型交换机代理权,本着"什么赚钱做什么"的思路,华为误打误撞投身于交换机代理业务之中。1987—1990年,国内市场的大好形势让华为赚到第一桶金,完成了原始积累。1990年夏天,任正非招聘技术人员,成立研发小组,开始专注自有交换机的研制。1992年,华为的销售额突破1亿人民币。

1994年,华为整合高校和研究所人才资源,不断瞄准市场上火爆的数据通信路由器、2G移动通信等领域,在模仿改进的基础上,先后上马了技术含量高、迎合客户需求的路由器等产品,还是采取农村包围城市的低价策略,所有的市场营销策略都可以第一时间从公司高层直接传到一线。任正非将绝大多数销售员从城市派往各个县级和乡镇市场并给他们划分了固定区域,把战壕修到离客户最近的地方。销售人员并不是一味地宣传自己的产品多么的好,而是把关系当成敲门砖,同当地的客户培养感情,不仅帮客户解决一些技术上的问题,还经常给电信局领导和员工一些物质上的馈赠。此外,华为还积极与各省市级电信局成立合资公司,打造利益共同体,承诺每年给予高达50%～70%的丰厚红利。就这样,销售规模迅速突破8亿元人民币,员工人数600多人。

第二阶段(1995—2003年):在混沌中前行

1995年,华为公司在北京成立研究所,销售规模达到15亿人民币,员工数量也达到800人。1996年,开始广泛进军国际市场。首先与长江实业旗下的和记电讯合作,提供以窄带交换机为核心的"商业网"产品,打入香港市话网,开通了许多国内未开的业务。在"狼性文化"支撑下,华为在农村市场发展势如破竹,截至1997年年底,华为在全国建立了33个办事处和33个用户服务中心,初步形成规模化的市场营销网络。

1997年开始,国内通信市场经过一轮高速发展后,市场逐渐饱和,最直接的表现就是产品供过于求。1998年,华为全年销售额89亿元,任正非痛下决心花费了全年的销售额的一半,聘请美国IBM公司200多名专家对华为的管理流程进行量身定做。尽管如此,华为的高速成长步伐开始受阻。1999年,中国刚刚加入WTO就遭遇全球经济衰退,运营商基础设施投资大幅下降。从2000—2002年,华为销售额增长率开始逐年降低,2001年和2002年更是连续两年零增长。

危机之下,任正非不断拉响了名为"华为的冬天"的警报,谋求转型求发展。任正非决心走出去,为了避免和西方巨头的正面交锋,华为将欧美市场放到了后期发展规划,并将目光聚焦到俄罗斯、巴西、南非、埃塞俄比亚等快速崛起新兴发展中国家经济体。以华为国际化的首站为例,1997年初入俄罗斯,爱立信、西门子等国际巨头已占领该市场,当地人的第一句话就是,俄罗斯不会使用任何新的机型,也不会和中国的公司合作,华为以往的低价竞争策略稍显乏力,在俄罗斯市场坚守一年,竟然颗粒无收。

1999年,俄罗斯经济陷入低谷,电信投资几乎停滞,西门子、阿尔卡特、NEC等西方巨头纷纷撤离,在俄罗斯市场屡次遭遇闭门羹的华为却选择坚持,从2000年开始,华为在俄罗斯市场进入迅猛发展期,接连几年年营业收入以100%的速度增长,2002年销售额超过1亿美元,市场占有率达14%,成为该市场主导品牌。2003年后,外部环境开始复苏,华为一直保持超过50%的增长。

第三阶段(2004—2013年):厚积薄发,决胜全球化

2004年,华为NE高端路由器荣获"2004年国家科学技术进步二等奖"。华为成为全球少数几个能够提供从系统技术到芯片设计全套商用系统的厂商之一。

2005年,华为国际销售总额达47.5亿美元,占公司全球金额的58%,这是华为海外收入首次超越国内收入,华为在亚太、非洲、中东等市场都处于前三的位置。2006年,华为针对欧洲一家小运营商客户的机站选址困难、运维成本高等难题,通过技术集成研发出分布式基站解决欧洲客户痛点,使得客户运营成本降低了30%以上,加上结盟政策的实施,华为逐渐在欧洲市场逐渐打开局面。随后,华为不断对产品更新迭代。

2008年,华为国际专利申请量1737件,居全球第一,行业影响力不断增大,业务拓展至无线接入网络、全IP宽带网络、核心网、软件、专业服务和终端等领域,主流产品均位列全球前三,海外收入已经占其总营业额的75%,从而成为一家名副其实的国际化公司,并

将发展矛头指向欧美等发达国家市场。2009年,华为市场份额超越阿尔卡特朗讯。2010年底,华为公司成为欧洲所有顶级运营商的合作伙伴,市场份额高居欧洲第一,首次进入全球500强企业,排名397位,实现合同销售额340亿美元。2012年,其销售额已经达到2 202亿人民币,员工人数达13.8万人。

第四阶段(2013年—至今):与世界交换能量,把'黑天鹅'转化成'白天鹅'

2013年,为应对复杂多变的营销环境,华为搭建了"基础研发—应用升级—产品开发"的三层研发体系,并成立了"2012实验室",加强对基础理论的研究,构建公司未来技术的基石,抢占技术创新的制高点。

"华为要炸开金字塔尖,与世界交换能量,汇聚全球智慧。"任正非在与科学家的座谈会上说:"团结全球所有同方向的科学家,可以多进行人才'众筹',多与大学的教授喝杯咖啡进行沟通,与人思想碰撞,一杯咖啡吸收宇宙能量,即使有'黑天鹅',也是在华为的咖啡杯中飞,我们可以及时把'黑天鹅'转化成'白天鹅'。"

2017年,华为明确了公有云战略。2018年,华为发布新的愿景与使命:把数字世界带给每个人、每个家庭、每个组织,构建万物互联的智能世界。随后美国26位国会议员致函教育部部长Betsy DeVos,警告华为与至少50所美国大学的合作"可能对国家安全构成重大威胁"。6月21日,美国议员敦促Alphabet旗下的谷歌重新考虑与中国科技巨头华为之间的合作关系。8月23日,澳大利亚政府在以国家安全担忧为由,禁止中国公司华为和中兴为其规划中的5G移动网络供应设备。10月11日,华为和百度在5G MEC领域达成战略合作。12月1日,华为女儿孟晚舟在加拿大温哥华被捕,美国向加拿大要求引渡。12月24日,华为发布智能计算战略。

2019年,在中美贸易摩擦的大环境下,对于华为来说注定是不轻松的一年。1月,美国政府禁止华为在美国的子公司FutureWei的产品和技术出口。3月,美国政府涉嫌攻击华为的服务器,窃取邮件和源代码,华为决定起诉美国政府。3月19日,世界知识产权组织发布的年度报告显示,华为公司的专利申请量在企业中位居全球第一。5月16日,美国商务部工业和安全局将华为及其68个附属公司加入限制名单。这意味着,没有美国政府的许可,美国企业不得给华为供货。很快,高通、英特尔、ARM、安森美、泰瑞达等收到邮件要求禁止向华为出货。

对此,任正非表示,公司早已做好准备,即使没有高通和美国其他芯片供应商供货,华为也不会有事。随后,华为海思总裁何庭波宣布启用备胎计划。据了解,华为海思成立于2004年,其前身是华为集成电路设计中心。任正非透露在成立海思时,曾对何庭波说过:"我给你4亿美金每年的研发费用,给你两万人,何庭波一听吓坏了。但我还是要给,一定要站立起来,适当减少对美国的依赖。"海思十年磨一剑,不仅打造出了自主研发的麒麟芯片,与三星、苹果PK的华为手机正是用了此芯片。除此之外,海思还有服务器芯片(鲲鹏系列)、基站芯片、基带芯片、AI芯片、物联网芯片等已经站在了世界科技产业的第一梯队中。

2019年5月20日,美国宣布对华为禁令推迟90天实施。截至6月6日,华为已在全球30个国家获得了46个5G商用合同,5G基站发货量超过10万个。8月9日,华为正式发布鸿蒙系统。2020年3月,华为发布2019年年度报告,华为实现全球销售收入8

588亿元人民币,同比增长19.1%;净利润627亿元人民币,经营活动现金流914亿元,同比增长22.4%。2020年前9个月,华为总收入为6 713亿元人民币(合985.7亿美元),比上年同期的6 108亿元人民币增长9.9%,但增速明显放缓。(资料来源:罗彪、夏李慧.从"抄"到"超":华为创新发展之路.中国案例共享中心,2018.有精简和更新)

1. 实训目的

(1)了解企业营销微观环境和宏观环境的主要因素。

(2)掌握企业在特定市场环境下进行SWOT分析的方法、步骤。

(3)掌握对企业竞争对手进行波特分析的方法、步骤。

2. 实训任务

(1)面对目前营销环境的突变,华为公司高层的反应是否过于乐观?说明你的观点。

(2)当前影响华为公司营销环境的关键因素是什么?为什么?

(3)华为公司的营销者该如何应对环境复杂性?下一步该怎么做呢?

3. 实训步骤

(1)个人阅读

每位学生课前认真阅读背景材料。针对"实训任务"进行阅读,督促学生在课前完成。针对中国学生的特点,课堂上老师或学生还需再花费10~20分钟对背景材料的关键信息及相关背景进行简单的陈述。

(2)分组

在授课教师指导下,以6~8人为单位组成一个团队,要求学生选出组长、记录人、报告人等角色。

(3)小组讨论与报告

30分钟,主要在课堂进行,围绕"实训任务"展开讨论,同时鼓励学生提出新的有价值的问题。要求每个小组将讨论要点或关键词按小组抄写在黑板上的指定位置并进行简要报告,便于课堂互动。小组所报告的内容尽可能是小组所达成共识的内容。

小组讨论与报告

小组名称或编号:_____   组长:_____

报告人:_____   记录人:_____

小组成员:_____

_____

①小组讨论记录:

发言人1:_____

_____

发言人2:_____

_____

发言人3:_____

_____

发言人4:_____

发言人 5：_____

发言人 6：_____

发言人 7：_____

发言人 8：_____

②小组报告的要点或关键词(小组所达成共识的内容)：
任务 1：_____
任务 2：_____
任务 3：_____

(4)师生互动

主要在课堂进行,时间为 15 分钟,老师针对学生的报告与问题进行互动,同时带领学生对微观营销环境、宏观营销环境、SWOT 分析、五力模型分析等关键知识点进行回顾。并追问学生还有哪些问题或困惑,激发学生学习兴趣,使学生自觉地在课后进一步查询相关资料并进行系统的回顾与总结。

(5)课后作业

根据课堂讨论,要求每位学生进一步回顾本章所学内容,形成正式的实训报告。建议实训报告以个人课后作业的形式进行,其目的是帮助学生在课堂学习的基础上,进一步巩固核心知识。实训报告的提纲如下：

实训报告

华为公司所面临的微观营销环境包括：

①公司：_____

②供应商：_____

③营销中介：_____

④顾客：_____

⑤竞争者：_____

⑥公众：_____

华为公司所面临的宏观营销环境包括：

①人口统计因素：_____

②经济环境：_____

③自然环境：_____

④科学技术环境：_____

⑤政治法律环境：_____

⑥文化环境：_____

华为公司营销环境的 SWOT 分析

企业内部因素 企业外部因素	优势(S)	劣势(W)
机会(O)		
威胁(T)		

华为公司所属行业的五力模型分析：
①竞争者：_____

②新进者：_____

③替代者：_____

④供应商的议价能力：_____

⑤购买者的议价能力：_____

通过上述分析，提出你对华为公司应对营销环境的主要建议：
①_____

②_____

③_____

(6)实训成果的考核
根据学生课堂表现和实训报告质量，评定实训成绩。

第五章　消费者行为

营销是没有专家的,唯一的专家是消费者,你只要能打动消费者就行了。

——史玉柱

世界上尚未开发的地方就是你的脑袋。

——佚名

学习目标

1. 掌握消费者购买行为的一般规律。
2. 提高洞察消费者需求的基本技能。

引导案例

案例 5.1　康师傅方便面销量的断崖式下跌

康师傅自 1992 年研发生产出第一包方便面后,经营业绩节节攀升,康师傅品牌家喻户晓。但自 2011 年以来康师傅销量连续五年下降,尤其是 2015 年已下跌将近 20%,2016 年更是暴跌了 66%。为什么以前火遍大江南北的方便面一下子就暴跌了呢?

以前方便面是人们长途旅行所必备的商品。但是随着美团、饿了么的兴起,外卖产业的发展使得老百姓的选择增加了。并且随着高铁动车的出现,旅程变得不再漫长,方便面的地位也随之下降。加之中国台湾地区康师傅卷入食品安全危机,虽然最终证明并无涉及黑心油生产,但事件持续发酵且波及大陆市场,对康师傅品牌产生极重的负面影响。最终中国台湾康师傅于 2017 年 1 月宣布解散,不再生产和销售方便面。

但是最重要的原因是"消费升级"转型,曾经的"物美价廉"变成了现在的"垃圾食品"。从消费者类型来看,在校学生与务工人员是方便面的两大消费主力。对于农民工群体,省时便宜的方便面是务工之余的首选。而另一大消费主力——学生群体,则转投 O2O 外卖的怀抱。十年前,吃泡面打游戏还是很多大学生常态;而现在,简单快速的点餐平台则是更好的选择。

2017年,康师傅业绩开始止跌,并持续向好,特别是受疫情影响,2020年上半年收入329.34亿元,同比增长8%,净利润23.8亿元,同比增长58.4%,创下历史新高。(资料来源:作者整理)

思考:

1. 你觉得康师傅方便面销量断崖式下跌的根源是什么?
2. 你觉得康师傅如何进行"消费升级"转型?

理论知识

第一节 消费者购买行为分析的基本内容

消费者购买行为可归纳为八个方面,即通常所说的"6W2H"(表5-1):①为何购买(Why),就是确定购买原因;②购买什么(What),就是购买哪类产品,包括选择产品的名称、款式、规格、品牌和价格等;③购买时间(When),即有些产品的购买行为具有一定的季节性(如冬季买皮外套、取暖器,夏季买空调等),或表现出一定的时间规律(如节假日);④购买地点(Where),消费者往往要考虑距离远近,交通是否方便,商品是否齐全,价格是否合理,服务是否周到等多种因素决定在何处购买;⑤购买者(Who),即由谁(可以是个人,也可以是组织)来购买;⑥购买选项(Which),即购买哪种产品;⑦购买方式(How),这是指购买方式决策;⑧购买多少(How many),即购买的数量及购买频率。

通过6W2H分析可以了解消费者购买行为的规律性及变化趋势,以便制定和实施相应的营销策略。

表5-1　　　　　　　　消费者购买行为6W2H分析的具体内容

6W2H	具体内容
Who	谁构成该市场?谁购买?谁参与购买?谁决定购买? 谁使用所购产品?谁是购买的发起者?谁影响购买?
What	购买什么产品或服务?顾客需要什么? 顾客的需求和欲望是什么?对顾客最有价值的产品是什么? 满足顾客购买愿望的效用是什么?顾客追求的核心利益是什么?
Which	购买哪种产品?在多个厂家/品牌中购买哪个产品? 购买著名品牌还是非著名品牌的产品? 在有多种替代品的产品中决定购买哪种?
Why	为何购买?(购买目的是什么?)为何喜欢/讨厌? 为何不购买或不愿意购买?为何买这不买那? 为何选择本企业产品而非竞争者产品?为何选择竞争者产品而非本企业产品?
When	何时购买?什么季节购买?何时需要?何时使用?何时产生需求? 曾经何时购买过?何时重复购买?何时换代购买?何时需求发生变化?

(续表)

6W2H	具体内容
Where	何地购买？在城市购买还是农村购买？ 在超市购买还是农贸市场购买？在大商场购买还是在小商店购买？
How	如何购买？如何决定购买行为？按什么程序购买？ 消费者对产品及其广告等如何反应？ 以什么方式购买？（线下、线上购买方式） 以什么支付方式购买？（现金、微信、支付宝、银行卡还是其他支付方式）
How much	购买数量是多少？一定时期的购买次数/频率是多少？ 人均购买量多少？市场总购买量多少？

第二节　消费者的购买行为模式及类型

一般来说，消费者的行为模式可以用"刺激-反应"模式说明，如图 5-1 所示。这个模式表明，具有一定潜在需要的购买者是一个"黑箱"，首先是受到企业的营销活动刺激和各种外部环境因素的影响而产生购买取向的；而不同特征的购买者对于外界的各种刺激和影响又会做出不同的购买决策反应，从而形成不同的购买意向和购买行为。

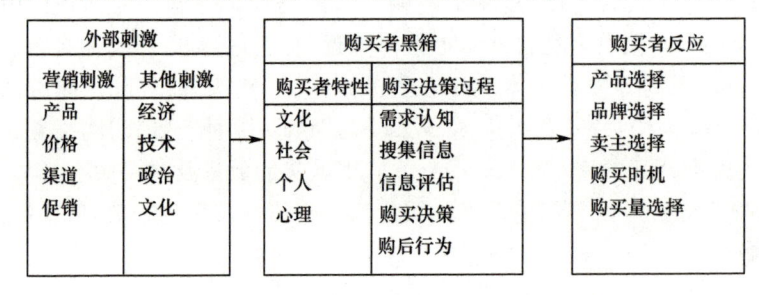

外部刺激		购买者黑箱		购买者反应
营销刺激	其他刺激	购买者特性	购买决策过程	产品选择
产品	经济	文化	需求认知	品牌选择
价格	技术	社会	搜集信息	卖主选择
渠道	政治	个人	信息评估	购买时机
促销	文化	心理	购买决策	购买量选择
			购后行为	

图 5-1　消费者的行为模式

按个人消费者性格和购买心理状况划分，消费者的购买行为可分为以下几种类型：

1. 习惯型

习惯型是指消费者由于对某种商品或某家商店的信赖、偏爱而产生的经常或反复的购买。由于经常购买和使用，他们对这些商品十分熟悉，体验较深，再次购买时往往不再花费时间进行比较选择，注意力稳定、集中。

2. 理智型

理智型也称为慎重型，是指消费者在每次购买前对所购的商品，要进行仔细的研究比较。购买感情色彩较少，头脑冷静，行为慎重，不轻易相信广告、宣传、承诺、促销方式以及售货员的介绍，比较看重商品质量、款式。

3. 经济型

经济型也称为价格型。此类消费者选购商品多从经济角度考虑，对"大甩卖""清仓""赔本销售"等低价促销最感兴趣，善于发现别人不易发现的价格差异。

4.冲动型

此类消费者的心理反应敏捷,容易受产品外部质量和广告宣传的影响,以直观感觉为主,新产品、时尚产品对其吸引力较大,一般能较快做出购买的决策。

5.疑虑型

此类消费者一般性格内向,善于观察细小事物,行动谨慎、迟缓,体验深而疑心大。他们选购产品从不冒失仓促地做出决定,在听取销售人员介绍和检查产品时,也往往小心谨慎且疑虑重重;他们挑选产品动作缓慢,费时较多;购买商品时三思而后行;购买商品后还会疑心上当受骗。

6.不定型

此类消费者多属于新购买者。他们由于缺乏经验,购买心理不稳定,因而没有一定的主见,没有固定的偏好,一般是随遇而买或顺便购买。这种消费者,只要销售人员态度热情、服务好、善于介绍,就比较容易被说服而迅速做出购买决策。

第三节 影响消费者购买行为的因素

个人消费者的购买决策不是在真空中发生的,文化因素、社会因素、个人因素和心理因素等都会影响这一过程,如图5-2所示。文化因素包括文化、亚文化和社会阶层,这些因素均对消费者购买决策发挥着极大的影响力。社会因素是指消费者与影响群体之间相互作用的概括,如受到家庭、所属群体、社会角色和地位的影响。个人因素包括性别、年龄和职业、生命周期的阶段、经济地位、生活方式、个性或自我概念等。这些影响消费者行为的个人因素对每位消费者都是不同的,并且对消费者需求的产品和服务类型有着重要的影响。心理因素包括感觉、动机、学习、信仰和态度,这些因素决定了消费者对环境的认知以及他与环境之间的相互作用,并且影响着消费者的最终决定。一个出色的营销管理者应该经常研究这些因素,以确保本企业营销活动的有效性。

图5-2 影响消费者行为的主要因素

在上述所有因素中,营销者需特别关注消费者的态度。态度是很难改变的,营销者应将自己的产品和消费者的现有态度相吻合,而不是试图改变,否则,可能有意想不到的后果。案例5.2描述了可口可乐更改配方这一经典案例。

穿插案例

案例5.2　可口可乐更新配方招致一场营销噩梦

1886年亚特兰大药剂师约翰·潘伯顿发明了神奇的可口可乐配方,1975年百事可乐开始发起"口味挑战",怂恿越来越多的美国消费者参加未标明品牌的可乐饮料口味测试,并不断传播"人们更喜欢口味偏甜的百事可乐"的结论。在一浪高过一浪的攻势中,百事宣扬青春、激情、冒险的品牌精神,声称其产品口味足以担当起挑战经典与传统的重任,并引发了美国年轻一代的共鸣。口味挑战导致可口可乐的国内占有率微降,而百事却在缓慢而顽强地增长。1982年,可口可乐为扭转局势开始实施一项划时代营销行动。2 000名调查员在十大城市开始调查顾客是否愿意接受一种全新的可乐。结果显示,只有10%～12%的顾客对新口味可口可乐表示不安,而且其中一半的人认为以后会适应新可口可乐。在这一结论的鼓舞下,可口可乐技术部门在1984年终于拿出了全新口感的样品,新饮料采用了含糖量更高的谷物糖浆,更甜、气泡更少,柔和且略带胶粘感。

1985年4月23日,可口可乐宣布:新可乐取代传统可乐上市,共有700余位媒体记者出席了新闻发布会。在24小时之内,81%的美国人知道了可口可乐改变配方的消息。据说更有70%以上的美国人在"新可乐"问世的几天内品尝了它。

但对于可口可乐公司而言,这是一场营销噩梦。仅以电话热线的统计为例,在"新可乐"上市4小时之内,接到抗议更改可乐口味的电话650个;4月末,抗议电话的数量是每天上千个;到5月中旬,批评电话多达每天5 000个;6月,这个数字上升为8 000多个。相伴电话而来的,是数万封抗议信,大多数美国人表达了同样的意见:可口可乐背叛了他们。为此,可口可乐公司不得不新开数十条免费热线,雇用了更多的公关人员来处理这些抱怨与批评。

但是似乎任何劝说也无法阻止人们由此引发的震惊与愤怒。大惑不解的可口可乐市场调查部门紧急出击,新的市场调查结果使他们发现,在5月30日前还有53%的顾客声称喜欢"新可乐",可到了6月,一半以上的人说他们不喜欢了。到7月,只剩下30%的人说"新可乐"好话了。一直到6月底,"新可乐"的销量仍不见起色,愤怒的情绪却继续在美国蔓延,媒体还不停地煽风点火。7月11日,焦头烂额的可口可乐决定恢复传统配方的生产,定名为Coca-ColaClassic(古典可口可乐),同时继续生产"新可乐"。这一消息使美国上下一片沸腾,当天即有18 000个感激电话打入公司免费热线。经典可口可乐的复出几乎成了第二天全美各大报纸的头条新闻,"老可乐"的归来甚至被民主党参议员大卫·普赖尔在议院演讲时称为"美国历史上一个非常有意义的时刻,它表明有些民族精神是不可更改的"。当月,可口可乐的销量同比增长了8%,股票攀升到12年来的最高点,每股2.37美元;而新可乐的市场占有额降至0.6%,同时下降的还有百事可乐的股票,其跌了0.75美元。(资料来源:作者整理)

第四节　消费者需求的特点及购买决策过程

一、消费者需求的特点

想了解消费者购买决策过程,需要先了解消费者需求。消费者需求有以下特点:

1.需求的多样性

消费者千差万别,各类消费者由于收入水平、文化程度、职业、性别、年龄、民族、生活习惯和兴趣爱好等不同,对消费品的需求有很大的差异。

2.需求的伸缩性

消费者购买商品的品种与数量,往往会随产品的价格、居民收入、相关产品的价格等因素的变化而变化。基本日用消费品的需求量受价格影响较小,而大量穿着用品和装饰品等的需求量受价格影响较大。消费者人均收入水平提高后,过去畅销的低档商品变为滞销品,而过去未曾消费或消费很少的高档商品却大量畅销。一种需要满足了,就会产生新的需要。某些现在畅销的产品,经过一段时间后又可能退出消费领域。某些新产品的出现,潜在的消费欲望又会变成现实的购买行为。许多消费品的需求量还会受相关商品价格变动的影响。此外,有许多消费品随季节的变化,需求的伸缩性也很大。

3.需求的层次性

人们的消费需求是有层次的。虽然各层次之间很难分开,但大体上有个顺序。消费者首先需要满足对最基本的"生存资料"的需要,然后才进一步要求满足对"享受资料"和"发展资料"的需要。随着生产的发展、消费水平的提高以及社会活动的扩大,消费需求的层次逐步由低层次向高层次发展。

4.需求的相关性

消费需求的相关性表现在两个方面:一方面表现为有些商品可以互补。某种商品需求量的增加或减少,会引起消费者对另一种商品需求量的增加或减少。如消费者对电冰箱与洗衣机的需求量增加会引起消费者对冰箱保护器和洗衣粉的需求量上升。另一方面表现为有些商品可互相代替。由于某种商品销售量的增加或减少,反而会引起另一种商品需求量的减少或增加。如消费者对空调需求量的增加,会引起对电风扇需求量的减少。

5.需求的可诱导性

消费需求是可以引导和调节的。新产品的问世,广告宣传工作的加强,售后服务工作的改进等都可引起新的需求,使潜在欲望成为现实的需求,使未来的需求变为现在的消费。因此,生产部门和流通部门不仅要注意适应市场需要,而且要开拓市场,通过各种有效途径,诱导人们的消费向健康的方向发展。经典故事"洞察公主的需求"非常形象地描述了需求的可诱导性和伸缩性。

经典故事

洞察公主的需求

从前,有一个国家的一位小公主病了,什么药都试过了就是不见好。国王十分着急。这时候小公主告诉国王,如果她能拥有月亮,病就会好。国王立刻召集全国的聪明智士,要他们想办法拿下月亮。

群臣是集思广益、群策群力,在科技含量不高的情况下,大家进行的更多是对月亮(公主需求的目标)的猜测和理性分析。

总理大臣说:"它远在三万五千里外,比公主的房间还大,而且是由熔化的铜所做成的。"

魔法师说:"它有十五万里远,用绿奶酪做的,而且整整是皇宫的两倍大。"

数学家说:"月亮远在三万里外,又圆又平像个钱币,有半个王国大,还被粘在天上,不可能有人能拿下它。"

每个人都基于自己的知识背景理解得出不同的答案。

但他们的这种说法反而加重了公主的病情,因为公主觉得获得月亮的希望十分渺茫。

国王也又烦又气,只好叫宫廷小丑来弹琴给他解闷。小丑问明一切后,得到了一个结论:如果这些有学问的人说得都对,那么月亮的大小一定和每个人想的一样大、一样远。所以当务之急便是要弄清楚小公主心目中的月亮到底有多大、多远。

于是,小丑到公主房里探望公主,并顺口问公主:"月亮有多大?"

公主说:"大概比我大拇指的指甲小一点吧!因为我只要把拇指的指甲对着月亮就可以把它遮住了。"

"那么有多远呢?"小丑又问。

"我想不会比窗外的那棵大树高!因为有时候它会卡在树梢间。"公主眨着眼睛说。

"那么你猜月亮是用什么做的呢?"小丑乘胜追击。

"当然是金子!"公主斩钉截铁地回答。

答案已经得到了,比大拇指指甲还要小、比树还要矮,用金子做的月亮当然容易拿啦!小丑立刻找金匠打了个小月亮、穿上金链子,给公主当项链,公主好高兴,第二天病就好了。(资料来源:如何洞察消费者的真实需求? 360doc 个人图书馆,2011-07-27)

二、消费者购买决策过程

关于消费者购买决策过程,西方营销学者提出了许多模式,这些模式多适合于描述较复杂的购买过程。其中典型的决策模式是将个人消费者购买决策过程分为 5 个阶段,即需求认知、搜集信息、评估选择、购买决策和购后行为,如图 5-3 所示。

根据购买决策的不同阶段,企业营销的任务和侧重点会有所不同,具体来讲:

1. 需求认知

消费者要确认自己需要什么来满足自己的需求。消费者的需要一般由两种刺激引

```
需求认知 → 搜集信息 → 评估选择 → 购买决策 → 购后行为
```

图 5-3　消费者购买决策过程

起:一是内部刺激,如饥饿感;二是外部刺激,如广告宣传等。该阶段的主要营销任务是了解引起与本企业产品有关的现实需求和潜在需求的驱使力,即是什么原因引起消费者购买本企业产品,设计引起需求的诱因,刺激或唤起需要,引发购买行为。可通过传统的电视、报纸等进行广告宣传,也可以利用互联网、移动互联网等新媒体进行互动式营销,更加精准地把信息传递给目标群体,更好地刺激消费者从认知中产生购买冲动。

2.搜集信息

信息来源很多,个人来源如个人或家庭、亲友、邻居、同事等操作、实验和使用产品的经验;商业或公共来源如广告、推销员、分销商、大众传媒、消费者组织等提供的信息。该阶段的主要营销任务是了解不同信息来源对消费者购买行为的影响程度,针对消费者的购买途径记录有效的营销渠道,同时注重客户的画像分析并且做针对性的广告投放。既要通过传统的宣传手段把产品信息传达给消费者,也要通过移动互联网让消费者随时在网上搜到企业传递的信息,关注其他消费者对该企业关于产品质量、售后服务等方面的评价,提高信息传达的准确性,以获得更好的口碑。

3.评估选择

消费者在获取足够的信息之后,要对备选的产品进行评估。该阶段的主要营销任务是强化产品功能或品牌信任,通过免费试用和优化线上信用,改变消费者对产品或品牌属性的认识。同样是蔬菜,由于人们强调绿色环保,需要无污染的绿色蔬菜,因此愿意付出高价购买绿色蔬菜。

4.购买决策

购买决策是指通过产品评估,消费者对备选的某种品牌产品形成偏爱,确定购买意向,引起实际购买行为。受消费者、产品本身以及品牌和购买平台的影响,消费者往往不会立即购买。若客户从线下渠道购买,会乐意听一些"专业领袖"或者有购买经历的朋友的意见;若客户从线上渠道购买,会结合以往客户评价,有意识地了解、比较和选择产品并进行交易,更像一个"专家"式的购买者。该阶段的主要营销任务是重视每一个客户,注重其意见和评价,并向其提供真实可靠的产品信息,增强其购买自信心。

5.购后行为

在购买后,线下消费者会向自己的亲戚朋友传播该产品的质量,而网上购物者会将产品和服务的使用感受发布到互联网上,这会对其他潜在消费者构成影响,所以这成为商家愈发不能忽视的环节。消费者在购物后评论的正面商品信息拥有促进产品营销的巨大潜力,这些用户在朋友圈中分享自己的购物体验对激发他人购买欲望有很大驱动作用。把握好这个环节,能使企业在与消费者的互动中获取更多的价值,反之则可能会在不经意间丢掉市场。该阶段的主要营销任务是有针对性地强化售后服务。

本章习题

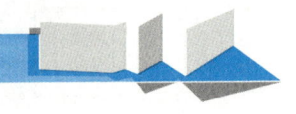

一、判断题

1. 根据"刺激-反应"模式,不同特征的购买者对于外界的各种刺激会做出相同的购买决策反应。（ ）
2. 在消费者购买决策的不同过程阶段,企业营销的任务和侧重点是相同的。（ ）

二、单选题

1. 下列关于消费者行为类型的叙述中不正确的是（ ）。
   A. 习惯型消费者由于对某种商品或某家商店的信赖、偏爱而产生的经常、反复的购买
   B. 理智型消费者在每次购买前对所购的商品会进行较为仔细的研究比较
   C. 经济型消费者在选购商品时对价格较为敏感
   D. 不定型消费者在购物时较少受销售人员态度的影响

2. 可口可乐更改配方引起众多消费者的抗议这一经典案例说明了（ ）。
   A. 营销者可轻易地改变消费者的现有态度
   B. 营销者可创造需求
   C. 营销者应适应消费者需求
   D. 营销者可轻易改变消费者需求

3. 下列不是消费者需求的点的是（ ）。
   A. 多样性、伸缩性　　　　　　　　B. 层次性、相关性
   C. 可诱导性　　　　　　　　　　　D. 不变性

三、简答题

1. 简述消费者购买行为 5W2H 分析的基本内容。
2. 简述影响消费者购买行为的因素。
3. 简述典型的消费者购买决策模式。

营销演练

史玉柱如何洞察消费者需求？

请仔细阅读下面资料,并完成相应的营销演练任务。

史玉柱,巨人网络集团董事长,1984年毕业于浙江大学数学系,毕业后分配至安徽省统计局工作。研究生毕业后下海创业。1994投资保健品,第一个产品是"脑黄金",后来因为投资巨人大厦导致资金链断裂而几乎破产,欠债2.5亿元人民币。1995年,史玉柱被《福布斯》列为内地富豪第8位。1997年,在江苏等地推出保健品"脑白金",大获成功并迅速推广至全国。后投资民生银行,创办巨人网络。2018年史玉柱父女以400亿财富位列胡润百富榜第53位。与老一代企业家不同,史玉柱不是瞄准国家政策双轨便利或依

附体制发现致富机会,而是靠洞察消费者需求,发现市场机会。

最早在江苏省江阴市推广的脑白金产品具有象征意义。起初还没有产品,史玉柱就带上策划和漂亮的包装盒去当地农村一户一户地推荐。村里年轻人都出去打工了,留下的多是些中老年或老年人。史玉柱就拉个板凳坐下来跟他们唠家常。村里人很有戒心,无论怎么说都打动不了他们。于是,他就换了一个说法,把脑白金的各项功能详细描述,老人们听得津津有味。

史玉柱看到,即使这些平时不太在乎饮食营养的群体,其实在深层意识中,也对强身健体有着特别强烈的追求。但让他们自己掏钱出来买,还是有障碍。他们不会把钱花在不是生活所必需的事情上,却期望能够收到这样的礼物,还有点难于启齿。老人们兴奋地说着儿女们回乡带的各种礼物,多数都是家里没见过的。觉得如果儿女们在外面通过电视、报纸自己知道这些延年益寿的东西,就可以享福了。

终于,史玉柱心里有底了。他信心十足地对团队说:"行,我们有救了。脑白金很快就能做到 10 个亿。"于是,"今年过节不收礼,收礼就收脑白金"的广告便开始出现了。在人们的"傻冒"广告的骂声中,很快达到了他预期的目标,而且脑白金销售十年不衰。脑白金的收益,很快让史玉柱还清了巨人大厦的欠款,而且还拥有了投资民生银行和华夏银行的财力,投资银行又使他获得了今日超过百亿元的市值,同时为他进入网游业使他拥有了一个打造新巨人的上市平台的机会奠定了基础。

2004 年 10 月,史玉柱投资 2 000 万元给盛大公司用于开发一款名为"征途"的游戏。他不但是一个投资人,而且是一个研发的领军人物。虽然没有经验,但他可以坚持在游戏开发过程中与 600 个玩家聊天,每人至少 2 小时。最终史玉柱洞悉游戏玩家复杂的情绪,"征途"成为这些情绪的一种载体和释放机制。(资料来源:作者整理)

营销演练任务

请运用 6W2H 框架,分析脑白金和征途网游两种产品的消费者购买行为,填入下表:

	脑白金	征途网游
Who		
What		
Which		
Why		
When		
Where		
How		
How much		

请指出脑白金和征途网游营销时应坚持的道德底线:

案例实训

案例5.3 恒源祥和脑白金广告中的消费行为

曾有一段时间,某媒体对恒源祥的生肖广告和脑白金的送礼广告进行大量负面的评价。尽管如此,脑白金创造了中国保健品第一的神话,而恒源祥的十二生肖最终在国人的忍无可忍中销声匿迹。同样的记忆深刻,为什么却没有得到同样的效果?下面从消费行为的角度来分析两个广告的差别。

(1) 关于脑白金的广告

"今年过节不收礼,收礼只收脑白金",从这个广告语可以明显看出,这是从一个收礼人的角度讲的一句话,而不是从一个送礼人的角度在说话。这就是说,脑白金产品的购买决策者和产品使用者是不同的人群,其购买者是子女或晚辈,使用者是父母或长辈。对于收礼人来说,有礼自然亲。无论哪一个收礼人,都不可能对送礼人说这个礼品我不喜欢,更不可能在别人送礼之前告诉送礼人自己喜欢收什么礼不喜欢收什么礼。即使是自己的子女也总不能在逢年过节前告诉他们,今年你们要送我什么不要送我什么。

这是脑白金广告的高明之处,利用消费决策者和产品使用者之间的交流玻璃墙,使双方都对广告有苦说不出。作为长辈不能对晚辈的孝心说不好;作为晚辈,对长辈的健康关心也是最重要的,面子问题上,送有广告品牌的、大家都送的,可能不是最好,但也是能拿出手的。这就造成了脑白金广告虽人人喊打,却逢年过节又不得不选择送脑白金。但是如果脑白金不是定位晚辈孝敬长辈的礼品,而是长辈送给子女孙儿的礼品,那就不灵了。为什么呢?因为长辈给晚辈买的东西,晚辈会毫不犹豫地当面说出自己喜欢或不喜欢,那么广告的产品就没戏唱了。

脑白金仅仅是一款保健品,却被广告定位成孝敬老人的礼品,这才真正是"谎言重复千遍就成了真理"。我们经常碰到消费者根本不知道脑白金是干什么的,却不妨碍他们选择购买脑白金。

(2) 关于恒源祥的广告

恒源祥的"羊羊羊"广告,一直是朗朗上口,又容易记。电视广告中的画面也让人很向往碧草蓝天的大草原。但恒源祥产品十二生肖的广告对其美好的形象产生很大的负面影响。试想,在长达1分钟的时间内,由北京奥运会会徽和恒源祥商标组成的画面一直静止不动,广告语是由童声念出的"恒源祥,北京奥运会赞助商,鼠鼠鼠、牛牛牛、虎虎虎……猪猪猪"。如此不断地重复,在求新求变、创意不断的今天实在是到了令人忍无可忍的地步,难怪有观众说:"我还以为我家电视机坏了!"

恒源祥产品和脑白金产品的最大区别不是产品形态的不同,从市场营销学的角度而言,它们最大的不同是消费者消费行为的不同。恒源祥更多的是消费者自己购买给自己用,即使有礼品需求,大多是长辈给晚辈购买,而不是晚辈给长辈购买。这种市场消费行为使产品的品牌形象直接决定了购买行为。消费者对品牌的好恶能够在市场消费行为中被直接表达出来。

恒源祥的产品同脑白金的另一个重要区别是,脑白金作为保健品是一种强调内在功能的短暂性消费产品,脑白金强大的广告输出能够给消费者带来对其自身品质的消费信心,最起码消费者不用担心其产品的质量问题。但是恒源祥产品则不同,恒源祥产品是具有品牌外在展示的产品,在产品品质保证的前提下,品牌本身的消费是消费者购买产品本身不可忽视的重要因素。可以说,消费者选择恒源祥不仅是选择恒源祥产品,同时也在选择恒源祥品牌。可以简单地思考:如果我们只是为了买一件羊毛衫,我们可以不必关注产品品牌,但如果我们买了恒源祥的羊毛衫,我们就不能忽视十二生肖带给我们的品牌感受。即使我们自己忽视了,当我们处在社交场合中展示这个品牌的时候,周围人对这个品牌的感受我们也是无法忽视的。可以想象,如果你穿着恒源祥羊毛衫在公司上班,当同事们很有兴趣地谈到那个十二生肖广告时,一定还有人添油加醋地讲述他是多么地抓狂。这时候你的感觉又如何呢?

恒源祥本来想把一个有面子的事实通过强力的简单重复达到品牌传播的效果。可中国民间有一句土话:好话说三遍,狗都不喜欢。意思是,好听的话重复多了,也会让人反感的。这恐怕是这个广告创意和决策者没有想到的。(资料来源:作者整理)

1. 实训目的

(1)熟练掌握消费者行为分析的方法。

(2)提高市场洞察力。

2. 实训任务

(1)运用6W2H模式,分析脑白金和恒源祥消费者购买行为的异同。

(2)分析脑白金和恒源祥消费者购买行为的类型。

(3)分析影响脑白金和恒源祥消费者购买行为的因素。

3. 实训步骤

(1)个人阅读

每位学生课前认真阅读背景材料。针对"实训任务"进行阅读,督促学生在课前完成。针对中国学生的特点,课堂上老师或学生还需再花费3~5分钟对背景材料的关键信息及相关背景进行简单的陈述。

(2)分组

在授课教师指导下,以6~8人为单位组成一个团队,要求学生选出组长、记录人、报告人等角色;

(3)小组讨论与报告

时间为15分钟,主要在课堂进行,围绕"实训任务"展开讨论,同时鼓励学生提出新的有价值的问题。要求每个小组将讨论要点或关键词按小组抄写在黑板上的指定位置并进行简要报告,便于课堂互动。小组所报告的内容尽可能是小组所达成共识的内容。

小组讨论与报告

小组名称或编号:_____　　　　组长:_____

报告人：_____　　　　记录人：_____
小组成员：_____
_____

①小组讨论记录：
发言人1：_____
_____
发言人2：_____
_____
发言人3：_____
_____
发言人4：_____
_____
发言人5：_____
_____
发言人6：_____
_____
发言人7：_____
_____
发言人8：_____
_____

②小组报告的要点或关键词(小组所达成共识的内容)：
任务1：_____
任务2：_____
任务3：_____

(4)师生互动

主要在课堂进行,时间为15分钟,老师针对学生的报告与问题进行互动,同时带领学生对消费者需求和消费者购买行为等关键知识点进行回顾。激发学生在课后进一步学习的兴趣。

(5)课后作业

要求每位学生进一步回顾本章所学内容,并以个人课后作业的形式撰写实训报告,进一步巩固核心知识。实训报告的提纲如下：

实训报告

运用6W2H模式,分析脑白金和恒源祥消费者购买行为的异同：
①_____

② _____

③ _____

分析脑白金和恒源祥消费者购买行为的类型:

脑白金:_____

恒源祥:_____

(6)考核实训成果

根据学生课堂表现和课后作业,评定实训成绩。

第六章　市场调查

没有调查就没有发言权。

——毛泽东

一个成功的市场调研,关键在于拆穿消费者的谎言。

——佚名

学习目标

1. 了解市场调查的基本内容。
2. 掌握市场调查的基本过程。
3. 初步掌握制订市场调查方案的技能。

引导案例

案例 6.1　雀巢速溶咖啡的市场调查

20世纪40年代,为适应人们生活的快节奏,雀巢率先研制出了速溶咖啡并投入市场。这种咖啡免去磨咖啡豆等烦琐的制作工序,只要用开水一冲即可饮用,而且保持了普通咖啡的优点。雀巢为了推销速溶咖啡,在广告中着力宣传它的优点,但出乎意料的是,购买者寥寥无几。

为了解真相,雀巢请调研专家进行研究,先是用调查问卷直接询问,很多被访的家庭主妇回答说,不愿选购速溶咖啡是因为不喜欢速溶咖啡的味道。但这是真正的答案吗?调研专家实施了口味测试,试饮中,主妇们大多辨认不出速溶咖啡和豆制咖啡的味道有什么不同。

为了寻找真正的原因,调研专家改用了间接的方法对消费者真实的动机进行调查和研究。他们编制两种购物单,其不同之处是一张上写的是速溶咖啡,另一张上写的是新鲜咖啡,其他各项均相同。然后把清单分给两组家庭主妇,请她们描述按购物单买东西的家庭主妇是什么样的人。

调研专家发现，两组家庭主妇都认为购买速溶咖啡的家庭主妇是懒惰、邋遢、生活没有计划的女人，而购买新鲜咖啡的则是勤俭、讲究生活、有经验和喜欢烹调的主妇。原来，速溶咖啡被人们拒绝，并不是由于它的本身，而是由于人们的动机，即都希望做一名勤劳的、称职的家庭主妇，而不愿做被人和自己所谴责的懒惰的主妇。这就是当时人们的一种潜在的购买动机，也正是速溶咖啡被拒绝的真正原因。（资料来源：作者整理）

思考：
1. 为什么调研专家采用调查问卷直接询问不能了解消费者的需求？
2. 你觉得雀巢公司自己做还是请调研专家来做类似调查更好？

理论知识

第一节　市场调查的重要性和科学性

市场调查是指运用科学的方法，有目的地、系统地搜集、记录、整理有关市场营销信息和资料，分析市场情况，了解市场的现状及其发展趋势，为市场预测和营销决策提供客观的、正确的资料。

营销者会做出许多营销决策，例如在新产品开发过程中，会涉及产品属性定位、目标市场选择、定价、营销沟通和渠道策略等。每一项决策背后都有若干选项，如果没有市场调查，许多决策只能靠营销者猜测或想象，这样很多决策最终都是错误的，如价格过高、目标消费者选择错误、媒体选择失误导致大量广告费白白浪费。

现实中的很多营销者喜欢决策时"拍脑门"，表态时"拍胸脯"，出事时"拍屁股"，结果给企业造成无法挽回的损失。成功的大企业通常设有专职调研部门负责对市场决策的每一个环节进行科学调查。麦当劳进入中国市场前提前八年对中国西餐、快餐市场进行了全面的调查，为了达到优良的食品（尤其是薯条）品质，麦当劳重点考察的中国最适合种植土豆地区的土质情况。麦当劳有句名言：用市场调查的成功，确保市场营销的成功。市场调查一定要科学，否则会误导决策。案例6.2描述了百安居公司的市场调查。

穿插案例

案例6.2　百安居公司的市场调查

1969年，英国人理查德·布洛克和大卫·奎尔创立了一家以他们姓氏首字母组合命名的建材商店，开始了百安居（B&Q）的传奇旅程。1999年，百安居在中国大陆的首家零售门店——沪太店，在上海隆重亮相。

进入中国市场后，百安居没有复制其在欧洲成功的DIY（Do It Yourself，自己动手做）模式，而是顺应中国国情，凭借"国际品质、安心安居"的品牌优势，加上首创的建材卖场与装潢中心相结合的模式,在中国市场上取得了不俗的成绩。据悉,百安居在中国每年的产品采购金额超过70亿元人民币。2015年11月,百安居与天猫合作打造互联网家居新格局。

百安居发现,中国的住宅很多是毛坯房,并且大多数老百姓没有装修经验,不适合DIY的模式,于是便提出了CIY(Create It Yourself,自己创造)模式,为没有建材装饰专业经验的消费者提供专业指导和服务,帮助他们实现美化"家"的梦想。

经过长期的观察及研究发现,百安居认为,"经济型"消费者在中国老百姓中仍占有很大比重,对价格比较敏感。因此,百安居装潢中心决定采用"包清工"报价方式,将人工与材料分离报价,提供小至一颗螺丝钉的透明规范的家装预算报价,让消费者的每一分钱都花得清楚明白,实现家装全过程的透明管理。剩余的材料如果完好无损,在不影响销售的情况下,可以退货。(资料来源:作者整理)

第二节 市场调查的主要内容

市场调查的内容繁杂,包含宏观市场环境、微观市场环境和消费者行为。这些因素对公司营销活动都会产生直接或间接的影响。详细内容见本教材第四章和第五章。这里重点介绍一些常见的内容：

1. 市场需求调查

市场需求量的因素通常有六个方面:产品、顾客、地理区域、时限、营销环境、营销组合方案。为了准确把握市场需求情况,通常需要对消费者的家庭、职业、教育、收入、购买心理、购买行为等方面进行调查,然后再得出结论。

调查消费者需求时,要求他们正面描述某个产品或服务,往往会存在无法真实表达或不痛不痒的问题。若询问消费者对于产品和服务的不满,他们就会开始抱怨,而这种抱怨,最终会让你找到你想要的答案。举个例子,如果你是海飞丝市场部工作人员,直接问消费者,没头屑有什么好处。消费者会不理你,因为即使他知道也很难表达出来。但是如果你问消费者,有头皮屑会有什么痛苦和烦恼。消费者自然就会告诉你,最大的问题就是尴尬。特别是如果有头屑,别人靠近你的时候,你会感到相当尴尬,同时也不敢穿黑衣服。所以,海飞丝早期的广告就戳中了消费者内心的心声,"去除头屑和尴尬"。这也诞生了海飞丝许多广告的创意。

2. 企业经营过程的调查

(1)产品调查。主要包括:生产者生产能力调查;产品性能调查;产品包装调查;产品生命周期调查。

(2)销售渠道调查。主要包括:批发商、零售商、生产者自销市场。

(3)促销调查。主要包括:促销形式、促销活动有无创新特点等。

(4)销售服务调查。企业目前提供服务的网点数量、消费者的反映等。

3.竞争对手调查

主要了解以下内容：

(1)竞争对手的数量,主要的竞争对手,是否具有潜在的竞争对手。

(2)竞争对手的经营规模、人员组成及营销组织机构情况。

(3)竞争对手经营商品的品种、数量、价格、费用水平和营利能力。

(4)竞争对手的供货渠道情况和对销售渠道的控制程度。

(5)竞争对手所采用的促销方式。

(6)竞争对手的价格政策。

(7)竞争对手的名称、生产能力、产品的市场占有率、销售量及销售地区。

第三节　市场调查的基本过程

企业开展市场调查可以采用两种方式,一是委托专业市场调查公司来做；二是企业自己来做,企业可以设立市场研究部门,负责此项工作。市场调查工作的基本过程包括：

1.明确调查目标

根据企业的不同需要,市场调查的目的有所不同,企业实施经营战略时,必须调查宏观市场环境的发展变化趋势,尤其要调查所处行业未来的发展状况；企业制定市场营销策略时,要调查市场需求状况、市场竞争状况、消费者购买行为和营销要素情况；当企业在经营中遇到了问题,这时应针对存在的问题和产生的原因进行市场调查。

2.设计调查方案

一个完善的市场调查方案一般包括以下几方面内容：

(1)调查目的

调查目的应具体明确,例如:本次市场调查的目的是了解某产品的消费者购买行为和消费偏好情况等。

(2)调查对象

调查对象一般为消费者、零售商和批发商。以消费者为调查对象时,要注意到有时某一产品的购买者和使用者不一致,如对婴儿食品的调查,其调查对象应为孩子的母亲。此外,还应注意到一些产品的消费对象主要针对某一特定消费群体或侧重于某一消费群体,这时调查对象应注意选择产品的主要消费群体,如对于化妆品,调查对象主要选择女性；对于酒类产品,其调查对象主要为男性。

(3)调查内容

根据市场调查的目的确定具体的调查内容。如调查消费者行为时,可按消费者购买、使用、使用后评价三个方面列出调查的具体内容项目。调查内容的确定要全面、具体、条理清晰、简练,避免面面俱到、内容过多、过于烦琐,避免把与调查目的无关的内容列入其中。

(4)调查问卷或访谈提纲

调查问卷或访谈提纲是市场调查的基本工具,其设计质量直接影响到市场调查的质量。设计调查问卷或访谈提纲要注意:应与调查主题密切相关;问题要容易让被调查者接受;问题次序要条理清楚,敏感性问题放在最后;封闭式问题在前,开放式问题在后;保证被调查者能在较短的时间内完成调查表。

(5)调查地区范围

调查地区范围应与企业产品销售范围相一致,当在某一城市做市场调查时,调查范围应为整个城市。但由于调查样本数量有限,调查范围不可能遍及城市的每一个地方,一般可根据城市的人口分布情况,主要考虑人口特征的收入、文化程度等因素,在城市中划定若干个小范围调查区域,划分原则是使各区域内的综合情况与城市的总体情况分布一致,将总样本按比例分配到各个区域,在各个区域内实施访问调查。这样可相对缩小调查范围,减少实地访问工作量,提高调查工作效率,减少费用。

(6)样本的抽取

调查样本要在调查对象中抽取,由于调查对象分布范围较广,应制订一个抽样方案,以保证抽取的样本能反映总体情况。样本的抽取数量可根据对市场调查的准确程度的要求来确定,市场调查结果准确度要求越高,抽取样本数量应越多,但调查费用也越高,一般可根据市场调查结果的用途情况确定适宜的样本数量。实际市场调查中,在一个中等以上规模城市进行市场调查的样本数量,按调查项目的要求不同,可选择 200~1 000 个样本,样本的抽取可采用统计学中的抽样方法。具体抽样时,要注意对抽取样本的人口特征因素的控制,以保证抽取样本的人口特征分布与调查对象总体的人口特征分布相一致。

(7)资料的收集和整理方法

常用的资料收集方法有调查法、观察法和实验法,一般情况下,第一种方法适宜于描述性研究,后两种方法适宜于探测性研究。企业做市场调查时,采用调查法较为普遍,调查法又可分为面谈法、电话调查法、邮寄法、留置法等。这几种调查方法各有其优缺点,适用于不同的调查场合,企业可根据实际调研项目的要求来选择。资料的整理方法一般可采用统计学中的方法,利用 Excel、SPSS 等软件可以很方便地对调查表进行统计处理,获得大量的统计数据。

3. 制订调查工作计划

(1)组织领导及人员配备

建立市场调查项目的组织领导机构,可由企业的市场部、企划部来负责调查项目的组织领导工作,针对调查项目成立市场调查小组,负责项目的具体组织实施工作。

(2)访问员的招聘及培训

访问员可从高校中的经济管理类专业的大学生中招聘,根据调查项目中完成全部问卷实地访问的时间来确定每个访问员 1 天可完成的问卷数量,核定需招聘访问员的人数。对访问员须进行必要的培训。

(3)工作进度

为市场调查项目整个进行过程安排一个时间表,确定各阶段的工作内容及所需时间。

(4)费用预算

市场调查的费用预算主要有调查表设计印刷费;访问员培训费;访问员劳务费、礼品费;调查表统计处理费用等。企业应核定市场调查过程中将发生的各项费用支出,合理确定市场调查总的费用预算。

4.组织实地调查

(1)做好实地调查的组织领导工作

实地调查是一项较为复杂烦琐的工作。按照事先划定的调查区域确定每个区域调查样本的数量,访问员的人数,每位访问员应访问样本的数量及访问路线,每个调查区域配备一名督导人员;明确调查人员及访问员的工作任务和工作职责,做到工作任务落实到位,工作目标责任明确。

(2)做好实地调查的协调、控制工作

调查组织人员要及时掌握实地调查的工作进度完成情况,协调好各个访问员间的工作进度;要及时了解访问员在访问中遇到的问题,帮助解决,对于调查中遇到的共性问题,提出统一的解决办法。要做到每天访问调查结束后,访问员先对填写的问卷进行自查,然后由督导员对问卷进行检查,找出存在的问题,以便在后面的调查中及时改进。

5.调查资料的整理和分析

实地调查结束后,即进入调查资料的整理和分析阶段,收集好已填写的调查表后,由调查人员对调查表进行逐份检查,剔除不合格的调查表,然后将合格的调查表统一编号,以便于调查数据的统计。调查数据的统计可利用Excel表完成。将调查数据输入计算机后,经Excel运行后,即可获得已列成表格的大量的统计数据,利用上述统计结果,就可以按照调查目的,针对调查内容进行全面的分析工作。

6.撰写调查报告

撰写调查报告是市场调查的最后一项工作内容,体现市场调查工作的成果。调查报告将提交企业决策者,作为企业制定市场营销策略的依据。市场调查报告要按规范的格式撰写,一个完整的市场调查报告格式由题目、目录、概要、正文、结论建议和附件等组成。

本章习题

一、判断题

1.市场调查一定要科学,否则会误导决策。   （)
2.企业在进行营销决策时只考虑做好自己的事情,竞争对手调查是无用的。( )
3.市场调查结果准确度要求中高,抽取样本数量应中多,但调查费用也中高。( )

二、单选题

1.下列关于市场调查作用的叙述中不正确的是(   )。

A.市场调查可分析市场情况,了解市场的现状及其发展趋势
B.市场调查可以为市场预测和营销决策提供客观的、正确的资料
C.市场调查可以提高营销决策的准确性

D. 市场调查能确保营销决策不出现错误

2. 下列关于市场需求调查的叙述中,正确的是( )。

A. 调查消费者需求时,不能问正面的问题

B. 调查消费者需求时,不能要求他们正面描述某个产品或服务

C. 调查消费者需求时,消费者都会真实表达自己的想法

D. 调查消费者需求时,若询问对于产品和服务的不满,通常会获得想要的答案

3. 下列关于调查方案的叙述中,不正确的是( )。

A. 企业的需要不同,市场调查的目的有所不同

B. 企业进行市场调查时,要避免把与调查目的无关的内容列入其中

C. 调查问卷或访谈提纲的设计质量会直接影响到市场调查的质量

D. 市场调查的区域范围应越广越好

三、简答题

1. 简述竞争对手调查的主要内容。

2. 简述调查方案的主要内容。

3. 简述市场调查的基本过程。

营销演练

2018年知乎用户市场调查问卷

请仔细阅读《2018年知乎用户市场调查问卷》,并完成相应的营销演练任务。

欢迎参加本次问卷调查

1. 您的性别是:
   □男　　　　　□女

2. 您的年龄段为:
   □10~20岁　　□20~30岁　　□30~40岁　　□40岁以上

3. 您正在攻读或已经获得的最高学历是:
   □专科　　　　□本科　　　　□硕士　　　　□博士及以上
   □其他

4. 您听说过知乎吗?(选第3项直接结束答卷)
   □听说过,使用过　　□仅仅听说过名字　　□从没听说过

5. 您使用知乎多久了?
   □3年以上　　□2~3年　　□1~2年　　□半年~1年
   □半年内

6. 您使用知乎的频率是?
   □多次/天　　□一次/天　　□一次/周　　□一次/月
   □不固定频率

7.您更习惯于知乎的哪种形式?
☐手机浏览(App)
☐电脑浏览(网页版)
☐通过其他社交媒体(微信朋友圈等)浏览好友分享的内容
☐其他

8.您在知乎上关注的类别有:
☐自己所在专业领域　　　　　　　☐与兴趣爱好有关的专业知识
☐与现实有关的问题　　　　　　　☐历史事件或重大新闻
☐其他

9.您除了知乎外还使用过哪些知识类问答工具?
☐百度知道　　☐新浪爱问　　☐天涯问答　　☐豆瓣
☐以上都没使用过

10.与其他知识类问答工具相比,您认为知乎的优势有:
☐专业性强,增长知识　　　　　　☐原创性强,垃圾信息少
☐更新速度快　　　　　　　　　　☐界面简洁美观
☐可离线下载,节省流量　　　　　☐广告少
☐其他

11.您在知乎上是否获取了您所需要的有效信息?
☐是　　　　　　☐否

12.您对知乎的使用评价:
☐非常满意　　☐满意　　☐一般　　☐不满意
☐非常不满意

营销演练任务

请根据本章所学知识,帮助知乎公司明确调查目的和调查对象,并根据调查目的和调查对象修改完善上述调查问卷。

案例实训

案例6.3　康师傅公司是否进入方便米饭市场?[①]

康师傅控股有限公司(以下简称康师傅)董事长兼执行总裁魏应州庆幸自己选择了大宗物资产业,因为食品中的方便面、水都属于"生理上需求",受金融危机影响有限,饮料受到的影响相对较大。但总体上,作为公司的老板,他并没有受到金融危机的困扰。尼尔森

---

①本案例由天津工业大学的姚飞教授撰写,授权中国管理案例共享中心使用,作者拥有著作权中的署名权、修改权、改编权。

调查机构的数据显示,截至2009年6月底,康师傅在中国方便面市场份额为54.1%,远远超过排在后面的竞争对手的市场份额。而劲敌统一公司的市场份额下降到7.8%,从"老二"下滑到"老四"的位置,康师傅在方便面市场的"老大"位置日益稳固。

但魏应州并没有高枕无忧,来自公司新产品部门的一份报告,引起了他的注意。报告称,方便米饭每年以30%速度在增长,一些有实力的食品企业开始投资该产品领域。根据自己10多年近距离的观察、体验与经营的经验和教训,方便米饭市场短期内机会不会太大。但是,保持对市场变化的敏锐一直是他创业成功的秘密。作为目前世界上较大的方便面生产企业的老板,面对方便米饭市场的变化,他自然不能毫无反应。为此,他召集多年来号称自己左膀右臂的两个公司高层主管开会,会议在天津经济技术开发区三大街康师傅集团总部大楼自己的办公室进行。原计划40分钟的会议开了近2个小时,两位高层主管的争论引起了他的忧虑。

营销副总裁藤先生建议公司应大幅度增加有关方便米饭市场调查与研究的预算,开展新产品上市前期市场调研等相关准备工作;技术副总裁钱先生与藤先生的意见截然相反,认为从产品研发、生产工艺角度,方便米饭是一个全新的领域,不是简单地通过增加研发费用就可以解决,还需要增加新的研发人员、实验室、相关设备以及生产线,这样可能会影响康师傅在方便面产品上的专注度和竞争力。另外,方便米饭市场前景到底如何? 也是个未知数,希望公司慎重考虑,暂不要进入该市场。

藤副总裁觉得产品技术和生产不是核心问题,可通过招聘、培训高水平的技术与生产人员来解决,市场前景问题很重要,应通过严谨、系统的市场调研加以解决。

魏应州并不是一个太有耐心的人,他脾气暴躁在公司是有名的,但他觉得两位副总裁说的都有道理,所以一直仔细地听着。作为一个身经百战的企业家,曾在方便面市场取得成功之后,陆续在纯净水、绿茶、乌龙茶、果汁饮料、八宝粥、夹心饼干、米饼等产品上取得让同行业刮目相看的业绩,他不想因为自己的决策失误或者优柔寡断而错失良机。当年,实力远比自己强大的统一公司,投资方便面市场时,因为比自己晚来一步,错失许多机会,使康师傅方便面在消费者心目中成为"方便面"的代名词,从而成就了康师傅在方便面市场老大的位置。

魏应州做人直率,做事务实、果敢,这已经成为他管理公司的风格,并渗透到日常工作的每一个决策。若在平时他会主动打断两位公司高管的激烈争论,快速地做出决策,并让两位副总裁部署有效的行动计划。但是此时此刻,他似乎有些犹豫,困扰他的三个问题是:

(1)方便米饭市场有增长的机会吗?
(2)前期市场调查该怎么做? 前期投入是一笔不小的费用,值得吗?
(3)康师傅何时进入该市场呢?

但是,凭自己的经验和直觉,魏应州很快做出初步判断,第一和第三个问题似乎不易解决,第二问题看似简单,但操作起来较复杂。他回想起自己当年方便面市场成功之后进军茶饮料市场的情景,投入的人力、物力、财力巨大,即使这样,决策时仍面临很多不确定因素。

公司的发展及现状[①]

(1)公司简介

康师傅公司是目前世界上较大的方便面生产企业。1992年,第一包"康师傅红烧牛肉面"上市,如今,年产方便面近100亿包。公司由四大事业群组成,分别为:方便面事业群、饮品事业群、糕饼事业群以及配套事业群(见图1)。全国分为八大区域,分别是:华北区、华南区、华东区、华中区、西北区、西南区、东北区及上海地区。方便面、饮料、饼干三大主要业务,超过四百多个品种,涉及纯净水、绿茶、乌龙茶、果汁饮料、八宝粥、夹心饼干、米饼等产品。2007年,营业额达32亿美元(康师傅公司2004—2008年的经营业绩见表1),在方便面与即饮茶的市场占有率分别为47.0%及51.9%,排名第一。

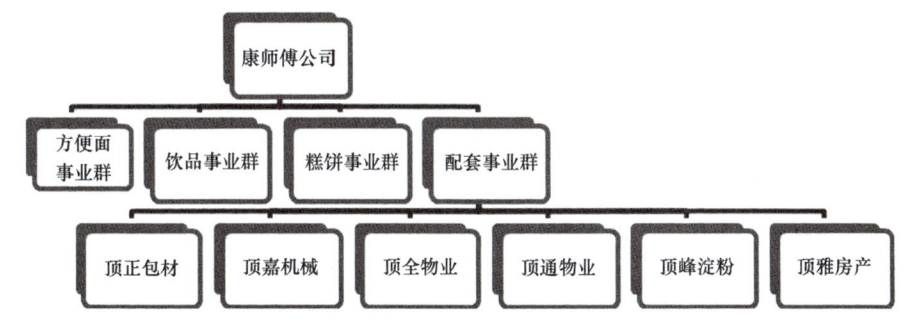

图1 康师傅公司事业群

表1　　　　康师傅公司2004—2008年经营业绩　　　单位:百万美元

年份	2004	2005	2006	2007	2008
营业额	1 467	1 846	2 332	3 215	4 272
比上年增长(%)	16	26	26	38	33
EBIDTA	126	291	353	478	652
比上年增长(%)	17	131	21	36	36

资料来源:公司年报

截至2007年年底,康师傅拥有535个营业所,82个仓库,5 999个经销商,68 717个直营零售商及超过10 000名销售人员,生产基地51个,生产线364条,员工人数达45 990人。

十几年来,秉持"回馈社会、永续经营"的精神,公司的公益投入累计逾2亿元人民币,公益善行涉及体育、基础教育、医疗、助残、赈灾、扶贫、两岸文化交流等方面。

(2)成长历程

康师傅公司的前身原是1958年创立于中国台湾地区的彰化鼎新油厂,1974年更名为鼎新制油公司,以生产工业用蓖麻油为主。1988年,中国大陆实施改革开放政策,康师傅的创始人魏氏四兄弟:魏应州、魏应交、魏应充和魏应行迫于岛内市场发展空间狭小,于是决定到大陆考察投资,从此四兄弟便踏上了一条筚路蓝缕的创业之路。公司创业初期,受家人重托,魏应行先后在北京、内蒙古、济南等地区投资办厂,并推出了"顶好清香油"

[①] 该部分根据康师傅公司网站整理而成。

"康莱蛋酥卷"等产品。但由于当时国内整体消费水平偏低,这些产品"叫好不叫座",一度使公司在大陆的经营投资陷入困境。经过几年摸爬滚打取得的经验教训,以及对市场的冷静分析,直到1991年底,魏氏兄弟决定投资方便食品。经过多方考察,选中了具有超前服务意识的"天津经济开发区"作为康师傅第一个生产基地。1992年7月18日,天津顶益国际食品有限公司正式投入运营,康师傅第一碗红烧牛肉面在天津开发区诞生了。从此康师傅方便面伴随着"香喷喷,好吃看得见"的承诺飞进了千家万户,一时间康师傅成为消费者心目中方便美食的代名词。

从1993年开始,康师傅以合作经营方式引进中国台湾专业制造商来大陆投资设厂,先后建成了纸箱厂、PSP碗厂、包膜厂、塑料叉厂等配套服务厂,形成了产业的垂直整合,为康师傅的进一步发展奠定了坚实的基础。从1994年到1997年是康师傅快速成长的时期。由于中国幅员辽阔,天津一个生产基地很难将公司的所有产品辐射到全国。于是从1994年开始康师傅相继在广州、杭州、武汉、重庆、西安、沈阳等地设立生产基地,并在全国形成了一个区域化的产销格局。康师傅在完善产销体系的同时,其投资领域也在不断扩大,从方便食品事业发展到包括糕饼事业、饮品事业等多个事业领域。如今,康师傅系列产品不仅行销全国,而且出口至美国、加拿大、新加坡、西欧及俄罗斯等国家和地区。

行业背景

有关统计数据显示,中国方便米饭每年以30%速度在增长,整个行业呈现快速发展的态势。目前大规模的方便米饭企业国内有4家,代表品牌有上海乐惠、上海梅林、徐州今米房、河南三全等。

目前,方便米饭还是在初级市场导入阶段,高价位的产品是导入期的先锋部队,没有形成行业规模,还只是停留在与方便面打差异战的阶段,仅仅是消费者吃腻了方便面,而作为尝试性产品的一个品类。随着行业发展,各企业加强技术研发,批量化生产,逐渐控制成本,方便米饭产品会更适合大众化消费。

同时,国家也强制要求方便面中的蛋白质含量不低于8%,以保证其营养。方便食品将由一个大众市场蜕变成一个专业细分市场。方便米饭最大特点是以米饭为主食,配以各种口味菜肴,符合中国人饮食习惯,营养合理、食用方便。随着越来越多有实力企业的加入,更多的方便米饭新产品将持续上市。从目前来看,大部分企业都选择稳扎稳打,意图共同培育市场基础和消费习惯。

面临的问题

(1)方便米饭市场有增长的机会吗?

藤副总裁是公司的元老,亲身经历公司方便面、茶饮料等拳头产品上市决策的全过程,魏应州对他的意见从不会小视。魏应州私下认为藤副总裁行事有点不合常规,有时会有些很奇怪的想法。比如魏应州当年认为藤副总裁关于做茶饮料的想法不可理解,但随后的市场销售证明他的想法很成功。公司许多高管开始反对公司进入茶饮料市场,认为这是盲目扩张,和公司确立的康师傅的品牌形象和"香喷喷,好吃看得见"的产品口号差距太远了。虽然结果证明这些人的想法是错误的,但直到现在还是有许多管理人员反对公司经营与公司品牌形象不一致的食品项目。

钱副总裁对藤副总裁最近提出的关于进军方便米饭市场的想法持强烈的反对态度。

原因不是该产品与公司的品牌形象的矛盾,而是他对方便米饭这一细分市场的丰富的经验。虽然钱副总裁在康师傅公司没有藤副总裁资格那么老,但他曾在国内一家经营方便米饭的企业工作过一段时间,亲身经历这家企业的兴衰成败,目睹该企业方便米饭产品在铺天盖地广告的轰炸下,刚刚上市便出现经销商排队现金进货的异常火爆的场面,和随后经销商的纷纷退货、产品大量积压的尴尬局面。钱副总裁告诫魏应州,当初这家企业失败的根本原因就是因为方便米饭采取膨化工艺,不符合消费者的消费习惯,技术和市场都不够成熟。

魏应州清楚地知道进入方便米饭市场会增加康师傅公司在市场调研和生产线方面的投入,且面临着失败的风险。当年他之所以敢果断决策,在全国多个城市投资建厂,全面进入方便面市场,靠的不仅是发现大陆方便面这一市场存在空白点,而是他心里有底,有老大哥统一公司的经验可以模仿学习。目前的方便米饭市场,上规模的企业不足10家,缺少领袖品牌,与当年的方便面市场大不一样。首先,厂家不是太多,低价竞争没那么激烈,零售价主要集中在4至8元、6至12元等相对较高的价位上。其次,国内外似乎难以找到一家经营方便米饭的标杆企业可以学习。

魏应州希望做精做专方便面市场。他亲身经历了方便面市场连续多年快速发展的大好形势。目前中国年产方便面400多亿包,约占世界总产量的50%左右,销售总额达300亿元。截至2009年6月底,康师傅在中国方便面市场份额为54.1%,排在后面的今麦郎、白象和统一市场份额分别为11.6%、10.9%及7.8%。这一数据显示,康师傅是"老大",而曾经排在老二的统一方便面如今却排到"老四"的位置,而且这种格局可能在短期内很难被打破。这些都可以让魏应州暂时松口气。作为公司的掌门人,魏应州深深知道,保持忧患意识是一个企业家必备的品质。最近,他明显感觉到方便面市场增速放缓,关于方便面是"垃圾食品"的报道似乎成为媒体关注的焦点,未来方便面市场发展的不确定性因素明显增多。

钱副总裁认为公司未来的增长机会在于增加方便面的营养价值上。2006年,五谷道场打着"非油炸,更健康"的旗号,引发关于丙烯酰胺的含量、铅的指标、谁更营养等问题的争论,一时间让消费者如坠云雾,最终六部委组织专家公布了方便面丙烯酰胺的含量,姿态明显偏向油炸方便面。表面上看,这一事件似乎反映了方便面行业恶性竞争问题,实质上则反映了消费者对方便面营养价值的关注。钱副总裁建议增加大研发投入,提升油炸方便面调味料的价值,降低因食用油炸方便面带来的营养损失,如将脂溶性营养素VA、VE添加在菜包或油包中,把水溶性VB2等加在调味粉包中;通过添加脱水香菇、虾仁、牛肉粒等提高方便面营养含量。同时,还可将营养强化的7+1面粉,引入面饼的生产。

藤副总裁对此不以为然,认为方便面这个产品的核心在于口味,而口味有比较大的地区差异性。不过,康师傅的产品品种比较丰富,基本能满足各地方的口味,研发空间有限,市场趋于饱和。他深感方便面市场"打江山易,守江山难"的痛苦,想到若不是1996年康师傅做出进军饮料、饼干等市场的英明决策,不断创造新的产品和市场的机会,就不会有康师傅公司十多年持续增长的奇迹,也就不会有今天的康师傅集团。

魏应州对进一步探索公司未来的增长机会很感兴趣,而且很重视市场调研,他立刻想到:康师傅何时真正启动这一市场呢?如果公司提供方便米饭,顾客会有什么反应?

(2) 何时启动方便米饭市场

多年的经验教训,使魏应州形成了新产品开发的"来得早不如来得巧"的原则。他认为,任何产品都有进入市场的最佳时机,并非越早越好。先进入的企业自然有先入为主的优势,但选择适当的时机切入,可以省去培育市场、培养消费观念的费用。在这一原则上,公司高管似乎达成了共识。但是,具体操作起来,往往会产生分歧。

钱副总裁认为康师傅目前若切入方便米饭市场,培育市场的任务将非常繁重,将对手快速甩开也非常困难,产品技术的不完善有可能使自己成为许多后来者的"嫁衣"。

藤副总裁觉得市场机会稍纵即逝,机不可失,时不再来。方便米饭经过近十年的培育,时机应该到来,完全可学习茶饮料市场的经验。虽然康师傅在1996年就进入茶饮料市场,但是一直默默无闻,不温不火,随着2000年茶饮料市场的升温以及旭日升的衰落,康师傅茶饮料迅速走红,成为中国包装茶饮料市场的领导品牌。之后,统一、娃哈哈、健力宝、可口可乐、百事可乐等纷纷杀入茶饮料市场,使茶饮料市场的竞争真正成为"巨头的游戏"。

(3) 当务之急

钱副总裁认为当前在不进行较大的人力、物力、财力投入的情况下,可对各类方便米饭生产工艺进行调研,搜集现有市场上脱水干燥型、半干型、冷冻型、罐头型等各类方便米饭样品,对其优缺点进行初步分析。对消费者进行小规模的产品测试,看看消费者对方便米饭的态度、行为以及看法。

藤副总裁认为这是权宜之计,不是大公司的做法。既然公司对该市场有意向,就要对该市场做深入系统的调查分析,以便明确地做出科学的决策,减少潜在的经营风险。根据以往的经验,应进行两个主要调查,一是"方便米饭主要竞品的市场渗透覆盖调查",选取有代表性的主要目标城市和零售终端,实地进行观察并记录,分析方便米饭主要竞品的通路竞争力;二是"方便米饭消费者使用与态度调查",选取有代表性的主要目标城市和消费者,举办小组座谈会或者进行问卷调查,具体了解消费者对方便米饭的认知度和购买频率,寻找真正的市场机会。

魏应州觉得两位副总裁对方便米饭的建议似乎都很务实且具有一定操作性,但他没法给两位副总裁一个明确的指示,最后希望二位副总裁再花些时间,把自己的建议写成简要的报告,两周后的同一时间继续讨论。

尾声

两周后,钱副总裁搜集到一些二手资料,发现中国方便米饭虽有10余年的历史,但目前整个行业还处于初级市场导入阶段,没有形成行业规模;还只是停留在与方便面打差异战的阶段,仅仅是消费者吃腻了方便面,而作为尝试性产品的一个品类。全国约有方便米饭生产企业几十家,方便米饭销售额为2亿元左右。这样看来,公司目前不值得进行大规模的投资,甚至没有必要采取任何具体的行动。

藤副总裁认为方便米饭十年来发展速度缓慢的主要原因不是该产品没有消费者,而是缺乏像康师傅这样的专业公司进入该领域,引导该行业快速发展。他发现从政策角度,国家"十一五"食品工业发展纲要中指出:"小麦、稻谷加工继续以生产高质量、方便化主食食品为主,重点发展专用面粉、营养强化面粉、专用米、营养强化米、方便米面制品、预配粉等,推进传统主食品生产工业化。"农业部农产品加工"十一五"发展规划在中国粮油加工业发展重点中也指出:"开展米饭、米线、营养强化米、营养米粉等传统大米主食品的加工技术与装备的研究开发,发展米制食品工业化生产;工业化米制品产量占稻米总产量的20%。"因此,开发方便米饭符合国家产业政策。

藤副总裁相信,随着越来越多专业的、有实力企业的加入,方便米饭行业虽短期内不会和方便面平分市场,但出现快速发展的态势似乎不可避免。当然,他对消费者对方便米饭的行为与态度把握不准,于是建议委托专业的市场调查公司优先进行"方便米饭消费者使用与态度"的调查(简要方案见附录)。

魏应州快速浏览并听取了二位副总裁的报告。觉得钱副总裁的建议倒是不需要任何投资,但缺乏依据,容易坐失良机,至少应该对现有方便米饭企业的生产经营情况做一个系统的研究,了解它们经营状况不太好的具体原因。藤副总裁的建议可操作,但大规模的市场调研花费是巨大的,可能需要几百万元人民币投入。此外,魏应州还想知道世界(尤其是亚洲)主要国家方便米饭市场的发展趋势,这也是他十年前做出大规模投资茶饮料市场决定的信心所在,但这又会增加调研的费用,可能将总调研费用增至上千万元人民币。无论如何,他都将面临采取哪种建议以及决定前期市场调研投入多少钱的问题。

1. 实训目的

(1)加深学生对市场调查在营销决策中作用的理解。
(2)训练学生制订市场调查方案的技能。

2. 实训任务

(1)辩论康师傅是否会进入方便米饭市场。
(2)判断中国方便米饭市场到底有无增长的机会。
(3)帮助康师傅制订费用预算及较为详细的调研方案。
(4)帮助康师傅做出明确的决策。

3. 实训步骤

(1)个人阅读

每位学生课前认真阅读背景材料。针对"实训任务"进行阅读,督促学生在课前完成。针对中国学生的特点,课堂上老师或学生还需再花费20~30分钟对背景材料的关键信息及相关背景进行简单的陈述。

(2)分组

在授课教师指导下,以6~8个人为单位组成一个团队,要求学生选出组长、记录人、报告人等角色。

(3)小组讨论与报告

时间为30分钟,主要在课堂进行,围绕"实训任务"展开讨论,同时鼓励学生提出新的有价值的问题。要求每个小组将讨论要点或关键词按小组抄写在黑板上的指定位置并进行简要报告,便于课堂互动。小组所报告的内容尽可能是小组所达成共识的内容。

小组讨论与报告

小组名称或编号:_____   组长:_____

报告人：_____　　　　记录人：_____

小组成员：_____

_____

① 小组讨论记录：

发言人 1：_____

_____

发言人 2：_____

_____

发言人 3：_____

_____

发言人 4：_____

_____

发言人 5：_____

_____

发言人 6：_____

_____

发言人 7：_____

_____

发言人 8：_____

_____

② 小组报告的要点或关键词（小组所达成共识的内容）：

任务 1：_____

任务 2：_____

任务 3：_____

(4) 师生互动

主要在课堂进行，时间为40分钟。围绕"康师傅是否进入方便米饭市场"进行辩论，引导学生思考"中国大陆方便米饭市场到底有无增长的机会"和"如何制订市场调研方案"两大关键问题，并在教师指导下，运用相关理论找到解决问题的初步思路。

关于康师傅是否进入方便米饭市场的辩论：

正方陈述理由：

① _____

_____

② _____

_____

③ _____

_____

反方陈述理由：

① _____

②_____

③_____

(5)课后作业

根据课堂讨论,要求每位学生进一步回顾本章所学内容,提出"方便米饭消费者使用与态度调查"的建议。以个人课后作业的形式进行,要求学生登录康师傅公司网站,进一步查阅相关资料。报告提纲如下:

方便米饭消费者使用与态度调查建议

调查目的:
①_____

②_____

③_____

调查范围:
①调查区域:_____

②样本量及抽样方法:_____

主要内容:
①_____

②_____

③_____

调查问卷或访谈提纲:

调查时间进度计划：
① _____

② _____

③ _____

调查费用预算：
① _____

② _____

③ _____

(6) 考核实训成果

根据学生课堂表现和课后作业完成情况，评定实训成绩。

第七章 市场细分与目标市场选择

没有市场细分,就没有营销学。

——菲利普·科特勒

有宏远的目标,就不会有短期的挫折。

——佚名

学习目标

1. 理解市场细分的类型、依据和方法。
2. 掌握评估和选择目标市场的策略。

引导案例

案例 7.1　今日头条短视频越细分越着迷

今日头条由张一鸣于 2012 年 3 月创建,是北京字节跳动科技有限公司开发的一款基于数据挖掘的推荐引擎产品,为用户推荐信息,陆续开发西瓜、抖音、火山、懂车帝等短视频 App。

2016 年初今日头条宣布投资 10 亿元用以补贴短视频创作。2016 年 5 月,头条视频正式上线,一年后正式升级为西瓜视频,专注于免费分享互联网流行的搞笑、体育、纪录片、动画、探秘未知视频,上传视频时长不受限制,大部分视频时长为 5 分钟左右。2016 年 9 月,音乐创意短视频社交软件抖音上线,以魔性洗脑的音乐、冲撞力强烈的视觉效果、大胆突出的情绪为主要特色。后独立孵化短视频平台火山小视频,上传视频时长限制在 15 秒以内,以搞笑、猎奇、萌宠、吸睛的风格为主。2017 年 8 月,一个专业、有趣的汽车内容短视频平台——懂车帝,正式上线。现在,继今日头条横扫移动端图文信息市场之后,抖音再次成为短视频领域的领跑者。最新数据显示,截至 2019 年 1 月,抖音的日活跃用户已经超过 2.5 亿,月活跃用户超过 5 亿,其中 35 岁以下用户占比超过 90%。

短视频市场竞争残酷。起初快手短视频因晨兴资本、红杉中国、腾讯、百度等公司的投资而具有领先优势。但抖音后来者居上,目前抖音、火山和西瓜的总渗透率已远超快手。近年来,除了秒拍背后的新浪微博外,百度、腾讯、360争先恐后推出短视频产品,投入巨大资源。面对竞争加剧、高压监管、流量增速趋缓、客户黏性不强等挑战,今日头条宣布 All In 短视频战略,腾讯感受到抖音的强大攻势后,不仅重启微视,更是一年内推出腾讯云小视频、下饭视频、音兔、哈皮等13款短视频产品,与头条系的做法如出一辙。2020年,字节跳动已成为中国科技互联网巨头之一,更是目前全球估值较高的创业公司,价值达750亿美元。(资料来源:作者整理)

思考:
1.你认为今日头条的市场成功靠什么?未来该如何应对竞争?
2.你认为互联网行业市场细分还有效吗?

理论知识

第一节 市场细分

一、市场细分的概念及作用

市场细分是将一个市场划分为具有不同需求、不同特点或不同行为的多个购买者群体,各个群体之间需求不同,而每个群体内部则具有相同或相似的需求。其中一个购买者群体就称为一个细分市场。比如今日头条公司根据用户群体和视频长度将短视频市场进行细分,其中西瓜视频和火山小视频,以三四线城市用户为主,火山小视频用户年龄偏大。而抖音短视频,秉承音乐动感社区初衷,初期聚集的都是喜爱音乐的年轻人,目前其主流用户仍以一二线城市25岁以下年轻人为主。

市场细分这一概念是1956年由美国市场学家温德尔·斯密等人在第二次世界大战以后,为适应当时的市场竞争状况而提出来的,被公认为是市场营销思想和营销策略的一大突破。它得到理论界的一致认可并在企业界广泛应用,在很长一段时间内,众多企业在经营实践中运用市场细分策略并因此取得意想不到的效果。事实上,任何企业的营销资源总是有限的,市场细分使得企业更容易发现市场中的营销机会,有利于企业有针对性地开发新产品并制定投资和营销组合策略,从而有利于企业集中优势资源进行有效竞争。

在当今竞争日益加剧的市场经济条件下,市场细分仍是市场营销的有力武器,案例7.2分析了网易严选的市场细分。

穿插案例

案例7.2 网易严选的市场细分

网易严选是网易旗下原创生活类自营电商品牌,于2016年正式运营。网易2017年财报显示,包括严选在内的电商板块,对其净收入的贡献仅次于游戏板块,而严选的迅猛发展,可能意味着再造一个网易。

严选成功的关键是电商市场的细分,它瞄准的是35岁以内,对商品品质有一定要求的"新中产"顾客群。伴随着城市人口达到9.4亿左右,中国将出现大概3亿到3.5亿的中产阶级。这些"新中产"已经跨过低价的需求,开始愿意为生活质量、健康、品味买单,他们愿意为高品质生活支付一定的溢价。

从品类结构来看,网易严选只有5 000支单品,并且每一品类只提供少数几种商品供消费者选择,聚焦居家、餐厨、配件、服装、洗护、童婴、杂货以及食品等少数品类,这与京东、天猫等大而全的品类布局截然不同。从商品包装设计和用户界面来看,网易严选力求简洁、风格统一,也满足"新中产"阶层的审美偏好。淘宝心选相关负责人表示,"严选模式,颜值很重要"。

未来网购用户趋于细分,年轻人成为消费新动力,今后电商企业应提供更精准的服务,来满足不同消费群体的需求。(资料来源:百度百科、网易严选官网)

二、市场细分的层次

根据细分程度,可以把市场细分为以下四个层次:

1. 细分营销

细分营销是一组拥有类似需求和愿望的客户群,营销人员的任务是识别它们,并使其提供的产品恰好符合或接近其中一个或几个部分市场的需求。细分营销有利于确定产品或服务的目标市场;有利于通过调整其产品本身、价格和营销计划等以适应其定义的细分市场,使企业营销更为有效;也有利于为消费者提供最好的服务;同时,企业所面对的竞争者也少得多。例如,一些鸡蛋小贩把鸡蛋的蛋清和蛋黄分开来卖,爱吃蛋黄的消费者就买蛋黄,爱吃蛋清的消费者就买蛋清,各有所爱,各得其便。内蒙古某企业将一只普通的鸡开发出140余种深加工产品,仅鸡胸肉就有八种产品之多。

2. 补缺营销

补缺营销是指通过细分市场寻找市场空缺或较小的子细分市场,实行专业化的经营来获取最大收益的营销过程。补缺市场为中小型企业提供了一个竞争机会,它们可以充分利用其有限的资源服务于某个补缺市场,而该市场对于大型竞争者来说可能并不重要或者根本看不上眼,因此可以避开市场巨人的打压和正面的冲突。例如,面对可口可乐和百事可乐两大饮料巨头的竞争,康师傅选择当时市场较小、竞争并不激烈的茶饮料细分市场进行补缺营销,结果使绿茶产品在短短几年时间一跃成为茶饮料市场第一品牌。

3. 本地化营销

本地化营销是指针对当地顾客群体的潜在需求和欲望来设定品牌和促销方案的营销行为。其主要缺陷是削弱了规模经济而增加了制造商和经销商的成本。同时,企业要努力满足不同区域和地方市场多变的需求,就必然带来后勤保障问题。微信朋友圈的信息流广告,可以做到一定程度的精准投放,可以定位到某个城市甚至某个商圈,针对某些人投放相应的广告内容。如果你在北京,那商圈就可以定位投放到西单;如果你在南京,或许你就可以定位投放到新街口商圈,以覆盖你周边的目标用户。

4. 个性化营销

个性化营销即"一对一营销"或"定制营销",是针对单个消费者的需求和偏好来定做产品并拟定营销项目计划的营销方式。

现代社会,新的技术在市场营销领域的应用,已使得越来越多的公司能够实施这种一对一的营销。高性能的计算机、详尽的数据库、机器人操作生产,以及 E-mail、传真和因特网等即时和互动式的沟通交流媒介,所有这些技术的组合和神奇的发展都推动了"大批量定制"。所谓大批量定制,是指依据大规模的个人需求来设计产品并进行沟通,最终满足每一个顾客的要求。例如,海尔提出了"您来设计我来实现"的新口号,让消费者向海尔提出自己对家电产品的需求模式,包括性能、款式、色彩和大小等,使海尔产品更具适应性和竞争力。

互联网时代的电商市场是一个细分再细分的市场,这些市场甚至在常规情况下是无法生存的。美国《连线》杂志主编克里斯·安德森提出长尾理论,认为商业和文化的未来不在热门产品和传统需求曲线的头部,而在于需求曲线中那条无穷长的尾巴,即完全个性化、定制化的市场。许多电商企业起初出于长尾部分市场,后来慢慢壮大,最终获得成功。

三、市场细分的依据

1. 个人消费者市场细分的依据和方法

个人消费者市场细分的依据主要有四大类别,即地理细分依据、人口统计类依据、心理方面的依据和行为方面的依据。个人消费者市场细分的主要变量及举例见表 7-1。

表 7-1　　　　　个人消费者市场细分的主要变量及举例

	细分具体变量	举例
地理细分依据	世界区域或国家	北美、西欧、中东、中国、印度、加拿大、墨西哥等
	国内区域	沿海地区、华北地区、东北地区、西部地区、珠江三角洲等
	城市(人口规模)	50万人以下、50万人~100万人、100万人~200万人、200万人~300万人等
	地区人口密度	城市、城郊、乡镇、农村等
	地区气候	热带、亚热带、寒带、温带等

(续表)

细分具体变量		举 例
人口统计类依据	年龄	儿童、少年、青年、中年、老年等
	性别	男性、女性
	家庭规模	1~2人、3~4人、5人以上
	家庭生命周期	单身青年;已婚青年、无小孩;已婚青年、有小孩;已婚中老年、子女18岁以下;已婚中老年、子女18岁以上;单身中老年等
	收入	月收入500元以下、500~1 000元、1 000~1 500元、1 500元以上
	职业	专业技术人员、经理、政府官员、职员、售货员等
	受教育程度	小学及以下、初中、高中或中专、大学、研究生等
	民族	汉族、回族、藏族、维吾尔族、朝鲜族、布依族等
心理方面的依据	社会阶层	下层、中下层、工薪层、中层、中上层、上层、上上层等
	生活方式	节俭朴素型、崇尚时髦型、爱阔气讲排场型等
	个性	内向、外向活跃、易动感情、爱好交际、专横跋扈等
行为方面的依据	购买理由	一般购买理由,特殊购买理由
	利益寻求	质量、服务、廉价、舒适、速度等
	使用者情况	未使用者、曾使用者、潜在使用者、初次使用者、常使用者等
	使用频率	少量使用者、中量使用者、大量使用者等
	品牌忠诚度	游离忠诚者、转移忠诚者、适度忠诚者、绝对忠诚者等
	购买准备阶段	不知道、知道、了解清楚、已有兴趣、希望拥有、打算购买等
	对产品的态度	有热情、肯定、冷淡、否定、有敌意等
	营销因素	价格、产品质量、售后服务、广告宣传、销售推广等

2. 产业市场细分的依据

产业市场细分的常用变量包括地理变量、业务变量、采购方式、处境变量、购买者特点五大类别,用于产业市场细分的主要变量见表7-2。

表7-2　　　　　　　　　用于产业市场细分的主要变量

常用变量	具体内容
地理变量	产业类别:我们应重点关注购买这些产品的哪一类别的产业 公司规模:我们应重点关注多大规模的企业 公司位置:我们应重点关注哪一地区的需求
业务变量	技术:我们应重点关注有怎样技术的客户 使用情况:经常使用者;一般使用者;不常使用者;非使用者 顾客接受能力:需要更多服务的客户;需要较少服务的客户
采购方式	采购职能单位:高度集中采购单位;分散采购单位 权利结构:技术决策导向;财务决策导向;营销决策导向 现有关系的性质:已有稳定关系的企业;追求更合意的企业 购买政策:喜好租赁的企业;喜好服务合同的企业;系统购买企业 采购标准:追求质量的企业;追求服务的企业;追求廉价的企业

(续表)

常用变量	具体内容
处境变量	急迫情况:需要尽快送货的企业;需要尽快提供优质服务的企业 具体应用:部分应用本企业的产品;全部应用本企业的产品 订购规模:大量订购者;小量订购者
购买者特点	买卖者间相似性:我们应关注对方的人员和价值观念与我们是否相似 风险意识:冒险型客户;避险型客户 忠诚度:对供应商及其产品高度忠诚的企业;低度忠诚的企业;不忠诚的企业

3.国际市场细分

国际市场细分是指将国际市场分割为具有相同需求和购买行为的消费者群体,尽管这些消费者分属于不同的国家。

国际市场细分的依据可以是一个变量,也可以是几个变量的组合。从宏观细分来看他们可以依据地理位置进行细分,例如,将其划分为西欧各国、太平洋国家、中东地区或非洲等;依据经济收入来细分可将国际市场分为高收入国家市场、高中等收入国家市场、低中等国家收入市场和低收入国家市场等;还可以依据文化因素、政治和法律因素等细分。在国际市场宏观细分的基础上还要做进一步的微观细分,具体依据和方法与个人消费者市场细分相同。

四、市场细分的要求

可测量性(Measurable)指根据某种特性因素划分出来的每一个细分市场,其规模和购买力的大小是可以测量的。

可进入性(Accessible)指细分后的市场是企业利用现有的人力、物力和财力,通过一定的营销活动可以进入并有所作为的,而不是可望而不可即的。

可营利性(Profitability)指市场细分后,至少有一个细分市场对企业来说是有开发或进入价值的,是可获得稳定的经济效益的。

可区别性(Differentiable)指不同的细分市场在概念上应该是可以相互区别的,而且对不同的营销组合因素或营销方案应有不同的反应。如果未婚男士和已婚男士对某种款式和价位的西服套装反应相同,则对该西服套装市场细分为已婚男士和未婚男士就无意义了。

可行动性(Actionable)指企业为吸引和服务于所划分的细分市场而系统地提出有效计划的可行程度。企业要有足够的人力、财力等资源来进入所选的细分市场,否则,细分市场就是没有作用的。

五、市场细分的程序

市场细分作为一个比较、分类、选择的过程,应该按照一定的程序来进行,通常市场细分的程度有这样几步,如图7-1所示。

```
┌─────────────────────────────┐
│ 1.依据需求界定产品市场范围  │
└─────────────────────────────┘
              ⇩
┌─────────────────────────────┐
│ 2.列举潜在顾客的基本需求    │
└─────────────────────────────┘
              ⇩
┌─────────────────────────────┐
│ 3.进行正式市场调查          │
└─────────────────────────────┘
              ⇩
┌─────────────────────────────┐
│ 4.初步细分市场,确定细分市场名称 │
└─────────────────────────────┘
              ⇩
┌─────────────────────────────┐
│ 5.评价和检查初步细分市场    │
└─────────────────────────────┘
              ⇩
┌─────────────────────────────┐
│ 6.测量各细分市场的大小      │
└─────────────────────────────┘
```

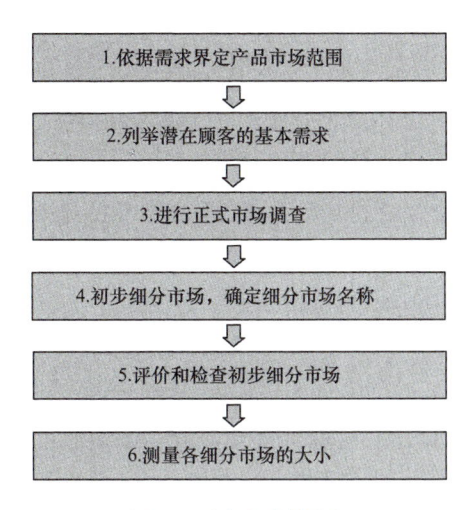

图 7-1 市场细分的程序

1．依据需求界定产品市场范围

企业根据自身的经营条件和经营能力确定进入市场的范围,如进入什么行业,生产什么产品,提供什么服务。

2．列举潜在顾客的基本需求

根据细分标准,比较全面地列出潜在顾客的基本需求,作为以后深入研究的基本资料和依据。

3．进行正式市场调查

企业将所列出的各种需求通过抽样调查进一步搜集有关市场信息与顾客背景资料,然后初步细分出一些差异最大的细分市场,至少从中选出三个分市场。

4．初步细分市场,确定细分市场名称

根据有效市场细分的条件,对所有细分市场进行分析研究,剔除不合要求、无用的细分市场。

5．评价和检查初步细分市场

为便于操作,可结合各细分市场上顾客的特点,用形象化、直观化的方法为细分市场评定。如某旅游市场分为商人型、舒适型、好奇型、冒险型、享受型、经常外出型等。

6．测量各细分市场的大小

进一步对细分后选择的子市场进行调查研究,充分认识各细分市场的特点,本企业所开发的细分市场的规模、潜在需求,还需要对哪些特点进一步分析研究等。

经过以上六个步骤,企业便完成了市场细分的工作,就可以根据自身的实际情况确定目标市场并采取相应的目标市场策略。

第二节 目标市场选择

目标市场选择是在细分市场的基础上,分析细分市场规模、增长潜力、市场结构的吸引力、企业目标和资源情况等,选择自己能够服务的特定市场的过程。选择目标市场的目的是确定企业市场服务的对象,做到有的放矢。

1. 目标市场模式

通过对所有细分市场的评估,企业会发现一个或多个值得进入的目标市场。选择细分市场时有五种可供参考的模式,如图 7-2 所示,P 表示产品种类,用 M 表示市场类别。

单一市场模式　　选择性专业化模式　　产品专业化模式

市场专业化模式　　全面覆盖模式

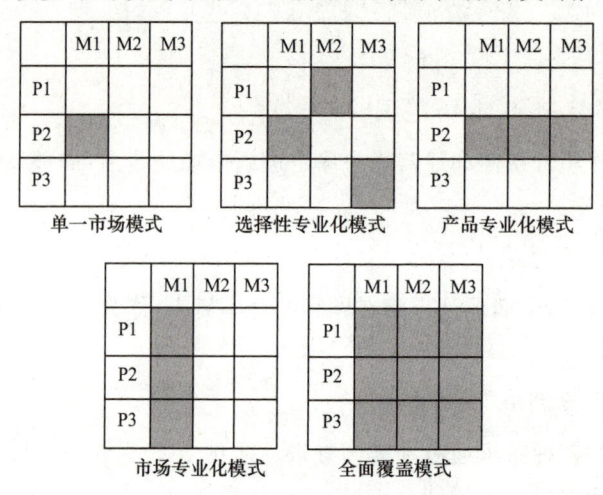

图 7-2　目标市场选择的五种模式

2. 目标市场策略的类型

目标市场策略一般可概括为三种类型,如图 7-3 所示。

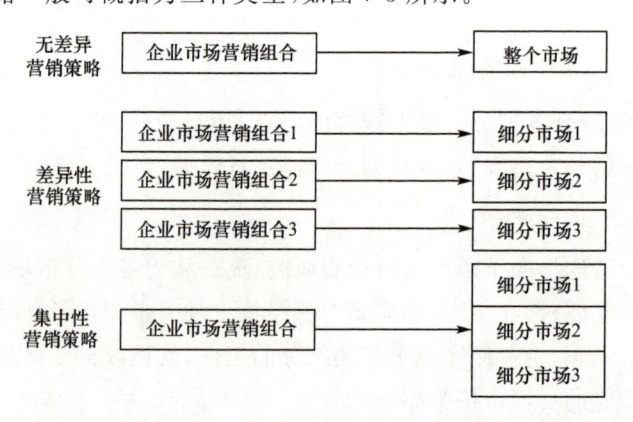

策略	企业市场营销组合	目标
无差异营销策略	企业市场营销组合	整个市场
差异性营销策略	企业市场营销组合1 企业市场营销组合2 企业市场营销组合3	细分市场1 细分市场2 细分市场3
集中性营销策略	企业市场营销组合	细分市场1 细分市场2 细分市场3

图 7-3　目标市场营销策略的类型

3.目标市场策略的影响因素

在选择目标市场营销策略时,企业要考虑许多因素,目标市场策略的影响因素见表 7-3。

表 7-3　　　　　　　　　　目标市场策略的影响因素

营销策略	企业资源/实力	市场变异性	产品变异性	产品生命周期	竞争对手数量	竞争对手营销量
无差异营销策略	多	小	小	投入期	少	多
差异性营销策略	多	大	大	成熟期	多	中
集中性营销策略	少	大	大	衰退期	多	少

本章习题

一、判断题

1.市场细分将一个市场划分为多个购买者群体,是因为每个群体内部的需求是不同的。　　　　　　　　　　　　　　　　　　　　　　　　　　（　　）

2.长尾理论认为商业和文化的未来在于大众化的市场。　　　　　（　　）

3.选择目标市场的目的是确定企业市场服务的对象,做到有的放矢。（　　）

二、单选题

1.下列关于市场细分要求的叙述中不正确的是(　　)。

　　A.可营利性　　　　　　　　B.可进入性

　　C.可测量性　　　　　　　　D.可观察性

2.今日头条公司根据视频长度将短视频市场进行细分,其中西瓜视频和火山小视频,以三四线城市用户为主,火山小视频用户年龄偏大。而抖音短视频,聚集的主要是喜爱音乐的一二线城市年轻人。这表明今日头条采用(　　)。

　　A.单一市场模式　　　　　　B.产品专业化模式

　　C.市场专业化模式　　　　　D.全面覆盖模式

3.下列关于目标市场的叙述中正确的是(　　)。

　　A.目标市场范围越广企业越有竞争力

　　B.小企业实力弱,通常采用集中营销策略

　　C.若一个企业的竞争对手数量多,通常采用无差别营销策略

　　D.若一个企业的产品变异性大,通常采用无差别营销策略

三、简答题

1.简述市场细分的依据。

2.简述目标市场模式的五种类型。

3.简述目标市场策略的三种类型。

营销演练

高露洁目标市场的选择

请仔细阅读下面的经典营销案例,然后完成相应的营销演练任务。

高露洁根据市场利益细分原理,将中国的牙膏市场从消费者利益的角度分为六种基本类型。

第一类为经济型:这类消费者主要寻求利益为低价,多为农村和城市低收入人群,他们高度自主,注重价值,认为所有的牙膏都大同小异,只要能清洁口腔即可,因而对品牌无特殊偏好,只购买降价或低价品牌。

第二类为防蛀型:这类消费者主要寻求利益为预防龋齿,购买者多为有孩子的家庭(因龋齿在儿童多发),所偏好的主要品牌为佳洁士、高露洁、两面针含氟牙膏等。

第三类为防治牙周病和牙齿过敏型:这类购买者的主要寻求利益为治疗效果,多为口腔和牙病患者,为牙膏的大量使用者,所偏好的品牌主要有高露洁、两面针中药牙膏、冷酸灵、蓝天六必治等。在中国,每10人当中近7人患有不同程度的牙病。

第四类为购买者注重牙齿洁白和美容化妆效果,此类购买者主要寻求的利益为洁白美观的牙齿,他们善于交际、性格外向,偏好的主要品牌有中华超洁、黑妹加倍洁白等。

第五类为身份地位型,其主要的利益点为高价。这类消费者多为高收入人群,主要包括白领和成功企业家等,他们认为使用高价牙膏是一种身份地位的体现,同时认为高价牙膏在效果方面肯定不一般,他们几乎不使用低价的牙膏。这类人群在很多的发达城市已经大量出现。

第六类为味觉和外观爱好者,气味和外观是其主要寻求利益点。

通过市场机会分析、市场细分和自身特点,高露洁牙膏初步将目标市场设定为第二种、第三种和第五种,并按地理区域、主要消费者和次要消费者进一步进行市场细分。

(1)地理区域。高露洁的高端市场价位主要在一些经济发达的省份和地区,如北京、广州、深圳、上海等,这里居民的收入水平、生活水平和消费水平相对较高,容易接受高露洁的市场价格。这类市场主要集中在沿海几个经济较发达的省份和地区。

(2)主要消费者。高露洁的主要功效决定了其消费对象应该是一些患有牙病想治疗的消费者和虽然没有牙病但想预防牙病的消费者。比如针对新一代年轻人对自己的牙斑和口腔疾病更为担心的状况,推出具有防蛀、控制牙石和防止牙龈炎的全效牙膏。成人恒牙患龋率为49.88%,儿童乳牙患龋率为76.55%,西部农村地区情况更严重,构成了主要消费群。

(3)次要消费者。从消费者心理来分析,在一些发达地区,牙膏已经不是简单的日常消费品,人们往往以其使用牙膏的品牌和价格来断定一个家庭的经济状况。在他们眼里,使用高档的牙膏是一种身份的体现,他们不会去选择那些处于中低端市场的牙膏。随着人民生活水平的提高,这类人群会逐渐增加,市场也会逐渐变大。这类消费者主要是工薪阶层白领和成功企业家等。

综上所述,高露洁的目标市场是一种高端市场。在这一市场领域,目前只有高露洁和佳洁士。因此,高露洁应集中所有人力、物力、财力全心全意地服务高端市场,加强营销宣传和品牌策略,尽可能地满足高端市场的需求,争得市场。(资料来源:作者整理)

营销演练任务

建议学生在回顾本章所学内容的基础上,进一步收集有关高露洁公司的资料,寻找案例中未提供的决策依据和未考虑到的决策要素,形成正式的市场工作报告,报告的提纲和格式如下:

市场工作报告

从消费者利益的角度,除案例中提到的六种基本类型外,中国的牙膏市场还有其他类型吗? 若有,请列举:

_____
_____
_____
_____

请说明高露洁牙膏目标市场选择过程中的关键点:

关键点1:_____

关键点2:_____

关键点3:_____

影响高露洁目标市场选择策略的因素有哪些,并分析其是如何影响的:

因素1:_____

因素2:_____

因素3:_____

案例实训

案例 7.3 宝洁公司的市场细分

宝洁是全球500强企业,在中国日化行业占据了半壁江山,究其成功之处,主要表现在以下方面:

(1)多品牌战略。产品从香皂、牙膏、漱口水、洗发水、护发素、柔软剂、洗涤剂,到咖啡、橙汁、烘焙油、蛋糕粉、土豆片,再到卫生纸、化妆纸、卫生棉、感冒药、胃药,横跨了清洁用品、食品、纸制品、药品等多个行业,不同产品采取不同的品牌,以品牌为中心进行市场运作。例如,在中国市场上,香皂用的是"舒服佳"、牙膏用的是"佳洁士",卫生棉用的是"护舒宝",洗发水就有飘柔、潘婷、海飞丝等品牌。洗衣粉有汰渍、洗好、欧喜朵、波特、世纪等品牌。多品牌战略虽营运成本高、风险大,但灵活性强,也利于市场细分。要问世界上哪个公司的牌子最多,恐怕非宝洁公司莫属。多品牌的频频出击,使公司在顾客心目中树立起实力雄厚的形象。

(2)差异化营销。宝洁公司的多品牌策略不是把一种产品简单地贴上几种商标,而是追求同类产品不同品牌之间的差异,包括功能、包装、宣传等多个方面,从而形成每个品牌的鲜明个性。这样,每个品牌有自己的发展空间,市场就不会重叠。不同的顾客希望从产品中获得不同的利益组合,有些人认为洗涤和漂洗能力最重要,有些人认为使织物柔软最重要,还有人希望洗衣粉具有气味芬芳、碱性温和的特征。于是宝洁就利用洗衣粉的多个细分市场,设计了多个不同的品牌。利用"一品多牌"从功能、价格、包装等各方面划分出多个市场,满足不同层次、不同需要的各类顾客的需求,从而培养消费者对本企业某个品牌的偏好,提高其忠诚度。由于边际收入递减,要将单一品牌市场占有率从30%提高到40%很难,但如重新另立品牌,获得一定的市场占有率相对容易,这是单个品牌无法达到的。

(3)广告针对性强。牙膏和香皂多选择易受细菌感染、需要保护而且喜欢模仿的儿童,使许多广告语成为社会流行语;而洗衣粉则对精明的家庭主妇,使出了价平质优的撒手锏。"海飞丝"的广告策略是全明星阵容,为的是吸引追星族;"沙宣"选用很酷的不知名的金发美女,强调有型、个性,目标群体是追求时尚的消费者。不同品牌的功能也不同,"飘柔"为顺滑,"海飞丝"为去屑,"潘婷"为营养,"沙宣"为专业美发,"伊卡露"是宝洁击败联合利华、德国汉高、日本花王,花费巨资从百时美施贵宝公司购买的品牌,主要定位于染发,由此构筑一条完整的美发护法染发的产品线。宝洁的市场细分主要是通过广告诉求给予消费者不同的心理暗示。

(4)内部竞争法。宝洁的原则是:如果某一个种类的市场还有空间,最好那些"其他品牌"也是宝洁公司的产品。因此不仅在不同种类产品设立品牌,在相同的产品类型中,也大打品牌战。洗发水在中国销售的就有"飘柔"、"海飞丝"、"潘婷"、"伊卡露"、"润妍"和

"沙宣"等。其中"飘柔"、"海飞丝"和"潘婷"使用效果和功能相近,广告的诉求和价位也基本相同,普通消费者除颜色外根本无法区分,如果从细分市场考虑,根本没有必要。但几大品牌竞争激烈,使其他公司望而生畏。其新品牌"伊卡露",以草本为招牌,其广告并未强调是宝洁的产品,以免影响宝洁公司的整体形象。

(5)独特的销售主张。其核心内容是:广告要根据产品的特点向消费者提出独一无二的说辞,并让消费者相信这一特点是别人没有的,或是别人没有说过的,且这些特点能为消费者带来实实在在的利益。在这一点上,宝洁公司更是发挥得淋漓尽致。以宝洁在中国推出的洗发水为例,"海飞丝"的作用在于去头屑,"潘婷"的作用在于对头发的营养保健,而"飘柔"的作用则是使头发光滑柔顺。为强化这些销售主张,"海飞丝"洗发水采用海蓝色的包装,首先让人联想到蔚蓝色的大海,带来清新凉爽的视觉效果,"头屑去无踪,秀发更干净"的广告语,更进一步在消费者心目中树立起"海飞丝"去头屑的信念;"飘柔",从品牌名字上就让人明白了该产品使头发柔顺的特性,草绿色的包装给人以青春美的感受,"含丝质润发素,洗发护发一次完成,令头发飘逸柔顺"的广告语,再配以少女甩动如丝般头发的画面,更深化了消费者对"飘柔"飘逸柔顺效果的印象;"潘婷",用了杏黄色的包装,首先给人以营养丰富的视觉效果。(资料来源:作者整理)

1. 实训目的

(1)帮助学生真正理解"什么是市场细分"。
(2)帮助学生掌握市场细分的有效方法。

2. 实训任务

(1)根据本章的理论要点,指出背景材料中宝洁公司是如何进行市场细分的,其进行市场细分的依据和方法有哪些。
(2)你支持宝洁公司的多品牌策略和内部竞争法吗?为什么?
(3)请帮助宝洁公司在中国寻找一个新的潜在的细分市场,并说明为什么这一细分市场是有效的。

3. 实训步骤

(1)个人阅读

每位学生课前认真阅读背景材料。针对"实训任务"进行阅读,督促学生在课前完成。针对中国学生的特点,课堂上老师或学生还需再花费10~20分钟对背景材料的关键信息及相关背景进行简单的陈述。

(2)分组

在授课教师指导下,以6~8个人为单位组成一个团队,要求学生选出组长、记录人、报告人等角色。

(3)小组讨论与报告

时间为30分钟,主要在课堂进行,围绕老师"实训任务"展开讨论,同时鼓励学生提出新的有价值的问题。要求每个小组将讨论要点或关键词按小组抄写在黑板上的指定位置并进行简要报告,便于课堂互动。小组所报告的内容尽可能是小组所达成共识的内容。

小组讨论与报告

小组名称或编号：_____　　　组长：_____
报告人：_____　　　　　　　记录人：_____
小组成员：_____
_____

①小组讨论记录：
发言人1：_____
_____
发言人2：_____
_____
发言人3：_____
_____
发言人4：_____
_____
发言人5：_____
_____
发言人6：_____
_____
发言人7：_____
_____
发言人8：_____
_____

②小组报告的要点或关键词（小组所达成共识的内容）：
任务1：_____
任务2：_____
任务3：_____

（4）师生互动

主要在课堂进行，时间为30分钟，老师针对学生的报告与问题进行互动，同时带领学生对市场细分的关键知识点进行回顾。并追问学生还有哪些问题或困惑，激发学生学习兴趣，使学生自觉地在课后进一步查询相关资料并进行系统的回顾与总结。

（5）课后作业

根据课堂讨论，要求每位学生进一步回顾本章所学内容，形成正式的实训报告。建议实训报告以个人课后作业的形式进行，其目的是帮助学生在课堂学习的基础上，进一步巩固核心知识，联系自身实际思考并解决问题，最终形成一个有效或学生自认为最佳的解决方案或行动计划。要求学生在制订方案时应坚持自己的主见，学以致用。实训报告的提纲如下：

实训报告

宝洁公司的细分市场有哪些：
_____
_____
_____
_____。

宝洁公司市场细分的依据和方法有哪些：
① _____
_____

② _____
_____

③ _____
_____

宝洁公司针对市场细分实施的策略有哪些，评价这些策略：
① _____
_____

② _____
_____

③ _____
_____

你认为宝洁公司在中国市场新的、潜在的、最佳的一个细分市场是：
_____

若这一细分市场是有效的，其理由是：
① _____
_____

② _____
_____

③ _____
_____

(6)实训成果的考核

根据学生课堂表现和实训报告质量，评定实训成绩。

第八章　市场定位

定位被称为有史以来最具革命性的营销观念,实在当之无愧。

——菲利普·科特勒

学习目标

1. 掌握市场定位的依据和战略。
2. 掌握实施市场定位战略的技能。

引导案例

案例 8.1　蒙牛如何找准市场定位?

内蒙古蒙牛乳业公司始建于 1999 年,由创始人牛根生带领 9 个人创建。2011 年,中粮集团成为蒙牛乳业股份第一大股东。截至 2012 年 7 月,创办蒙牛的牛根生等 10 位元老无一例外全部出局。2016 年 9 月,卢敏放担任蒙牛乳业总裁。2018 上半年蒙牛乳业的数据为销售收入 344.74 亿元,净利润 15.62 亿元。不管是销售收入,还是净利润,伊利依然稳居行业第一。

蒙牛在创业之初,力量非常弱小,资金只有一千多万元,这在乳品行业实在是微不足道;同时,蒙牛的生存环境也非常恶劣,为此,放低姿态:避免和伊利直接冲突,宣称要做"内蒙古第二品牌"。当时内蒙古乳品市场的第一品牌是伊利,而蒙牛名不见经传,连前五名也进不去。但是蒙牛的聪明也就表现在这里,蒙牛通过把标杆定为伊利,使消费者通过伊利知道了蒙牛,而且留下的印象是:蒙牛似乎也很大。2000 年,蒙牛用 300 万元的价格买下了当时在呼和浩特还很少有人重视的户外广告牌。一夜之间,呼和浩特市区道路两旁冒出一排排的红色路牌广告,上面写着:"蒙牛乳业,创内蒙古乳业第二品牌;向伊利学习,为民族工业争气,争创内蒙古乳业第二品牌!"这让很多人记住了蒙牛,记住了蒙牛是内蒙古乳业的第二品牌。

蒙牛的目标顾客主要为家庭收入较高的城市居民,创业之初蒙牛集中开发一级城市的目标顾客,现在逐渐扩张渗透到二三级城市。不过,为了更好地满足目标顾客的需求,蒙牛还利用更为细化的市场细分变量对目标顾客再次进行细分。例如,蒙牛选择年龄作为市场细分变量,把目标顾客区分为老年、成年、青少年和儿童四种不同的消费群体,面向青少年的酸酸乳,为儿童开发的"未来星"成长奶;以牛奶食用时间为细分变量,把市场划分为早餐、晚餐、休闲和正餐四个细分市场;以产品口味差别为细分变量,按消费者偏好的不同,开发出草莓、香橙、葡萄、水蜜桃等多种口味。此外,还开发出满足白领阶层需求的特仑苏牛奶和具有让女士美容效果的"晚上好"美容牛奶。蒙牛的长期发展目标是要把产品系列建设得更加完整、覆盖面更广,从而最大限度地满足各类消费者不同的消费需求。
(资料来源:作者整理)

思考:
1. 你认为蒙牛市场开发成功的关键是什么?
2. 蒙牛提出"争创内蒙古乳业第二品牌",为什么不做"第一"呢?

理论知识

第一节 市场定位的概念及依据

市场定位是在企业全面了解、分析竞争者在目标市场上的位置后,确定自己的产品应该在顾客心里占据的独特、有价值的位置的营销活动。市场定位的实质是使本企业与其他企业严格区分开来,并使顾客明显感觉和认知这种差别,从而在顾客心目中留下特殊的印象。市场定位的依据如下:

1. 寻找差异化

差异化指为使企业的产品和服务与竞争者产品相区分而设计一系列有意义的差异的行动。通常差异化源自五个方面见表8-1。

表 8-1　　　　　　　　　　差异化的来源

方面	特点
产品差异化	形式差异:产品在外观设计、尺寸、形状等方面新颖别致 特色差异:对产品基本功能的增补 性能质量:产品的主要性能的质量水平可分为低、平均、高等 耐用性:产品在自然或苛刻的条件下预期的使用寿命 可维修性:产品一旦出现故障进行维修的容易程度 风格:产品给予消费者的视觉和感觉效果 使用者:产品指向某一类特定的使用者或某个特定的细分市场 价格:产品通过价格差异产生高价制胜、低价渗透和中价妙用的效果 使用范围:产品购买的目的和用途
服务差异化	服务差异化的关键点是从竞争向增值服务上转移,主要体现在订货方便、交货及时和安全、安装快捷、客户培训与咨询、维修养护等方面。例如,家具公司不仅出售家具,还提供送货及家居摆饰设计服务。

(续表)

方面	特点
渠道差异化	通过设计分销渠道的覆盖面、建立分销专长和提高效率,选择创新的渠道方式
人员差异化	培养训练有素的人员,是很多企业(尤其是服务企业)取得强大优势的关键。如迪斯尼乐园雇员的精神饱满、麦当劳服务员的积极主动和海底捞员工的踏实肯干
形象差异化	可通过产品、企业或品牌形象的差异对目标顾客产生强大的吸引力和感染力,促进其形成产品特点、价值、传播手段的独特感受。例如耐克因其卓越的形象,在变幻莫测的青年市场始终保持吸引力

2. 寻求有效的差异化

有效的差异化能为产品创造一个独特的优势,给消费者一个鲜明的购买理由。应具备的特征有:①重要性,能使目标顾客感受到让渡价值较高带来的利益;②独特性,竞争者不提供或者企业以一种与众不同的方式提供;③优越性,明显优于消费者通过其他途径而获得的相似利益;④可传播性,能被消费者看到、理解和传播;⑤排他性,竞争者难以模仿;⑥可承担性,消费者有能力为该差异化付款;⑦营利性,企业可以通过该差异化获得利润。

第二节 市场定位的战略

一般有以下四种市场定位战略可供选择:

1. 迎头定位

这是一种与竞争对手直接"对着干"的定位。例如,百事可乐在进入市场时,采取迎头定位战略"你是可乐,我也是可乐",与可口可乐展开面对面的较量,也取得了成功。

2. 避强定位

这是一种避开强大竞争对手的定位战略,其优点是风险小。例如,七喜饮料就将其产品定位为"非可乐(Un-cola)",是除了"可乐"以外的另一种选择。

3. 补缺定位

将企业产品定位在目标市场的空白处,不与目标市场上的竞争者直接对抗。如有些小企业专门为那些被大企业忽略的小客户服务。

4. 重新定位

重新定位通常是指对那些销路不好、市场反应差或形象不清晰的产品进行二次定位,优点是能摆脱困境,重新获得增长与活力。案例8.2介绍了万宝路通过重新定位在市场上获得极大成功的过程。

穿插案例

案例8.2 万宝路的重新定位

万宝路(Marlboro)是世界上最畅销的香烟品牌之一,1854年以一小店起家,1908年正式以品牌 Marlboro 形式在美国注册登记,1919 年成立菲利普·莫里斯公司。英国品牌评估机构 Brand Finance 报告显示,到 2020 年,万宝路的品牌价值仍然是世界上较有价值的烟草品牌。

20 世纪 20 年代的美国,被称为"迷惘的时代"。经过第一次世界大战的冲击,许多青年都自认为受到了战争的创伤,并且认为只有拼命享乐才能将这种创伤冲淡。为了表示对女烟民关怀,莫里斯公司把"Marlboro"香烟的烟嘴染成红色,以期广大爱美女士为这种无微不至的关怀所感动,从而打开销路。然而几年过去了,莫里斯心中期待的销售热潮始终没有出现。所有的期待不得不面对现实中尴尬的冷场。就这样,万宝路从 1924 年问世,始终默默无闻。

整个 20 世纪 30 年代,万宝路同其他消费品一起,度过由于经济危机带来的"大萧条岁月"。这时它的名字鲜为人知。第二次世界大战后,美国吸烟人数继续增多,万宝路把最新问世的过滤嘴香烟重新搬回女士香烟市场并推出三个系列:简装的一种,白色与红色过滤嘴的一种以及广告语为"与你的嘴唇和指尖相配"的一种。然而万宝路的销路仍然不佳,吸烟者中很少有人抽万宝路的,甚至知道这个牌子的人也极为有限。

1954 年莫里斯公司找到了当时非常著名的营销策划人李奥·贝纳,他对万宝路进行了全新的"变性手术",大胆提出:将万宝路香烟改变定位为男子汉香烟,变淡烟为重口味香烟,增加香味含量,并大胆改造万宝路形象。包装采用当时首创的平开盒盖技术并以象征力量的红色作为外盒的主要色彩。广告上的重大改变是:不再以妇女为主要诉求对象,广告中一再强调万宝路香烟的男子汉气概,以浑身散发粗犷、豪迈、英雄气概的美国西部牛仔为品牌形象,吸引所有喜爱、欣赏和追求这种气概的消费者。这种洗尽女人脂粉味的广告于 1954 年问世,它给万宝路带来巨大的财富。1954 年至 1955 年,万宝路销售量提高了 3 倍,一跃成为全美第 10 大香烟品牌,1968 年其市场占有率上升到全美同行第二位。(资料来源:作者整理)

第三节 市场定位的程序

要确定产品的市场定位,首先,要调查了解目标顾客的需求和爱好,研究目标顾客对于产品的实物属性和心理方面的要求和重视程度。其次,要研究竞争对手产品的属性和特色以及市场满足程度。在此基础上,企业可根据产品的属性、用途、质量,顾客心理满足程度,产品在市场上的满足程度等因素,分析、确定并传播竞争优势。市场定位的程序如图 8-1 所示。

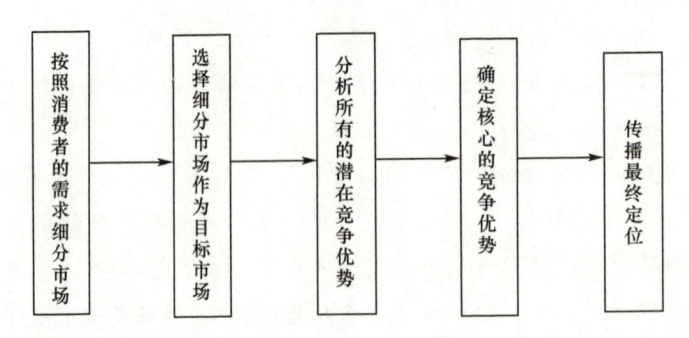

按照消费者的需求细分市场 → 选择细分市场作为目标市场 → 分析所有的潜在竞争优势 → 确定核心的竞争优势 → 传播最终定位

图 8-1　市场定位的程序

本章习题

一、判断题

1. 市场定位的实质是发现一个或多个值得进入的细分市场。　　　　（　）
2. "七喜"饮料就将其产品定位为"非可乐"属于避强定位。　　　　（　）
3. 市场细分是市场定位的基础。　　　　　　　　　　　　　　　　（　）

二、单选题

1. 有些小企业专门为那些被大企业忽略的小客户服务，填补市场空白。这种做法属于（　　）。
   A. 补缺定位　　　　B. 迎头定位　　　　C. 避强定位　　　　D. 重新定位

2. 万宝路香烟由女士香烟改变为男子汉香烟，属于（　　）。
   A. 补缺定位　　　　B. 迎头定位　　　　C. 避强定位　　　　D. 重新定位

3. 下列关于市场定位的叙述中不正确的是（　　）。
   A. 市场定位使本企业与其他企业严格区分开来
   B. 市场定位使顾客明显感觉和认知与竞争对手的差别
   C. 市场定位是选择自己能够服务的特定市场的过程
   D. 市场定位使企业在顾客心目中留下特殊的印象

三、简答题

1. 简述差异化的五个来源。
2. 简述四种市场定位战略。
3. 简述市场定位的程序。

营销演练

中国瓷器出路何在？

请仔细阅读下面的营销案例，然后，完成相应的营销演练任务。

China 瓷器，中国的代名词。无论你走到世界的任何地方，一提到 China，人们自然就会想到中国,想到瓷器。然而,今天当你走出国门,在欧洲和北美,瓷器已不再是中国的代名词。在豪华的精品店里,几乎找不到中国瓷器的踪迹;相反,在中国的市场,商店里摆满了来自意大利、法国和日本等国的高档瓷器。中国的瓷器只能摆在低档的杂货店中。

据统计,我国日用瓷器出口数量占世界出口总量的63.5%,而出口金额仅占世界总出口金额的23.5%。2002年上半年,我国共出口日用瓷器产品35.38亿件,销售收入只有7.12亿美元,平均每件瓷器产品只能在国际市场卖到0.2美元,而全球瓷器平均单件出口价为0.87美元。

中国瓷器的复兴需要优秀的瓷器设计师。因为瓷器不仅是器具,更是一种文化,它需要的是优秀的设计师。据调查,目前中国一些瓷器设计者只有初中文化,其技艺大多是通过拜师学来的,缺乏系统的文化知识学习。文化的贫乏,使他们无法吃透中西文化的精髓以及传统文化和现代文化的内涵,以至于中国的古典风格发挥不出来,生产出来的产品缺少新意。

中国瓷器的复兴更需要营销大师,合理细分市场,选择合适的目标市场,并进行准确的市场定位。(资料来源:作者整理)

营销演练任务

建议学生在回顾本章所学内容的基础上,进一步收集有关中国瓷器市场相关资料,寻找案例中未提供的最新决策信息,形成正式的市场定位报告,报告的提纲和格式如下:

市场定位报告

中国瓷器市场细分的依据:
_____
_____
_____

中国瓷器市场细分的种类:
① _____
_____
② _____
_____
③ _____
_____

你认为中国瓷器在中国市场新的、潜在的、最佳的一个目标市场是:
_____

若你选择这一目标市场,其理由是:
① _____
_____

②_____

假定你是国内一家瓷器企业的营销经理,请为自己的企业进行市场定位:

通过网上搜索,搞清所选目标市场的主要竞争对手及其定位:_____

_____

你的市场定位是_____

_____

案例实训

案例 8.3　京东到家的市场定位

京东到家是京东集团 2015 年重点打造的 O2O 生活服务平台,向消费者提供超市到家、外卖到家、品质生活、上门服务和健康到家等 2 小时内快速送达服务,业务很快覆盖包括北京、上海、广州、深圳、南京、天津、武汉、宁波、成都、西安、重庆等一二线城市,但一年半后,一直未能盈利的京东到家关停"上门服务"业务。2018 年 7 月,京东到家宣布将在北京、上海等城市的办公场地批量投入京东到家 GO3.0 智能货柜,计划年底前新增 5 000 个点位。2019 年 1 月,京东到家发布 2018 年度消费数据报告,其合作方已达 10 余万家。那么,这期间京东到家的市场定位经历了什么变化?

京东到家服务惨败

京东到家最初定位为"本地生活平台"。以生鲜为切入点,后又将业务扩展到医药、鲜花、蛋糕、家政洗衣、按摩等,整合本地商圈,接入 e 家洁、嘟嘟美甲等第三方上门服务。

"要把大街小巷所有商店里面的商品和服务,都视为京东库存进行销售。"京东创始人刘强东,曾显示出极大的重视。在京东的流量加持下,京东到家的用户注册量很快就达到 3 000 万,也吸引了线下零售商超永辉、百佳、沃尔玛的进驻。

在京东到家上,除了原有的实物配送外,各种到家 O2O 服务也陆续被添加。为了培养用户的使用习惯,京东到家将服务领域延伸至与生活息息相关的家政、美容、按摩等上门服务。可以说,上门服务是影响京东到家能否培养起用户黏性和对高频使用度的重要一环。

但京东到家的发展似乎并未达到预期,2017 年 2 月,京东到家上门服务被关停。那时,京东到家的官方解释是"把主要的精力集中在'1 小时,超市生鲜送到家'上,因此近期关闭上门服务的入口",并没有表明要永久关停平台。在从成立到关停上门服务的 18 个月内,京东到家累计融资超过 6.5 亿美元,但和大幅投资相比,京东到家业务并未实现盈利。

京东公司相关负责人这样解释:"我们发现用户更习惯使用京东到家来购买超市生鲜、水果零食、鲜花、医药等,而不是选择家政保洁服务。"业内分析认为,京东到家的定位用户多是白领,对本地生活服务需求旺盛。但在补贴热潮过去后,京东到家的上门服务开始呈现出低迷的态势,用户消费频次较低、客单价不高等问题频发,归根结底还是因为用户的消费习惯没有培养起来。

不过,与京东到家当时几乎同时起步、业务相近的58到家,如今已经成为上门服务领域的独角兽,其月嫂服务因"二胎"经济而成为行业中最抢手的服务门类。2018年4月,58到家还推出"58到家服务保障体系",对商家准入标准和售后保障进行明确规范。到家服务的发展前景逐渐明朗起来。

无界零售的重要棋子

在关停上门服务后,京东到家线上交易量呈现增长势头,但配送费过高、缺乏专业配送团队等问题始终存在。2016年4月,京东到家与配送平台达达合并,把平台接入附近商超完成线上购买,由达达完成末端的配送问题,解决以往由超市代购跑腿模式所带来的单量不多、履单成本高等弊端。解决了承载力问题后,京东到家开始思考新的发展方向。2017年1月,京东到家把主营的业务方向定位为超市生鲜零售,关停家政、洗衣、按摩、美容等上门服务,原有的1小时商超快送不变。研究显示,从2012年到2015年,生鲜电商市场规模环比增速超过93.9%,2018年的规模超过1900亿元。京东到家调整战略,以生鲜领域作为切入口,正是看中了生鲜市场的巨大发展潜力。

2017年4月,京东到家公布"零售赋能"的品牌战略,全面思考传统零售的"触网"问题,帮助便利店实现线上升级,优化服务品质。截至2018年7月,与京东到家达成合作的便利店已经超过10 000家,囊括三大日系便利店巨头以及良友、美宜佳等50多个全国连锁和区域连锁品牌。京东到家数据显示,2018年6月的线上销售单量比1月增长23%,同期,线上订单增幅也超过15%,其中,生鲜销售额超过50%,平台的生鲜订单渗透率和线上购买过的顾客占比均过半。

在打通线上、线下场景,争抢消费者"最后一公里"的战争中,刘强东提出了"无界零售"的概念,而京东到家依靠达达的配送能力,显然已经成为无界零售的推动者和重要棋子。

巨头环伺,如何突围?

在获得京东及沃尔玛的资本支持后,发展势头大好的京东到家是否就此高枕无忧?事实上,本地生活服务领域的竞争一向激烈。

早在2016年,率先入场的阿里巴巴就推出以线下超市重构的新零售业态"盒马鲜生",采用"店仓合一"的模式,把门店都选在核心商圈。从线上订单产生,到线下零售平台的分拣和配送,都由盒马鲜生的自建系统进行,打造本地生活服务入口,已覆盖全国46家门店。

而此前一直专注在外卖市场的美团,近日也推出"闪购"服务,将服务从外卖行业延伸到用户生活的各个方面,包括超市便利、生鲜果蔬、鲜花绿植、品牌服装等。定位为"30分钟配送上门,24小时无间断配送"的美团闪购,其服务品类与京东到家重合度高,可以说,美团同样把打造线上版的Shopping Mall定为自己的目标。

巨头环伺之下,京东到家的优势何在?仓储物流无疑是京东到家的撒手锏。2017年,京东到家着手以大数据筛选的方式,掌握目标用户及其喜好,选定没有沃尔玛门店的高客流区域构建云仓,分析用户的需求,根据用户购买数据精准地供货和补货,达到"仓配一体化"的效果。

反观盒马鲜生,采用的是"店仓合一"的模式,把门店都选在人流密集的核心商圈,但由于后仓与经营面积比例设计为1∶1,动辄4 000平以上的门店面积要求极高,在选址和筹建上耗费了大量时间,导致目前只覆盖到46家门店。相比而言,京东到家合作的商超已经超过10万家,覆盖30个城市。可见,京东到家在市场覆盖率和构建门店时效上均占有优势。

此外,京东到家还通过技术优势拓展更多消费场景。2017年11月,京东到家宣布其新一代智能货柜——京东到家GO正式对外运营,将购物场景从商超延伸至楼道、电梯口、社区、商场、加油站、娱乐场所、培训机构等开放空间内。

京东到家GO利用视频影像和重力感应技术,实时监控库存状况,实现快速上新和精准补货。"未来,它将与京东到家平台和线下门店一起,打造一个完整的全场景、全时效、全品类的消费者购物需求解决方案。"京东到家CEO蒯佳祺表示,未来京东到家平台上的所有商户和门店,都将成为智能货柜补货的支撑。蒯佳祺还透露:"融资之后,京东到家将继续与零售伙伴深度协同合作,持续通过技术手段提升全链路效率,优化和提升用户体验,充分满足消费者的即时购物需求。"

2018年8月,京东到家宣布完成新一轮5亿美元融资,投资方除了京东,还有一直与之合作的零售巨头沃尔玛,这才让外界惊觉,京东到家已经拥有120万商家用户和超过5 000万个人用户,月活跃用户超2 000万。同时,根据媒体报道,京东到家也已接入家乐福门店。

"京东到家的任务就是打败京东。"三年前刘强东曾说,雄心可见一斑。从关停上门服务,京东到家正成为京东"无界零售"的重要棋子。(资料来源:作者整理)

1. 实训目的
(1)帮助学生理解市场定位的实质和依据。
(2)帮助学生掌握市场定位的策略和程序。

2. 实训任务
(1)根据本章学习的理论要点,谈谈京东到家为什么要进行重新定位?
(2)结合背景资料分析京东到家进行重新定位的依据是什么?
(3)与58到家、盒马鲜生、美团闪购相比,京东到家的市场定位有何优劣势?

3. 实训步骤
(1)个人阅读
每位学生课前认真阅读背景材料。针对"实训任务"进行阅读,督促学生在课前完成。针对中国学生的特点,课堂上老师或学生还需再花费3~5分钟对背景材料的关键信息及相关背景进行简单的陈述。

(2)分组
在授课教师指导下,以6~8个人为单位组成一个团队,要求学生选出组长、记录人、报告人等角色;

(3)小组讨论与报告
时间为25分钟,主要在课堂进行,围绕老师"实训任务"展开讨论,同时鼓励学生提出新的有价值的问题。要求每个小组将讨论要点或关键词按小组抄写在黑板上的指定位置并进行简要报告,便于课堂互动。小组所报告的内容尽可能是小组所达成共识的内容。

小组讨论与报告

小组名称或编号:＿＿＿＿＿＿＿＿　　　组长:＿＿＿＿＿＿＿

报告人:＿＿＿＿＿＿＿＿　　　记录人:＿＿＿＿＿＿＿

小组成员:＿＿＿＿＿＿＿＿＿＿＿＿＿＿＿＿＿＿＿＿＿＿＿＿＿＿＿＿＿＿＿

①小组讨论记录:

发言人1:＿＿＿＿＿＿＿＿＿＿＿＿＿＿＿＿＿＿＿＿＿＿＿＿＿＿＿＿＿＿＿

＿＿＿＿＿＿＿＿＿＿＿＿＿＿＿＿＿＿＿＿＿＿＿＿＿＿＿＿＿＿＿＿＿＿＿＿

发言人2:＿＿＿＿＿＿＿＿＿＿＿＿＿＿＿＿＿＿＿＿＿＿＿＿＿＿＿＿＿＿＿

＿＿＿＿＿＿＿＿＿＿＿＿＿＿＿＿＿＿＿＿＿＿＿＿＿＿＿＿＿＿＿＿＿＿＿＿

发言人3:＿＿＿＿＿＿＿＿＿＿＿＿＿＿＿＿＿＿＿＿＿＿＿＿＿＿＿＿＿＿＿

＿＿＿＿＿＿＿＿＿＿＿＿＿＿＿＿＿＿＿＿＿＿＿＿＿＿＿＿＿＿＿＿＿＿＿＿

发言人4:＿＿＿＿＿＿＿＿＿＿＿＿＿＿＿＿＿＿＿＿＿＿＿＿＿＿＿＿＿＿＿

＿＿＿＿＿＿＿＿＿＿＿＿＿＿＿＿＿＿＿＿＿＿＿＿＿＿＿＿＿＿＿＿＿＿＿＿

发言人5:＿＿＿＿＿＿＿＿＿＿＿＿＿＿＿＿＿＿＿＿＿＿＿＿＿＿＿＿＿＿＿

＿＿＿＿＿＿＿＿＿＿＿＿＿＿＿＿＿＿＿＿＿＿＿＿＿＿＿＿＿＿＿＿＿＿＿＿

发言人6:＿＿＿＿＿＿＿＿＿＿＿＿＿＿＿＿＿＿＿＿＿＿＿＿＿＿＿＿＿＿＿

＿＿＿＿＿＿＿＿＿＿＿＿＿＿＿＿＿＿＿＿＿＿＿＿＿＿＿＿＿＿＿＿＿＿＿＿

发言人7:＿＿＿＿＿＿＿＿＿＿＿＿＿＿＿＿＿＿＿＿＿＿＿＿＿＿＿＿＿＿＿

＿＿＿＿＿＿＿＿＿＿＿＿＿＿＿＿＿＿＿＿＿＿＿＿＿＿＿＿＿＿＿＿＿＿＿＿

发言人8:＿＿＿＿＿＿＿＿＿＿＿＿＿＿＿＿＿＿＿＿＿＿＿＿＿＿＿＿＿＿＿

＿＿＿＿＿＿＿＿＿＿＿＿＿＿＿＿＿＿＿＿＿＿＿＿＿＿＿＿＿＿＿＿＿＿＿＿

②小组报告的要点或关键词(小组所达成共识的内容):

任务1:＿＿＿＿＿＿＿＿＿＿＿＿＿＿＿＿＿＿＿＿＿＿＿＿＿＿＿＿＿＿＿

任务2:＿＿＿＿＿＿＿＿＿＿＿＿＿＿＿＿＿＿＿＿＿＿＿＿＿＿＿＿＿＿＿

任务3:＿＿＿＿＿＿＿＿＿＿＿＿＿＿＿＿＿＿＿＿＿＿＿＿＿＿＿＿＿＿＿

(4)师生互动

主要在课堂进行,时间为15分钟,老师针对学生的报告与问题进行互动,同时带领学生对市场定位的关键知识点进行回顾。并追问学生还有哪些问题或困惑,激发学生学习兴趣,使学生自觉地在课后进一步查询相关资料并进行系统的回顾与总结。

(5)课后作业

根据课堂讨论,进一步回顾本章所学内容,要求学生撰写正式的实训报告。

实训报告建议以个人课后作业的形式进行,其目的是帮助学生在课堂学习的基础上,进一步巩固核心知识,联系实际思考并解决问题,最终形成一个有效或学生自认为最佳的解决方案,要求学生在制订方案时应坚持自己的主见,并提供数据、事实的支撑和分析。帮助学生学会在复杂和挑战的环境下，提高分析解决问题的技能。实训报告的提纲如下：

实训报告

①京东到家为什么要进行重新定位？
_____
_____
_____
_____

②京东到家进行重新定位的依据是什么？
_____
_____
_____
_____
_____

③京东到家的市场定位有何优劣势？
与 58 到家相比：_____
_____
_____

与盒马鲜生相比：_____
_____
_____

与美团闪购相比：_____
_____
_____

(6) 实训成果的考核

根据学生课堂表现和实训报告质量，评定实训成绩。

模块三　营销战术4P

通过产品(Product)、价格(Price)、渠道(Place)、促销(Promotion)战术 4P 组合，制订整合营销方案，为顾客创造价值。本模块分为六章：

- ☑ 第 9 章　产品决策
- ☑ 第 10 章　品牌决策
- ☑ 第 11 章　新产品开发和产品生命周期决策
- ☑ 第 12 章　价格决策
- ☑ 第 13 章　渠道决策
- ☑ 第 14 章　促销决策

第九章　产品决策

没有商品这种东西。顾客真正购买的不是商品,而是解决问题的办法。

——美国营销专家 特德·莱维特

唯一能做的就是简化内部管理,集中精力把产品和服务做好,这才是我们真正应对这个变化世界永不改变的方法。

——华为公司创始人 任正非

学习目标

1. 理解产品和服务层次。
2. 了解产品和服务的分类及营销特点。
3. 掌握单个产品、产品性及产品组合相关策略。

引导案例

案例 9.1　海尔"真诚到永远"

海尔集团是全球领先的整套家电解决方案提供商和虚实融合通路商。公司1984年创立于青岛。创业以来,海尔坚持以用户需求为中心的创新体系驱动企业持续健康发展。2018年,海尔集团全球营业额2 661亿元,同比增加10%;全球利税总额331亿元,同比增加10%,其用户遍布世界100多个国家和地区。2020年,海尔获BrandZ全球第一个"物联网生态品牌"奖。

作为世界白色家电第一品牌,海尔集团持有多个与消费者生活息息相关的品牌。目前海尔正在实施战略转型,即从"卖产品"转变为"卖服务"转型,成为中国家电企业中最早重视向终端消费者提供个性化服务的企业,海尔认为服务也是产品,只有通过产品的创新,才能提升海尔形象,提高消费者忠诚度,从而拉开与竞争对手的差距。

海尔从"砸冰箱"到地瓜洗衣机的故事,无搬动服务、三免服务、先设计后安装服务到全程管家365服务,无不证明了其产品营销的成功。海尔的服务已经历了十次升级,每次升级和创新都走在了同行业的前列。海尔凭借出色的服务能力,不仅成为中国家电行业的领头羊,还跻身世界家电企业十强,在世界最受尊敬的企业排名中,海尔已经连续多年位居中国企业第一位。(资料来源:作者管理)

思考:
1. 你支持海尔从"卖产品"转变为"卖服务"的战略转型吗?为什么?
2. 消费者购买海尔产品时最看重其什么?

理论知识

第一节　产品的层次

营销人员可从三个层次上考虑产品,如图9-1所示,以区别于其他企业的产品,实现差异化,并为顾客创造更多的价值。

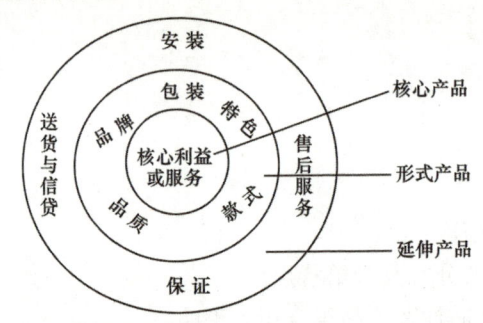

图9-1　产品的三个层次

中心层(第一层)是核心产品,是指向购买者提供的最基本的利益或服务。核心产品要解决的问题是:购买者实际上要购买的是什么?购买者要购买某种产品或服务并不是为了占有或获得该产品或服务本身,而是为了满足某种需要。例如,购买洗衣机并不是为了获得装有某些机械、零部件的一个箱子,而是这种装置能代替人力洗衣服;购买电视机是为了满足文化娱乐或消遣的需求。因此,在设计产品时,营销人员必须首先定义产品将为顾客提供什么样的核心利益或服务。

第二层称为形式产品,是指向市场提供的实体或服务的外观,是核心产品借以实现的外在形式。通常表现在五个方面,即品质、特色、款式、品牌、包装。无论是物质产品还是无形服务,都有有形部分。例如,一台照相机的形式产品为它的名称、零部件、款式、特色、包装以及其他属性等,所有这些方面的组合才最终实现了产品的核心内容——以方便、高质量的方式抓拍和保留重要的时刻。又如金融服务,它的服务技术和手段、服务类别、时间安排和对顾客的态度等外在形式具有有形的特点。营销人员应从满足顾客的核心利益需要出发,寻求实际利益得以实现的合理实体,进行产品设计。

第三层是延伸产品或扩大的产品,是指顾客购买形式产品时所能得到的附加服务和利益。例如,上述的照相机,不仅是涉及机身的形式产品,还包括附加的服务,如使用说明书、及时的维修服务、保修期以及有任何问题时的免费电话等。

营销人员不能把产品简单地看作随意卖给消费者的物品,因为消费者很在意产品内涵且很挑剔,要让消费者信任产品及其蕴含的意义,营销人员首先得尊重消费者对产品的看法。优秀的营销人员应该对自己所提供的产品保持强烈的热忱和激情,并与消费者保持长期的感情维系。

第二节 产品的分类

产品可分为消费品、工业品和服务,三者在营销方式上有较大差异,企业应结合自己的实力及经验,进入不同的产品或服务领域。

一、消费品

个人或家庭生活所需要的消费品,一般可分为四类,即便利品、选购品、特殊品和非寻求品,不同类别的消费品具有不同的营销特点,具体见表9-1。

表9-1　　　　　　　　　　消费品类别及营销特点

营销特点	消费品的种类			
	便利品	选购品	特殊品	非寻求品
消费者购买行为	经常购买;很少计划;很少比较和选择	不常购买;较多的计划和选择;依价格、质量、样式比较品牌	较强的品牌偏好和忠诚;较少品牌比较和低价	产品认知少;购买兴趣小,甚至抵制
价格	低价	高价	高价	不同价格
分销	广泛分销,购买地点便利	在较少的渠道中选择性分销	在各市场区域内的一个或几个批发店独家分销	单一
促销	由厂商大规模促销	厂商和中间商的广告和人员推销	由厂商和中间商仔细确定目标的促销	由厂商和中间商主动进行广告和人员促销
举例	牙膏、香皂、清洁剂等	手机、家电、家具、服装等	奢侈品、特殊品等	人寿保险、献血、殡葬用品等

二、工业品

工业品的分类是依据产品在进入生产过程的重要程度来划分,通常分为原材料和零部件、生产设备、供应品、商业服务,见表9-2。

表9-2　　　　　　　　　　工业品类别及其特点

工业品的种类		特点
原材料和零部件	原材料	农、林、渔、畜、矿产等部门提供的产品,构成了产品的物质实体,如小麦、原木、原油、铁矿石等,一般都有专门的销售渠道和标准的价格,往往是长期销售合同
	零部件和半成品	零件是已经过部分加工,通常不需进一步加工即可装配于其他产品之上成为产品的一部分的物品,如轮胎、压缩机等;半成品是经过加工处理的原材料,需要再次加工,一般都有产需方订立合同后进行生产和交易

(续表)

工业品的种类		特点
生产设备	装备	由建筑物、地权和固定设备所组成,如厂房、矿产开发权、锅炉、机床等生产设备
	附属设备	协助购买者完成生产经营活动所需的各种产品和服务,包括各种便携式设备、工具和办公设备。一般价值小,使用寿命短,通用程度大,大多通过中间商卖给使用者
供应品	作业用品	消耗大,要经常购买,如打字纸、油墨等
	维修用品	主要有扫除用具、油漆、铁钉、螺栓、螺帽等
商业服务		包括产品维修保养服务(如擦洗窗户、修理计算机或打字机等)和企业咨询服务(如法律顾问、管理咨询、广告顾问等)

三、服务

服务具有无形性(Intangibility)、不可分割性(Inseparability)、异质性(Heterogeneity)和易逝性(Perishability)四大特性。

1. 无形性

无形性是服务不同于形式产品的根本性特征,也是其特殊性的根源。服务是一种行动或绩效,是一种经历或过程,而不是具体的事物。因此,在购买和消费之前,服务不能像形式产品那样可以看到、感觉到或触摸到。

2. 不可分割性

服务的生产与消费同时发生,因此是不可分割的。服务不能储存,使得服务业无法依靠存货来缓冲或适应需求变化。例如,美发服务在顾客购买之前是无法预先储存的,美发过程是生产与消费同时进行的。

3. 异质性

由于服务是由一系列活动构成的,顾客、员工以及环境都会对服务的生产和交付过程产生影响,其中任何一个要素的变化都会对服务的过程质量或结果质量产生影响。因此,服务提供者每一次提供的服务可能都会有所不同,而且即使服务完全相同,不同的顾客对该服务的评价也可能存在差异。

4. 易逝性

易逝性是指服务不能储存的特性。服务既不能在时间上储存下来,以备将来使用,也不能在空间上将服务转移回家去安放下来,如不能及时消费,就会造成服务的损失。例如,飞机一旦起飞,飞机上的空座位可能产生的潜在收益就永远失去了。不过,对于某些服务来说,将服务过程的一部分储存起来是可能的。例如,麦当劳可以把薯条提前几分钟炸出来。但是,今天没有用完的服务却无法储存起来供日后使用。

服务营销组合可概括为七个要素,简称7P,包括营销战术4P(产品、价格、渠道、促销)和三个新的营销组合要素。案例9.2介绍了海底捞的服务营销7P组合。

穿插案例

案例 9.2　海底捞的服务营销 7P 组合

海底捞餐饮公司把等待变成了一种愉悦:进入大堂之前的门廊有四五十平方米的独立空间,里面摆设接待吧台,装满果盘的透明冰箱,时尚报刊架,七八张小桌,吧台上摆着免费取用的糖果、火柴、牙签等。手持号码等待就餐的顾客一边观望屏幕上打出的座位信息,一边接过免费的水果、饮料、零食等;也可以到餐厅上网区浏览网页、打游戏;也可以来个免费的美甲、擦皮鞋服务;如果是一大帮朋友在等待,服务员还会主动送上扑克牌、跳棋之类的桌面游戏供大家打发时间。

待客人坐定点餐的时候,围裙、热毛巾已经一一奉送到眼前了。服务员还会细心地为长发的女士递上皮筋和发夹,以免头发垂落到食物里;戴眼镜的客人则会得到擦镜布,以免热气模糊镜片;服务员看到你把手机放在台面上,会不声不响地拿来小塑料袋装好,以防止油溅到屏幕上。每隔 16 分钟,就会有服务员主动更换你面前的热毛巾;如果你带了小孩子,服务员还会帮你喂孩子吃饭,陪他们在儿童天地做游戏;抽烟的人,他们会给你一个烟嘴,并告知烟焦油有害健康;为了消除口味,海底捞在卫生间中准备了牙膏、牙刷,甚至护肤品;过生日的客人,还会意外得到一些小礼物,等等。餐后,服务员会送上口香糖,一路上所有服务员都会向你微笑道别。孕妇会得到海底捞的服务员特意赠送的泡菜,分量还不小;如果某位顾客特别喜欢店内的免费食物,服务员也会单独打包一份让其带走。

海底捞开发多种锅底、菜式以及糕点类食品。餐前提供免费果盘、熟黄豆等,用餐时水果和等餐时绝不雷同,也不提供瓜子之类的赠盘,保证店内的卫生;缩减菜品规模数量以加强控制的有效性;保证菜品的新鲜度及口味的独特性;建立菜品的成分分析制度,明示每款菜品的营养成分和结构含量;针对顾客年龄、性别、体制和季节搭配菜品;每季度推出 5~16 款新菜品。此外,海底捞还根据不同地区顾客的口味差异,推出了与当地风俗相结合的锅底和蘸料。海底捞坚持采用直营模式,选址布点精益求精,大多选在繁华的商业区和餐饮服务集中区,门店形象统一,全面塑造品牌形象。所有直营店的价格相同,菜单中排位在前、单独列出的蔬菜滑和荆沙鱼糕属于大众不熟悉的非敏感商品,采用高毛利定价方法,顾客在海底捞的人均消费水平为 100~160 元。

海底捞各分店在优秀服务员中选拔营销人员,建立针对大客户和贵宾建立服务营销人员制度。改变传统火锅菜单形式,制作图文并茂的精美点菜册,建立新菜品展示推介区,开展网上订餐、送餐上门业务,建立菜品及底料、质量顾客安全告知栏,在推广新产品时有宣传海报、制作方法介绍、营养成分分析等。

海底捞给员工提供了处于行业中高水准的工薪水平和良好的食宿条件,海底捞给员工足够的尊重(如年假、宿舍、创意命名权等),还给每个员工足够的希望和发展的通道。

海底捞的管理层都是从基层做起,只要勤快肯干,每个人都有成为店长甚至地区经理的机会,就能享受每年 12 000 元的子女入学补助、每月 400 元的配偶随行补助。(资料来源:刘莉华.7P's 营销理论在"海底捞"火锅中的应用分析.消费导刊,2011[15]:86-87)

这里重点介绍服务营销组合中新增的 3 个要素:人员、有形展示和过程。

1. 人员

人员(People)是指参与服务提供过程并影响顾客感知的所有人员,包括企业员工、顾客本人及其他顾客。所有参与到服务提供过程中的人都对顾客认识服务的本质提供了线索。服务人员的着装、个人外表以及态度和行为都会影响顾客对服务的感知。研究表明,顾客感知价值是服务过程中的中心环节,其中,顾客参与对顾客满意和顾客忠诚也存在直接影响。

2. 有形展示

有形展示(Physical Evidence)是指企业提供服务并与顾客相互接触的实体环境以及任何便于服务实施和沟通的有形要素,包括服务的所有有形表现形式,如手册、公司信笺、名片、报表、招牌和设备。有些服务企业可能需要固定的设施,如银行的营业大厅;而对于另一些服务而言,实体设施就不那么重要。有形展示为企业提供了很好的机会,去传递有关组织目标、希望进入的目标细分市场以及服务性质方面的一致而有力的信息。案例 9.3 介绍了日本 7-Eleven 便利店服务的有形展示。

穿插案例

案例 9.3　日本 7-Eleven 便利店服务的有形展示

7-Eleven 是全球较大的连锁便利店集团,1927 年在美国创立,因营业时间为早上 7 点至晚上 11 点而得名。1974 年日本零售业巨头伊藤洋华堂将其引入日本,1975 年实行 24 小时全天候营业体制,2005 年正式成为日本公司。2017 年全球 500 强排名第 167 位,2018 年营业收入超过 542 亿美元。截至 2018 年 9 月在世界 17 个国家和地区共拥有 67 167 家门店。

在日本,与其说 7-Eleven 是一个购物场所,不如说是一站式服务中心,因为它几乎能满足民众所有的日常生活需求。除了提供一日三餐的食品和饮料供应等常规服务,打印、售票、售药、水电支付、快件收发、照片冲洗、送货上门等服务都可以提供。7-Eleven 专门向政府申请开办自己的 ATM 取款机,解决用户取钱不方便的问题。日本的门店面积一般较大,单店平均经营面积 131 平方米,各个功能区分布合理,随时提供体验式服务。从商品的码放到食物的包装再到环境的整洁,每一道程序都做得一丝不苟,连女孩子买卫生棉时,为了避免对方的尴尬,店员都会贴心地提供包装服务。把一件微不足道的事做到完美无瑕,这就是日本 7-Eleven 的匠心!(资料来源:作者整理)

3.过程

过程(Procedures)是指服务提供的程序、机制和作业流程,即服务的提供和运作系统。顾客所经历的服务程序或作业流也为顾客提供了判断服务的依据。有些服务比较复杂,需要顾客经过一系列复杂而繁多的活动来完成整个过程。服务过程的另一个特点是,要确定这个过程是生产线式的、标准化的作业方法,还是向员工授权、实行定制化的作业方法。然而,服务的这些特征在本质上并没有优劣之分,关键在于它们是顾客用来判断服务的一种依据。

第三节 单个产品决策

开发单个产品会涉及一些主要决策,如图 9-2 所示。这些决策也为营销者提供了产品创新的机会。

产品属性 → 品牌创建 → 包装与标签决策 → 产品支持服务

图 9-2 单个产品和服务决策

在产品属性上,营销者可以在产品质量、产品特色、产品设计等方面进行创新,既能吸引消费者,又能增加产品的顾客价值。

在品牌创建上,可以对商品的名称、术语、记号、符号、设计或它们的组合进行创造性的设计,使与其竞争对手区别开来,使品牌逐步成为向市场传递信息和顾客价值、提升竞争力的工具。例如,华为智能手机实行双品牌策略,在国内,通过荣耀品牌产品来强化其线上销售,依靠经过优化更成熟的海思麒麟芯片,推出更多高端机型。在国外,为了对抗其他品牌手机在海外的扩张,通过华为品牌进一步加强其在西欧、中东和东南亚等市场的竞争力。

在包装与标签决策上,构成包装的要素主要有商标或品牌、形状、颜色、图案和材料等。

在产品支持服务上,营销者通过提供一些有特色的、低成本的支持服务,应对开拓市场所面临的种种挑战,从而提高顾客满意度。

第四节 产品线和产品组合决策

欧美大部分企业聚焦消费品或工业品的某一细分领域,提升竞争优势,但也有横跨多个领域而取得巨大成功的多元化公司。产品多元化的公司在发展产品策略时,将面对产品线和产品组合决策,若决策不当,企业将难以成功。案例 9.4 介绍了 GE 和华为两家公司的产品组合。

穿插案例

案例 9.4　GE 和华为的产品组合

通用电气（GE）有近 130 年的发展历史，是美国企业界多元化发展的成功典范，其业务从最初的消费产品到后期的飞机发动机、发电设备到金融服务，从医疗造影、电视节目到塑料及核潜艇提供动力，并接触工业智能软件，提出风靡全球的工业互联网的愿景。多年来，GE 坚持任何事业部门要么做到"数一数二"，要么就会被关闭或出售的准则。但近年来，GE 整体业务收缩，不得不出售或剥离包括电灯照明在内的价值 200 亿美元的业务。2016 年，GE 将家电业务及通用电气商标使用许可权出售给海尔集团，整体市值因此下降了一半左右。

华为公司也是同时进入工业品和消费品两大领域并取得巨大成功的中国公司。在工业品及服务领域，华为是目前全球较大的电信设备供应商，其 4G 设备已进入全球 140 多个国家，承建了全球 280 多个 400G 核心路由器商用网络，在 5G 通信领域也具有领先优势；在消费品领域，2018 年华为在智能手机市场的份额已稳居全球前三。（资料来源：作者整理）

一、产品线决策

产品线又叫产品大类或产品系列，是指因功能相似而密切相关的一系列产品，这些产品往往被相同的顾客群体所购买，通过同类渠道分销，甚至价格也基本一致。

在发展产品线策略时，营销者将面对产品线补充、产品线删减、产品线特色化、产品线延伸等重要决策。产品线补充是指在现有产品线范围内增加新的产品项目；产品线删减是指在有些情况下对产品线内不景气的产品项目的删减；产品线特色化是指在产品线中选择一个或少数几个产品项目，使其成为具有特色的产品；产品线延伸有三种选择：向下延伸、向上延伸和双向延伸。产品线延伸决策类型如图 9-3 所示。

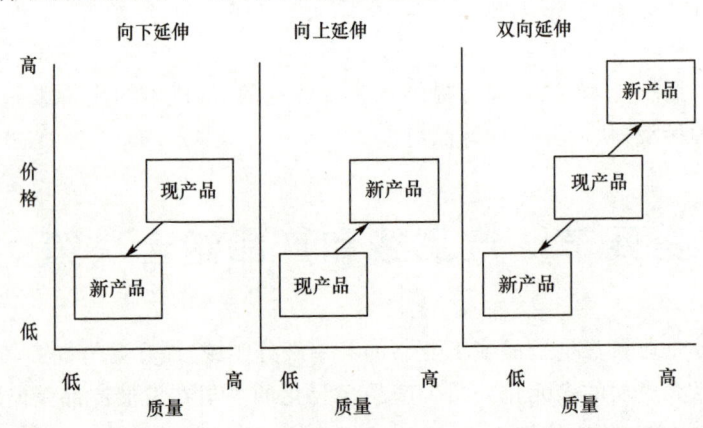

图 9-3　产品线延伸决策类型

二、产品组合决策

1. 考虑影响产品组合决策的因素

主要有企业的生产条件(包括资金、技术、设备和原材料等);市场需求量和需求的增长潜力;市场竞争状况等。

2. 产品组合决策的四个维度

产品组合的宽度(Width)是指一个企业全部产品线的数量。企业经营的产品线数量越多,则产品组合越宽;反之,产品组合越窄。例如,宝洁公司就有非常宽的产品组合,它经营许多产品线,包括纸张类、食品类、家用清洁卫生用品类、药品类、化妆品类和个人美容品类等。

产品组合的长度(Length)是指企业所有产品线内的产品项目的总数量。产品项目总量越多,则表明产品组合越长;反之,表明产品组合越短。例如,宝洁公司经营的每一产品线内就都包含许多品牌(产品项目),其中洗涤剂7种,香皂8种,洗发水6种,餐具清洁剂4种等。就这几条产品线而言,其产品组合的总长度就是25,平均长度是5。

产品组合的深度(Depth)是指每个产品项目下的产品规格、形式或花色品种的数量。在每个产品项目下开发的产品形式、规格或花色品种越丰富,说明产品组合越有深度;反之,就越没有深度。例如,宝洁公司的佳洁士(Crest)牙膏就有三种规格和两种配方,即糊状和凝胶体,其产品组合深度就是$3 \times 2 = 6$。

产品组合的关联度(Consistency)是指企业所有产品线之间在其最终用途、生产要求、分销渠道或其他方面相互关联或密切的程度。例如,国美电器有限公司经营的产品范围,包括电视机、收录机、游戏机、音响设备等多条产品线,但从其分销渠道和最终用途来看,是属于较高关联度的产品组合。产品组合关联度高,可以使企业在某一特定市场领域内加强竞争力,并赢得良好的品牌声誉。

3. 产品组合决策的思路

①扩大产品组合策略,它包括拓宽产品组合的宽度和加强产品组合的深度。前者是指增加一条或几条产品线,扩大产品经营范围,实现产品多样化。后者指在原有的产品线内增加新的产品项目,增加企业的经营品种。

②缩小产品组合策略,即缩减产品线,缩小经营范围,实现产品专业化。但市场也有疲软的时候,特别是原料和能源供应日趋紧张,许多企业往往会采取缩小产品组合策略,从产品组合中剔除那些获利小的产品线或产品项目,集中力量经营那些获利最多的产品线和产品项目。

③产品组合现代化策略,强调把最新技术应用到生产经营中去。主要有两种方式可以选择:一是逐步实现现代化改造;二是全面更新。案例9.5描述了格兰仕通过产品组合策略的整合提高营销效果的决策过程。

穿插案例

案例 9.5　格兰仕微、生、厨产品组合决策

格兰仕是中国著名的微波炉、空调及厨房小家电制造企业之一，在中国企业家协会所发布的《2018 年中国企业 500 强榜单》中排名 375 位，营业收入 200.9 亿元。公司创始人为农民出身的梁庆德。

2011 年格兰仕对微波炉、生活电器、厨房电器从品牌、通路、架构等方面进行全方位整合，成立新的生活电器销售总公司，"是由原先的微波炉、电烤箱单项冠军向打造'冠军群'延伸的大战略的超常规整合，更是符合时代和国家宏观经济发展、家电市场发展趋势的大整合。"格兰仕执行总裁梁昭贤表示。此次整合的目标是格兰仕横跨微波炉、生活电器众多品类、厨房电器众多品类的整合，将实现从单一产品作战到多个产品线抱团作战，从单一产品的市场粗放管理向多产品线市场融合管理，从单一产品资源配置到多产品市场资源规模化，实现产业链各环节的资源优化，实现产业链各管理单元的协同效应，达成共同体作战，市场快速反应和扩张的目的。

"此次战略调整实行集团军抱团作战，对旗下多产品市场营销进行协调和统一。经过 18 年的市场历练和沉淀，格兰仕已经成为家电行业"品项最多、产品线最长、企业综合实力最强"的三家大型综合家电品牌之一，为战略整合创造了良好的营销环境和基础。此次战略整合，将促使格兰仕综合竞争力得到系统提升，并为格兰仕实现规划目标和产业转型升级奠定基础。"格兰仕生活电器销售总公司总经理赵静表示。

微、生、厨战略整合将以白电企业实力为基础，以创新技术为支持，以创新营销为对中国市场进行攻城拔寨的落点，将由原先的微波炉单项冠军向打造"冠军群"延伸，在微波炉冠军品项基础上，实现包括生活电器产品电烤箱、芽王煲、电开水瓶、电水壶和厨房电器产品在内的多产品冠军目标，谋划国内首个小家电行业冠军群品牌的伟大蓝图。

此次整合将以科技创新为技术支持，为广大消费者提供更多、更智能的高能效产品。整合之后，格兰仕将大力推进专卖店建设、卖场国际化建设、渠道下沉等一系列自选动作，形成冲刺冠军群的市场合力。

业内专家表示，格兰仕微波炉已成为众所周知的世界冠军，生活电器经过积极进攻，已经突破，电烤箱产销全球第一，厨房电器产品虽刚起步，但具有颠覆市场的能力，格兰仕"冠军群"正在逐步成型。（资料来源：作者整理）

本章习题

一、判断题

1. 形式产品是指向购买者提供的最基本的利益或服务。　　　　　　　　　　（　　）
2. 消费品和工业品的营销方式是完全相同的。　　　　　　　　　　　　　　（　　）
3. 产品组合的宽度是指企业所有产品线内的产品项目的总数量。　　　　　　（　　）

二、单选题

1.人寿保险、献血等产品属于个人消费品的（　　）。
  A.便利品　　　　　　　　　　B.选购品
  C.特殊品　　　　　　　　　　D.非寻求品

2.某公司有服装、鞋类、帽类和针织品四种不同的产品线,不同产品线又有不同的产品项目,如下图,则该公司产品组合的宽度和长度分别是（　　）。

服装	鞋类	帽类	针织品
男西装	旅游鞋	制服帽	保暖衣
女西装	便鞋	鸭舌帽	保暖裤
男衬衫	男皮鞋	礼帽	汗衫
女衬衫	女皮鞋	女帽	
风雨衣		童帽	
儿童服装			

  A.6,4　　　　B.4,6　　　　C.18,4　　　　D.4,18

3.假设OPPO手机同时间推出了很多的产品,但很快认识到实力不够,终端的销售人员不知道该卖哪一款,后痛定思痛,聚焦在R系列上,使其R系列产品大卖。这种策略属于（　　）。
  A.扩大产品组合策略　　　　　B.缩小产品组合策略
  C.延伸产品组合策略　　　　　D.产品组合现代化策略

三、简答题

1.简述产品的三个层次。
2.简述单个产品决策的主要内容。
3.简述产品组合策略的主要内容。

营销演练

抖音的产品概念

请阅读下面案例,并完成营销演练任务:

抖音App上线于2016年9月,是一款专注年轻人的音乐短视频社区,用户可以通过抖音分享自己的生活,同时也可以在这里认识到更多朋友,了解各种奇闻趣事。抖音仅推出半年,用户量就突破了一亿,日播放视频量超过10亿,月均日活跃用户(DAU)超3000万。

抖音短视频的核心逻辑是用户上传视频,通过官方审核后,发布在平台上,吸引其他用户点赞、评论、转发和拍摄。其中运营团队起到了推进闭环的作用,拍摄教程降低用户的学习成本,发起挑战促进用户活跃。作为一款社交属性的产品,为了提高用户活跃度和使用黏性,抖音前期主要做产品基本功能,后期逐步增加和优化相关功能。具体来说:

初期，抖音从 V1.0.1 到 V1.5.0 共六个版本的迭代都是围绕着抖音的核心流程——拍摄视频，这个阶段是抖音发展过程中打基础的阶段，主要完善了录制视频的基本功能，包括拍摄、剪辑、美颜等相关功能，以及高效的传播和分享机制等。这些优良的体验为抖音建立了最早的用户口碑。

后期，从 V1.6.0 版本至今，抖音除了继续进行细节的优化外，还一直对商业化模式进行探索，尝试通过原生视频信息流广告和定制站内挑战等方式进行变现。在广告投放上，抖音也有非常明确的标准：广告内容必须符合抖音的格调，可独立作为短视频内容供用户消费。

营销演练任务

(1) 请利用抖音制作一个短视频并分享。

(2) 根据本章理论要点，分析抖音 App 的产品层次：

①核心产品：_____

②形式产品：_____

③附加产品：_____

(3) 根据实际体验，提出抖音下一步产品功能改进建议：

_____

案例实训

案例 9.6　蓝色巨人 IBM 的产品转型

2004 年年底，IBM 甩掉 1980 年代以来最富有标志性的资产，将其 PC 业务售与联想集团，被广泛视为告别传统蓝色巨人的转型之举。事实上，IBM 转型自 20 世纪 90 年代就已经开始。

(1) 公司背景

IBM 是国际商业机器公司的简称。总公司在纽约州阿蒙克市，1911 年创立于美国，是全球较大的信息技术和业务解决方案公司，目前在全球拥有雇员 30 多万人，业务遍及 160 多个国家和地区。该公司创立时的主要业务为商用打字机，后转为文字处理机，然后到计算机和其有关服务。IBM 可以制造螺丝钉、键盘、鼠标、CPU、硬盘、内存、大型机、巨型机，也可以提供软件、硬件及其相关服务。

IBM 目前仍然保持着拥有全世界较多专利的企业的地位。自 1993 年起，IBM 连续 13 年出现在全美专利注册排行榜的榜首位置。到 2002 年，IBM 的研发人员共累积荣获专利22 358项,这一记录史无前例,远远超过包括惠普、英特尔、Sun、微软、戴尔等在内的美国企业所取得的专业总和。2005年,IBM提出了2 941项专利申请,将第二名甩开很大的距离。

2006年,IMB全年收入总额914亿美元,别除被剥离的PC业务增长4％。2008年,尽管全球金融危机的威胁继续存在,但IBM的收益依然保持稳定上升,实现营业收入1 036亿美元,实现创纪录的营业收入;税前利润167亿美元实现创纪录的获利。作为企业界的常青树,IBM对市场的洞察和把握,使其在金融危机的大潮中一如既往的稳步。2009年,IBM全球雇员约398 455人。2010年,IBM在《财富》排行榜中名列第48位,2009年名列第45位。2011年9月30日,IBM的市值达到2140亿美元,从而一举超越微软成为全球市值第二高的科技企业。这是15年来IBM市值首超微软。根据IBM 2016财年第三季度财报,公司该季度营业收入为192.3亿美元,同比基本持平,但认知解决方案这一新型业务的营收为42.4亿美元,同比增长5％,其中,云业务营业收入同比增长了74％;解决方案软件营收同比增长8％。2018年,IBM总营业收入达900亿美元,其中400亿美元来自具有战略意义的领域,即云服务、分析、移动、社会和安全软件。

(2)蓝色巨人辉煌的产品发展史

蓝色西装、白衬衫、黑领带是IBM雇员的公共制服,因此IBM被人们称为"蓝色巨人"。

在过去半个多世纪中,IBM一直是全球IT巨头,也是计算机的代名词。IBM前三十年的历史就是IT业前三十年的历史。美国《时代周刊》称,"IBM的企业精神是人类有史以来无人堪与匹敌的……没有任何企业会像IBM公司这样给世界产业和人类生活方式带来和将要带来如此巨大的影响"。就连比尔·盖茨也不得不承认:"IBM才是计算机行业的真正霸主,毕竟是它一手栽培了我"。

早期阶段

IBM成立时经营穿孔卡片数据处理设备,后制造各种产品,包括员工计时系统、磅秤、自动切肉机,而且最重要的是发展计算机、穿孔卡片设备。1932年,IBM投入100万美元建设第一个企业实验室,这个实验室在整个20世纪30年代经济大萧条期间的研发让IBM在技术产品上获得领先。1935年,IBM的卡片统计机产品已经占领美国市场的85.7％,因此积累了雄厚的财力和强大的销售服务能力。

IBM与中国的缘分源远流长。早在1934年,IBM公司就为北京协和医院安装了第一台商用处理机。1936年,IBM在远东地区的第一个办公室就设立在上海。1937年,中国第一个越洋电话就从IBM上海办公室拨出,从此开辟了中国与世界连接的新途径。

二战期间

第二次世界大战期间,IBM生产了M1卡宾枪和勃朗宁自动步枪。为盟军军事计算、后勤和其他军需提供设备,如为曼哈顿计划发展原子弹头时人们广泛使用IBM穿孔卡片机做计算。IBM在战争期间还为海军建了Harvard Mark-1——美国的第一个大规模的自动数码电脑。1944年,IBM公司与哈佛大学开始合作,先后制成了电子管计算机MARK-1、MARK-2和电子管继电器混合大型计算机SSEC。

20 世纪 50 年代

IBM 成为美国空军的自动防御系统电脑开发的主要承包商。着手再现高射炮系统，与麻省理工学院合作进行关键性研究工作，为第一代实时数码计算机（其中包括综合性录像展示、磁心经验传承、轻型枪炮、第一代有效计算机语言、模拟-数码及数码—模拟转化技术、数字数据传输电话线、双工通信、多处理器、网络化等）。项目组建 56 台智能电脑，高峰期工程投入 7 000 多名员工，占总员工的 20%。在晶体管计算机出现以后，IBM 研制出了小型数据处理计算机 IBM1401，采用了晶体管线路、磁心存储器和印制线路等先进技术，使得主机体积大大减小，使电子数据处理计算机彻底替代了卡片分析机。随后，IBM 在短短的五年里推出不同型号的计算机，一共销售出 14 000 多台，同时也奠定了 IBM 在计算机行业的领先地位。

20 世纪 60～20 世纪 80 年代

在 60 年代 IBM 是八大电脑公司（其余七大电脑公司为 UNIVAC、都市生活、科学数据系统、控制数据公司、通用电气公司、美国无线电公司、Honeywell）中较大的公司，现在大多 IBM 公司的竞争对手早已不复存在。UNIVAC 和都市生活被 IBM 兼并，美国无线电公司专做收银机，Honeywell 成为恒温市场领导者，通用电气公司仍然是世界上较大的公司，但在电脑市场不再运作。

随着半导体集成电路的出现，IBM 积极投入第三代集成电路计算机的生产。在 1964 年，IBM 推出了划时代的 System/360 大型计算机，从而宣告了大型机时代的来临。System/360 的问世代表着世界上的计算机有了一种共同的语言，它们都共享代号为 OS/360 的操作系统。自此，几乎所有的计算机研制和开发都以 IBM360 系统为基准，成为世界范围内的一种重要趋势。

1975 年，IBM 生产的计算机数量是世界其他所有计算机厂家生产的计算机总和的 4 倍，成为一个集科研、生产、销售、技术服务和教育培训为一体联合企业。到 20 世纪 70 年代，IBM 推动的计算机事业迅速发展，为推动整个社会各个方面的发展起到了关键的作用。例如，协助美国太空总署建立阿波罗 11 号资料库，完成太空人登陆月球计划；建立银行跨行交易系统；设立航空业界最大的在线票务系统等。1981 年 8 月 12 日，IBM 推出世界上第一台个人电脑 IBM5150，它看起来像个米色的"大盒子"，售价 1 565 美元，只有 16 K 字节的内存，可以使用盒式录音磁带来下载和存储数据，此外也可配备 5.25 英寸的软件盘驱动器。

1979 年，中国银行也是中国银行史上的第一台计算机——IBM3032 在中国香港地区启用；1979 年，沈阳鼓风机厂引进 IBM 370/138 大型机，这是中华人民共和国成立以后，IBM 向中国大陆出售的第一台计算机。

(3) 产品转型历程

1993 年 1 月 19 日，1992 会计年度 IBM 亏损 49.7 亿美元，这是当时在美国历史上最大的公司年损失。因为这次损失，促使 IBM 迈出从硬件转向软件和服务产品转型的步伐。

传统的 IBM 的服务，是完全与其产品本身联系在一起的——更确切地说，产品就是 IBM 的标识。如果用户使用的 IBM 计算机出现了问题，IBM 公司的人员将会很快并且令人满意地把它修好。但是,如果客户所购买的是其他品牌的产品,如惠普的设备出现了问题,就享受不到IBM的优质服务了。

IBM原有一个服务部门,但这个服务部门并不是作为独立的业务单位来经营的,而是IBM销售部门的一个下属部门。这个叫整合系统服务公司(ISSC)的部门,负责人是丹尼。丹尼主张将这个部门分离出去,提高该部门业务的地位,而且该部门能够为像惠普等原来是产品竞争对手的公司提供服务。但是,服务业务将完全不同于那种以产品为基础的业务,一份大宗服务合同或许要持续6年~12年。例如,一份需要用7年时间完成的外包合同可能会在第一年亏损,而这些将与IBM的传统产品销售概念相左,也会给IBM的现行销售工资待遇体系和财务管理体系制造相当大的麻烦。

郭士纳1993年指掌IBM,曾被讥笑为"只有卖饼干经验的人",但他有信心管理IBM。他似乎看到了服务业务的巨大前景,创建了一个全球范围内的IBM统一的服务机构(仍然属于销售部门),并引进外包制度和全球化网络服务机制,在全球基础上形成一个共同的解决问题的方法,建立一套共同的方法论、术语、技能以及知识领悟和传播方法,而且每年要招聘并培训数千名员工。郭士纳希望这种服务模式会成为IBM独一无二的竞争优势。郭士纳重新界定了IBM的业务,即IBM的业务领域是服务,而不只是产品供应商。1996年,IBM喊出"电子商务"的口号,也许当时没人相信这个概念在其后会带动整个IT业乃至整个社会的发展。同年,郭士纳着手把服务单位从销售部门分离出来成为一个独立的运营机构——全球服务部。最后的结果是,1992年还只是一个价值74亿美元的业务,到2001年,已经上升到了300亿美元,其员工也占了IBM总数的一半以上。

郭士纳还发现,造成公司危机的一个重要原因是,为了维持大型机S/390的丰厚利润,决策者宁可丢弃市场份额也不降价。而市场上同类的产品,也许技术不那么先进,价格却只有IBM的60%。与此同时,高层经理不顾市场是否真的需要,浪费着数千万美元继续开发桌面操作系统OS/2,企图从已经广泛占据客户桌面的微软那里重夺操作系统的控制权。IBM拥有最优秀的硬件、软件研发以及服务资源,但与客户的需求远远脱节。把握住市场结构性变化的郭士纳迅速制定了积极的降价策略,同时用10亿美元进行更广泛而不是更尖端的技术更新。7年内,大型机的价格下降了96%,销量却高速增长,到2001年他离任时,投资回报由当年的10亿美元变为190亿美元。

"卖掉IBM PC的人"是郭士纳的继任者彭明盛。他并非对这项标志着IBM辉煌过去的业务无动于衷。但作为一名拥有数十年经验的管理专家,经过近3年的摸索,他已经为蓝色巨人找到了一个价值5 000亿美元的市场:不但为企业提供与IT相关的服务,而且帮助企业改变商业流程,外包其核心业务以外的功能部门。虽然12.5亿美元的PC部门对于一家年收入达900亿美元的企业而言微乎其微,但多年来,PC业务的亏损也影响了公司整体的利润率。IBM必须集中资源,对一些传统业务进行取舍与更新,同时对已经校正过的商业原则做进一步的修正。

在彭明盛看来,即使是郭士纳这样优秀的前任也没有从根本上打破IBM作为一家技术领先型企业的价值取向。习以为常的做法(有了技术,有了产品,然后再来找客户,把产品推广到每个需要它的领域里去)并没有彻底被纠正。彭明盛反其道而行之:他希望一切都从客户处反推。

2003年1月，IBM召开年度全球管理层大会，经理们长时间讨论如何围绕"随需应变"战略整合公司资源，但所有的讨论意见都是从公司内部出发的。最终彭明盛将讨论打断了。他建议所有人都走出IBM，倾听客户的意见，了解他们最想解决的问题，并找出应对的方法。彭明盛说："如果他们真的为客户解决了问题，也就知道我们应该做什么了。"

彭明盛发现运营商环境变得更加复杂，迟缓的蓝色巨人在面对越来越挑剔的客户时仍然落在对手的后面。他的转型理念就是从客户利益最大化角度出发，科技服务不应再以产品打包的形式销售，而该像水、电一样根据使用量收费，从而勾勒出了电子商务发展的第三阶段的蓝图。

作为公司CEO，彭明盛以身作则，用大量时间拜访重要客户。当他访问沃尔玛时，他给对方的承诺是："把你最难的问题给我们。"最难的问题只有一个：怎么让每辆购货手推车实现更多销售？

IBM组建了一支由管理层、咨询顾问和技术专家组成的小组，深入细节之中。他们很快发现，对于消费者而言，在超市中最大的问题是很容易迷失方向，很多时间用来寻找自己的目标，而不是购物。针对此，IBM开发出一种内附扫描仪和液晶显示器的购物车，它能够显示超市内的地图，并提供购买相关产品的信息。这一便利客户之举的直接效果是能让人们购买更多商品。

彭明盛与成本更低的开放源代码的操作系统Linux的创始人里纳斯·托沃兹亲密接触，随后宣布IBM将在此领域投资10亿美元。随着IBM应用Linux的增多，它能够在很多层面帮助客户降低成本。在这次大变革中，彭明盛同样小心翼翼地避免IBM在历史上曾经犯过的错误，例如，为了保持利润率而无视市场的变化。

(4)"智慧的地球"计划

2008年，彭明盛首次对外发布了"智慧的地球"的概念，全球化的人类社会将复杂的自然系统转化为复杂的商业和社会系统，而这个系统基于统一的智能全球基础设施：一个日益整合的、由无数系统构成的全球性系统——包含60亿人、成千上万个应用、1万亿个设备及其之间每天的100万亿次交互。

支撑"智慧的地球"愿景的技术，包括芯片终端、传感器、互联网、开放标准接口、虚拟技术、云计算等。政府、商业企业和普通民众都在或多或少运用这些技术，当人们做这一切的时候，心中也都存在或大或小的目标，而这些目标正是IBM所描绘的智慧医疗、智慧电力、智慧交通、智慧城市……

2009年，IBM充分把握"感知化、互联化、智能化"的科技大势，提出"智慧的地球""智慧城市"的愿景。"智慧的地球"战略被提上桌面是在2009年1月28日，当天，美国工商业领袖举行了一次圆桌会议，IBM CEO彭明盛向美国前总统奥巴马抛出这一概念。该战略定义大致为：将感应器嵌入和装备到电网、铁路、建筑、大坝、油气管道等各种现实物体中，形成物物相联，然后通过超级计算机和云计算将其整合，实现社会与物理世界融合。现在，IBM的创新解决方案在智慧能源、智慧交通、智慧医疗、智慧零售、智慧能源和智慧水资源等政府、企业、民众所关心的重要领域全面开花，涵盖节能减排、食品安全、环保、交通、医疗、现代服务业、软件及服务、云计算、虚拟化等热点方向。

2011年2月,IBM的超级计算机"沃森"(Watson),在美国老牌知识问答电视节目"危险边缘"(Jeopardy)中击败了两位人类冠军,被誉为21世纪计算机科学和人工智能方面的伟大突破。沃森涵盖了大约2亿页的内容(约一百万册书籍的价值),配置为IBM POWER 750服务器,15兆字节内存,2880处理器核心,操作能力为每秒钟80万亿浮点。在回答问题的时候,沃森是完全自给自足的,也就是说不需要和网络连接,沃森的技术就可以理解自然语言的提问,分析数以百万计的信息碎片,并且根据它寻找到的证据提供最佳答案。沃森代表着计算机能力的一个重大飞跃,能够更精准的满足信息需求和提问需求。它有效地提供信息,并且按给定的条件在人们每天面对的众多的自然语言内容里搜寻关键知识。沃森未来的潜在应用价值很大,与IBM智慧地球的理念和行业服务也十分契合。IBM的研究人员、大学合作伙伴以及客户试图通过应用问答技术使沃森具备多种潜在用途。目前看来,沃森至少能在以下行业领域有所应用:电子、能源与电力、政府、卫生保健、保险、石油天然气、零售、通信、交通、银行与金融市场。

IBM"智慧的地球"计划是未来十年中IBM战略发展的核心,IBM每年的研发投资达60亿美元,其中一半都用在"智慧的地球"项目上。这次转型能否成功还不能过早下结论。但在彭明盛看来,这是一个大胆但风险不高的计划,因为IBM在跟随着市场需求行军。彭明盛还承诺,公司将保持每年最少5%的销售增长率以及两位数的利润率增长。他希望在10年内,IBM的咨询与外包业务能够成长为一个年收入500亿美元的业务。

但七年过去了,沃森健康从火爆登场到饱受质疑,再到举步维艰,据报道,2018年10月,IBM人工智能业务开始通过裁员进行收缩。目前,IBM正用区块链技术重塑"智慧的地球"业务。Winter Green Research公司近期的一份报告显示,在总规模超过7亿美元的区块链产品和服务市场中,IBM已经成为占据最大市场份额的公司,且已经推出了一整套企业级区块链的架构、技术、产品和服务。2018年3月的一份投资者简报显示,IBM目前已经在全球拥有至少400家与区块链相关的客户,包括25家全球贸易公司、14家食品公司、14家全球支付业务公司,其中不乏雀巢、Visa、沃尔玛等企业。在区块链技术方面,IBM已经成为领先者,但整体上,IBM的这些新兴业务都在探索阶段。(资料来源:作者整理)

1. 实训目的

(1)加深理解产品的整体概念及类型。

(2)提高产品策略优化技能。

2. 实训任务

(1)根据背景资料,结合本章理论要点讨论如何对IBM的产品进行分类。

(2)根据产品的整体概念,讨论IMB公司的核心产品、有形产品和附加产品分别是什么。

(3)你觉得IBM的"智慧的地球"项目会成功吗?假如你是IBM现任CEO,结合郭士纳和彭明盛的观点,提出你对IBM产品策略优化的新建议。

3. 实训步骤

(1)个人阅读

每位学生课前认真阅读背景材料。针对"实训任务"进行阅读,督促学生在课前完成。针对中国学生的特点,课堂上老师或学生还需再花费10~20分钟对背景材料的关键信息及相关背景进行简单的陈述。

(2)分组

在授课教师指导下,以 6~8 个人为单位组成一个团队,要求学生选出组长、记录人、报告人等角色;

(3)小组讨论与报告

时间为 30 分钟,主要在课堂进行,围绕"实训任务"展开讨论,同时鼓励学生提出新的有价值的问题。要求每个小组将讨论要点或关键词按小组抄写在黑板上的指定位置并进行简要报告,便于课堂互动。小组所报告的内容尽可能是小组所达成共识的内容。

小组讨论与报告

小组名称或编号：_____　　　组长：_____

报告人：_____　　　记录人：_____

小组成员：_____

_____

① 小组讨论记录：

发言人 1：_____

_____

发言人 2：_____

_____

发言人 3：_____

_____

发言人 4：_____

_____

发言人 5：_____

_____

发言人 6：_____

_____

发言人 7：_____

_____

发言人 8：_____

_____

② 小组报告的要点或关键词(小组所达成共识的内容)：

任务 1：_____

任务 2：_____

任务 3：_____

(4)师生互动

主要在课堂进行,时间为 15 分钟,老师针对学生的报告与问题进行互动,同时带领学生对产品的层次、产品属性和产品分类等关键知识点进行回顾。并追问学生还有哪些问题或困惑,激发学生学习兴趣,使学生自觉地在课后进一步查询相关资料并进行系统的回顾与总结。

(5)课后作业

根据课堂讨论,要求每位学生进一步回顾本章所学内容,形成正式的实训报告。建议实训报告以个人课后作业的形式进行,其目的是帮助学生在课堂学习的基础上,进一步巩固核心知识。实训报告的提纲如下:

实训报告

请登录 IBM 公司官方网站分析 IBM 的产品、服务及解决方案的类别及其营销特点:

①产品:_____

②服务:_____

③解决方案:_____

根据本章理论要点分析 IBM 的产品层次:

①核心产品:_____

②有形产品:_____

③附加产品:_____

你觉得 IBM 的"智慧地球"产品概念会成功吗?

沃森健康:_____

区块链:_____

从整体上看:_____

假如你是 IBM 现任 CEO,请提出你对 IBM 产品策略优化的新建议:_____。

(6)实训成果的考核

根据学生课堂表现和实训报告质量,评定实训成绩。

第十章　品牌决策

即使可口可乐公司把所有的家底都赔光,单凭"可口可乐"这个牌子,也足以东山再起。

——前可口可乐公司总裁

随便哪个傻瓜都能达成一笔交易,但创造一个品牌却需要天才、信仰和毅力。

——大卫·奥格威

学习目标

1. 加深对品牌内涵与品牌价值的理解。
2. 巩固品牌定位、品牌命名及品牌更新相关知识。
3. 提升品牌决策的技能。

引导案例

案例 10.1　汰渍品牌:从信任到情感再到超越

汰渍(Tide)是宝洁公司旗下的洗涤品牌,也是全球较大的洗衣粉品牌之一。汰渍于 1946 年在美国成立,是世界上第一种合成洗衣粉。

很多消费者在儿童时期就开始接触汰渍,只不过产品的使用者是长辈。汰渍不只是一种洗衣粉,它还能给家庭中的每个人带来舒适、和睦与美好,不仅仅是在洗衣服的时候。汰渍已从洗衣的中心逐渐变成家庭的中心。汰渍的意义已经远远超过了洗涤剂,有时我们会将汰渍当作自己人,这样我们为品牌就赋予了人格个性,然后我们逐渐在自己身上看到类似的特征。事实上,汰渍洗衣粉值得信赖的名称和红黄色的靶心标志已成为一种流行艺术图标。品牌的强大光环使人们愿意登录汰渍品牌的网站,该网站可以提供咨询和便民信息,如去除污垢指南。

汰渍于 1995 年进入中国,多年来不断推陈出新,平均每 14 个月就推出一项产品创新或升级。现在每天平均有超过 100 万包汰渍洗衣粉进入不同的中国家庭,是中国家喻户晓、最受欢迎的洗衣粉品牌之一。(案例来源:作者整理)

思考:

1. 你认为汰渍品牌的内涵是什么?
2. 假设你是一位营销人员,如何创建一个像汰渍这样的品牌?

理论知识

第一节 品牌内涵

品牌最初是指商品或服务的名称(Name)、术语(Term)、记号(Sign)、符号(Symbol)、设计(Design)或它们的组合,用来识别一个卖主或一群卖主并与其竞争对手区别开来。但在现代营销中,品牌的内涵和本质经历了一个不断演变和深化的过程,如图10-1所示。

品牌=特征 如可口可乐 → 品牌=信任 如汰渍 → 品牌=情感 如耐克 → 品牌=故事 如大众甲壳虫 → 品牌=体验 如星巴克 → 品牌=关系 如苹果

图 10-1 品牌内涵的演变

第二节 品牌价值

品牌可为企业带来源源不断的价值,案例10.2给出了福布斯2018年世界品牌价值榜。

穿插案例

案例 10.2 福布斯 2018 年世界品牌价值榜

在 2018 年福布斯全球最具价值品牌榜 Top100 中,苹果第八次获得冠军,品牌价值和收入达 1 828 亿美元和 2 286 亿美元。

本次福布斯全球品牌榜排名前十的企业分别是:苹果、谷歌、微软、Facebook、亚马逊、可口可乐、三星、迪士尼、丰田、美国电话电报。

世界排名	品牌名	中文名	品牌价值(亿美元)	品牌收入(亿美元)	行业
1	Apple	苹果	1 828	2 286	技术
2	Google	谷歌	1 321	972	技术
3	Microsoft	微软	1 049	984	技术
4	Facebook	Facebook	948	357	技术

(续表)

世界排名	品牌名	中文名	品牌价值（亿美元）	品牌收入（亿美元）	行业
5	Amazon	亚马逊	709	1 693	技术
6	Coca－Cola	可口可乐	573	234	饮料
7	Samsung	三星	476	2 034	技术
8	Disney	迪士尼	475	304	休闲
9	Toyota	丰田	447	1064	汽车
10	AT&T	美国电话电报	419	1 605	通信

品牌价值(Brand Equity)是指一个品牌可量化的价值,高价值的强势品牌能够为企业带来竞争优势。一个强势品牌可以享受消费者高水平的认知度和忠诚度;著名品牌还能够很容易地和成功地进行品牌延伸,例如,宝洁(P&G)产品成功地被延伸到餐具专用清洁剂等领域。品牌价值一般是依据其品牌忠诚度、品牌意识、感知品质、品牌联想以及专利、商标、渠道关系等价值来评估的。品牌价值如图10-2所示。

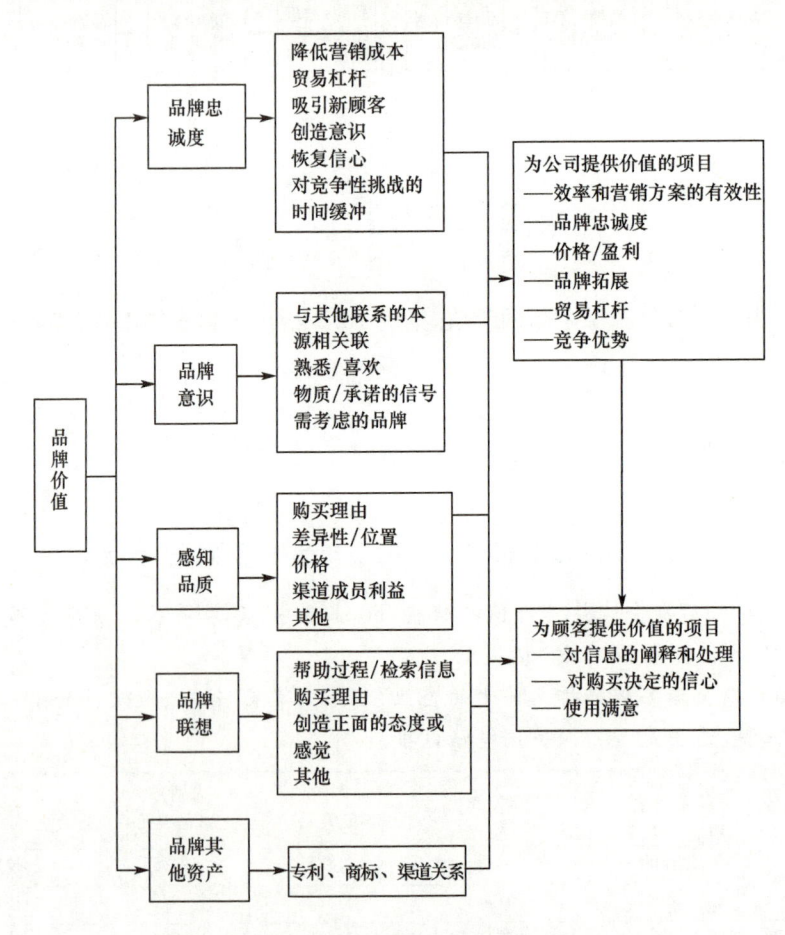

图 10-2 品牌价值

产品价值的最好量度就是它在顾客身上所产生的忠诚度,即重复购买和口碑。品牌意识是品牌价值的最简单形式,即熟悉度。一个熟悉的产品给顾客一种信任感,所以他或她就更可能会考虑并且购买它。感知品质指一个为人所知道的品牌通常会表达它的品质(或是好的或是坏的)。品质联想可以是普遍的超范围的类型,也是品牌价值的重要组成部分。这些联想包括个人的、感性的和许多其他的联系,这些联系共同构成了品牌的特征,而特征又能表明这个品牌是否适合哪些情况。品牌的其他资产,诸如专利和商标对产品和服务来说也是很有价值的。

第三节　品牌定位

　　品牌定位常通过品牌的广告语得以体现。品牌定位有三个层次:最低层次是根据产品属性定位。例如,某化妆品公司的营销人员可以将其产品定位为具有天然、环保成分以及独特的香味等。这是定位的最低层次,竞争者易于复制。在这个层次上,经典的广告语有"农夫山泉有点甜""七喜非可乐"等。较高层次是将品牌名称与期望利益联系起来。例如,化妆品公司的营销人员可以不谈产品成分,而强调其美容的效果。在这个层次上,经典的广告语是"怕上火喝王老吉"等。最高层次是将品牌定位在强烈的信念和价值上,从而带来强烈的情感冲击。例如,化妆品公司的营销人员可以不谈产品成分和美容的效果,而强调其可以美化心灵。在这个层次上,经典的广告语是"麦当劳,我就喜欢"等。

　　一个优秀的品牌常将品牌定位与其使命及远景关联起来,向顾客持续传递特色、利益、服务和体验的承诺。例如,农夫山泉打出"我们不生产水,我们只是大自然的搬运工"的广告语,强调天然矿泉水的产品属性,将品牌使命与品牌特色定位巧妙结合起来。

第四节　品牌策略

一、品牌名称策略

　　一个好的名称可以大大增加产品营销的成功率,但找到一个最好的品牌名称并非易事。企业需要认真地分析产品性质、特点、产品的功效、产品的目标市场和营销战略等。一般来说,一个理想的品牌名称应满足如下要求:

　　(1)体现出产品的功效、利益和质量。例如,美国的国民银行 Nation's Bank 意味着其服务于国民、大众;零售连锁店 Usave 告诉消费者,"为你省钱";三九胃泰明显表明其功能和提供给消费者的利益。

　　(2)文字简短,容易拼写、辨认和记忆。例如,Tide、Sony、李宁等品牌名称。但有时也不排除稍长一点的名称,如美国的"Love My Carpet",就是一种地毯清洁器品牌名称。

　　(3)特色鲜明。例如,搜狗、淘宝等名称。

　　(4)便于或易于翻译成外文名称。例如,日本松下(National)电器,在西方国家的品牌名称就不得不换成 Panasonic;海尔名称的出现,也是为了容易打入国际市场。

(5)易于注册登记并受到法律保护。如果品牌名称违反了有关法律,它就不会被批准注册。

另外,企业决定所有的产品使用一个或几个品牌,还是不同产品分别使用不同的品牌,大致有四种品牌决策:①个别品牌,即企业决定每个产品使用不同的品牌;②统一品牌或家族品牌,即企业所有产品使用同一品牌;③分类品牌,即企业根据产品大类使用几大品牌,每类下属的各个产品使用统一品牌;④公司名称加个别品牌,常用于新产品的开发。在新产品的品牌名称上加上企业名称,可以使新产品享受企业的声誉,而采用不同的品牌名称,又可以使各种新产品显示不同的特色。

二、品牌使用者策略

通常一个制造商可以选择四种品牌使用者策略:

(1)制造商品牌。它是指制造商使用自己创建的品牌。

(2)中间商品牌。它是指由产品或服务的中间商创立并拥有的品牌。例如,在美国的超级市场中,杂货类产品的40%都使用中间商品牌;在英国的超级市场中,有36%使用中间商品;在法国是24%。

(3)特许品牌。它是指拥有盛誉的制造商将其著名品牌(商标)租借给别人使用,收取一定的特许费。美国大约占所有玩具零售总额的一半的品牌是来自著名的电视剧或电影并经特许,例如,狮子王和星球大战等。

(4)共享品牌。它是指对同一产品使用两个不同企业共同创建的品牌名称。例如,福特(Ford)和艾迪保尔(Eddie Bauer)共同创建了一个跑车品牌——The Ford Explorer。

三、品牌更新策略

一个企业在进行品牌更新策略时有四种选择:

(1)品牌线延伸。它是指将现有产品成功的品牌名称延伸到其他形式、味道、颜色、营养成分或包装类型的现有产品类别。例如,一种酸奶品牌成为名牌后,将其延伸到不同味道的酸奶、减肥酸奶和其他包装的酸奶等。

(2)品牌扩展。它是指将现有产品成功的品牌名称延伸到一种新的或更新过的产品类别。例如,本田(Honda)使用其公司名称Honda覆盖了不同的产品,包括汽车、摩托车、除雪机、剪草机、海上机械和雪车等。海尔集团也是在"海尔"电冰箱品牌创出名后,逐渐地将海尔延伸到空调机、电视机、微波炉和电脑等其他类别的产品。

(3)多品牌决策。它是指企业在同一产品类别当中创立不同的品牌,使用不同的品牌名称。这个决策是由宝洁公司首创的,宝洁公司在其每一类别产品中都使用几个不同的品牌,如洗发类产品中,有飘柔、海飞丝和潘婷等品牌。

(4)创新品牌。它有两种情况:其一,当企业开发生产出一个新类别产品时,它可以创建一个全新的品牌;其二,当企业认为现有的品牌名称的声誉已变得弱化,需要创立一个新的品牌以替代弱化的品牌时。

本章习题

一、判断题

1. 品牌的内涵和本质从未发生过任何改变。（   ）
2. 品牌定位常通过品牌的广告语得以体现。（   ）
3. 即使企业认为现有的品牌名称的声誉已变得弱化，也不要创立一个新的品牌以替代弱化的品牌。（   ）

二、单选题

1. 下列关于品牌价值的叙述中，不正确的是（   ）。
   A. 品牌价值是不可量化的
   B. 品牌价值是指一个品牌可量化的价值
   C. 高价值的强势品牌能够为企业带来竞争优势，可以享受消费者高水平的认知度和忠诚度，还能够成功进行品牌延伸
   D. 品牌价值一般是依据其品牌忠诚度、品牌意识、感知品质、品牌联想以及专利、商标、渠道关系等价值来评估的

2. 雀巢公司有咖啡、牛奶等多种产品，基本采用同一品牌，说明该公司采取的是（   ）。
   A. 家族品牌策略　　B. 等级品牌策略　　C. 品牌创新策略　　D. 无品牌策略

3. 宝洁公司在其每一类别产品中都使用几个不同的品牌，说明该公司采取的是（   ）。
   A. 家族品牌策略　　B. 个别品牌策略　　C. 品牌创新策略　　D. 无品牌策略

三、简答题

1. 简述品牌内涵的演变过程。
2. 简述品牌名称策略。
3. 简述品牌使用者策略。

营销演练

青岛啤酒的品牌决策

请仔细阅读下面的营销案例，然后完成相应的营销演练任务。

青岛啤酒股份有限公司（简称"青岛啤酒"）的前身是1903年8月由德国商人和英国商人合资在青岛创建的日耳曼啤酒青岛股份公司。青岛啤酒是2008年北京奥运会官方赞助商，目前品牌价值502.58亿元，跻身世界品牌500强，在中国拥有56家啤酒生产基地。2017年营业收入262.77亿元，净利润12.63亿元，同比增长21.04%。

青岛啤酒远销美国、日本、德国、法国、英国等世界70多个国家和地区，为世界第六大啤酒厂商。然而随着国外"洋"品牌进入中国市场，中国本土品牌啤酒的价格战风云四起。

那么,青岛啤酒如何在"前有狼,后有虎"的中国啤酒市场继续保持其地位并逐步提高品牌国际竞争力呢?

青岛啤酒近年来先后兼并了数十家啤酒生产企业,并且已在全国各地建成多家销售分公司和办事处。"青岛啤酒主要占据的是中高端市场,收购来的啤酒品牌规模相对较小、档次较低,只有达到一定标准后,才允许使用青岛啤酒的品牌,这必然给青岛啤酒的品牌整合带来难度,短期效益和长期利益存在较大矛盾。"青啤某中层管理者表示:"子品牌取消虽然就是公司一个文件的事情,但是否取消则要看市场情况和消费者的接受能力,也不能贸然行动。"

通过连续收购,青岛啤酒在产能方面已拉开了与其他企业的距离,但是负面效应也显现出来,一些区域性市场如东北、华东等地区,竞争对手短兵相接,产品价格不断走低而企业的促销等费用却难以降低,使得部分子公司出现较大亏损。百年"青岛啤酒"具有丰富的品牌内涵和影响力,但长期以来品牌建设不足,透支现象严重,存在品牌弱化、老化的现象。"燕京"等竞争品牌在品牌建设方面投入很大,品牌价值上升较快,"青岛啤酒"相对于这些品牌的优势在逐步缩小。

青岛啤酒的总裁表示,"优化品牌结构能够化解青岛啤酒面临的品牌价值受损的风险,最大可能地保持青岛啤酒的品牌形象,挖掘其他品牌原有定位的价值,并在中高档和低档品牌间建立防火墙,提高高档品牌价值的安全度"。

青岛啤酒营销副总裁上任以来,着力在各区域市场推行"三位一体"的营销模式,即将产品销售、品牌传播、消费者体验三种竞争手段结合运用的营销模式。公司总部通过消费者研究提出品牌发展的方向,营销公司执行公司的品牌规划,办事处根据公司规划,建立清晰的品种架构,实现具有品牌影响力的销售。(资料来源:作者整理)

营销演练任务

建议学生在回顾本章所学内容的基础上,进一步收集有关青岛啤酒公司的资料,寻找案例中未提供的决策依据和未考虑到的决策要素,形成正式的青岛啤酒品牌分析报告,报告的提纲和格式如下:

青岛啤酒品牌分析报告

通过网络搜索查询青岛啤酒最新的品牌价值,对比分析主要竞争对手的品牌价值及优劣势:

①青岛啤酒的品牌价值:_____

②主要竞争品牌及其价值:_____

③青岛啤酒的品牌优势:_____

④青岛啤酒的品牌劣势:_____

假定你是青岛啤酒公司的品牌经理,提出青岛啤酒公司在品牌更新方面的具体策略:

① _____

② _____

③ _____

案例实训

案例 10.3　加多宝品牌建设的难题

加多宝集团是一家港资饮料生产及销售企业,1996 年经广药集团授权许可获得"红罐凉茶"商标使用权,2010 年合同到期。加多宝用"怕上火,喝王老吉"这一广告语,将市场从局部扩张到全国,销售额从 2000 年大概 1 个多亿元,做到 2008 年 100 多亿元,再到 2011 年突破 200 亿元。但当 2010 年"王老吉"商标被估值达到 1 080 亿元时,加多宝失去王老吉品牌使用权。2012 年,加多宝推出自有品牌加多宝凉茶,调整营销战略并推出了新的广告词:"怕上火,现在喝加多宝,全国销量领先的红罐凉茶改名为加多宝"。通过品牌重新定位,加多宝很快又赢回了市场,其销售额在 2015 年到 2017 年分别为 250 亿元、240 亿元和 150 亿元。2018 年,加多宝经营陷入谷底,2019 年 2 月,出现触底反弹迹象。

曾经的品牌建设难题

2002 年以前,从表面看,红色罐装王老吉(以下简称"红罐王老吉")是一个发展得很好的品牌,在广东、浙南地区销量稳定,盈利状况良好,有比较固定的消费群,销售业绩连续几年维持在 1 亿多元。发展到这个规模后,加多宝的管理层发现,要想把企业做大,走向全国,就必须克服一连串的问题,甚至原本的一些优势也可能成为困扰企业继续成长的障碍,而所有困扰中,最核心的问题是红罐王老吉当"凉茶"卖,还是当"饮料"卖?

难题一:广东、浙南消费者对红罐王老吉认知混乱

在广东,传统凉茶(如颗粒冲剂、自家煲制、凉茶铺煲制等)因下火功效显著,消费者普遍当成"药"服用,无须且不能经常饮用。而王老吉这个具有上百年历史的品牌就是凉茶的代称,可谓说起凉茶就想到王老吉,说起王老吉就想到凉茶。因此,红罐王老吉受品牌名影响,不能很顺利地让广东人接受它作为一种可以经常饮用的饮料,所以销量大大受限。

另一个方面,加多宝生产的红罐王老吉配方源自中国香港王氏后人,是经国家审核批准的食字号产品,其气味、颜色、包装都与广东消费者观念中的传统凉茶有很大区别,而且口感偏甜,按中国"良药苦口"的传统观念,消费者自然感觉其"降火"效果不足,当产生"下火"需求时,不如到凉茶铺购买,或自家煎煮。所以对消费者来说,在最讲究"功效"的凉茶中,它也不是一个好的选择。

在广东区域，红罐王老吉拥有凉茶始祖王老吉的品牌，却长着一副饮料化的面孔，让消费者觉得"它好像是凉茶，又好像是饮料"，因此陷入认知混乱之中。

而在加多宝的另一个主要销售区域浙南，主要是温州、台州、丽水三地，消费者将"红罐王老吉"与康师傅茶饮料、旺仔牛奶等相提并论，并且适合长期饮用。加之当地华人众多，经他们的引导带动，红罐王老吉很快成为当地较畅销的产品。

面对消费者这些混乱的认知，企业急需通过广告提供一个强势的引导，明确红罐王老吉的核心价值，并与竞争对手区别开来。

难题二：红罐王老吉无法走出广东、浙南地区

在两广以外，人们并没有凉茶的概念，甚至在调查中频频出现"凉茶就是凉白开""我们不喝凉的茶水，泡热茶"这些看法。培养凉茶概念显然费用惊人。而且，内地的消费者对"降火"的需求已经被填补，他们大多是通过服用药物来解决。

做凉茶困难重重，做饮料同样危机四伏。如果放眼整个饮料行业，以可口可乐、百事可乐为代表的碳酸饮料，以康师傅、统一为代表的茶饮料、果汁饮料更是处在难以撼动的市场领先地位。

而且，红罐王老吉以金银花、甘草、菊花等草本植物熬制，有淡淡的中药味，对口味至上的饮料而言，的确存在不小的障碍，如果加多宝不能使红罐王老吉和竞争对手区分开来，它就永远走不出饮料行业"列强"的阴影。这就使红罐王老吉面临一个极为尴尬的境地：既不能固守两地，又无法在全国范围推广。

难题三：推广概念模糊

如果用"凉茶"概念来推广，加多宝公司担心其销量将受到限制，但作为"饮料"推广又没有找到合适的区隔，因此，在广告宣传上不得不模棱两可。很多人都见过这样一条广告：一个非常可爱的小男孩为了打开冰箱拿一罐王老吉，用屁股不断蹭冰箱门。广告语是"健康家庭，永远相伴"。显然这个广告并不能够体现红罐王老吉的独特价值。

在红罐王老吉前几年的推广中，消费者不知道为什么要买它，企业也不知道怎么去卖它。出现这种现象，外在的原因是市场还不成熟，存在着许多市场空白；内在的原因是这个产品本身具有一种不可替代性，刚好能够填补这个位置。但在发展到一定规模之后，企业要想做大，就必须清楚一个问题：消费者为什么买我的产品？

重新定位

2002年底，加多宝找到成美营销顾问公司（以下简称"成美"），初衷是想为红罐王老吉拍一条以赞助奥运会为主题的广告片，要以"体育、健康"的口号来进行宣传，以推动销售。成美经初步研究后发现，红罐王老吉的销售问题不是通过简单的拍广告可以解决的，这种问题目前在中国企业中特别典型：一遇到销量受阻，最常采取的措施就是对广告片"动手术"，要么改得面目全非，要么赶快搞出一条"大创意"的新广告。红罐王老吉销售问题首要解决的是品牌定位。

红罐王老吉虽然销售了七年，其品牌却从未经过系统、严谨的定位，企业都无法回答红罐王老吉究竟是什么，消费者就更不用说了，完全不清楚为什么要买它——这是红罐王老吉缺乏品牌定位所致。这个根本问题不解决，单靠"有创意"的广告片是无济于事的。正如广告大师大卫·奥格威所说："一个广告运动的效果更多的是取决于你产品的定位，

而不是你怎样写广告(创意)。"经过深入沟通后,加多宝公司最后接受了建议,决定暂停广告片的拍摄,委托成美先对红罐王老吉进行品牌定位。

为了解消费者的认知,成美的研究人员一方面研究红罐王老吉及竞争者传播的信息;另一方面,与加多宝内部、经销商、零售商进行大量访谈,完成上述工作后,聘请市场调查公司对王老吉现有用户进行调查。以此为基础,研究人员进行综合分析,确定红罐王老吉在消费者心智中的位置,从而决定在哪个细分市场中参与竞争。

在研究中发现,广东的消费者饮用红罐王老吉主要在烧烤、登山等场合。而在浙南,饮用场合主要集中在外出就餐、家庭聚会等。在对当地饮食文化的了解过程中,研究人员发现该地区消费者对于"上火"的担忧比广东的消费者有过之而无不及,话梅蜜饯、可口可乐都被说成了"会上火"的危险品而无人问津(后面的跟进研究也证实了这一点,发现可乐在温州等地销售始终低落,最后可乐几乎放弃了该市场,一般都不进行广告投放)。而他们对红罐王老吉的评价是"不会上火""健康,小孩老人都能喝,不会引起上火"。这就是浙南消费者头脑中的观念,这是研究需要关注的"唯一的事实"。

消费者的这些认知和消费行为均表明,消费者对红罐王老吉并无"治疗"要求,而是作为一个功能饮料购买,其真实动机是用于"预防上火",如希望在品尝烧烤时减少上火情况发生等,真正上火以后可能会采用药物进行治疗。

再进一步研究消费者对竞争对手的看法,则发现红罐王老吉的直接竞争对手,如菊花茶、清凉茶等由于缺乏品牌推广,仅仅是低价渗透市场,并未占据"预防上火的饮料"的定位。而可乐、茶饮料、果汁饮料、矿泉水等明显不具备"预防上火"的功能,仅仅是间接的竞争。

同时,任何一个品牌定位的成立,都必须是该品牌最有能力占据的,即有据可依,如可口可乐是"正宗的可乐",是因为它就是可乐的发明者。研究人员对于王老吉企业、产品自身在消费者心智中的认知进行了研究,结果表明,王老吉的"凉茶始祖"身份、神秘中草药配方、105年的历史等,显然是有能力占据"预防上火的饮料"这一定位的。

由于"预防上火"是消费者购买红罐王老吉的真实动机,自然有利于巩固加强原有市场。而能否满足企业对于新定位"进军全国市场"的期望,则成为研究的下一步工作。通过二手资料、专家访谈等研究表明,中国几千年的中医概念"清热祛火"在全国广为普及,"上火"的概念也在各地深入人心,这就使红罐王老吉突破了凉茶概念的地域局限。研究人员认为:"做好宣传概念的转移,红罐王老吉就能活下去。"

在研究一个多月后,成美向加多宝提交了品牌定位研究报告,首先明确红罐王老吉是在"饮料"行业中竞争,竞争对手应是其他饮料;其品牌定位为"预防上火的饮料",独特的价值在于喝红罐王老吉能预防上火,让消费者无忧地尽情享受生活。这样定位红罐王老吉,是从现实格局通盘考虑,主要有以下优点:其一,利于红罐王老吉走出广东、浙南。由于"上火"是一个全国普遍性的中医概念,而不再像"凉茶"那样局限于两广地区,这就为红罐王老吉走向全国扫除了障碍。其二,避免红罐王老吉与国内外饮料巨头直接竞争,形成独特区隔。其三,将红罐王老吉产品的劣势转化为优势。其四,有利于加多宝企业与国内王老吉药业合作。

由于加多宝的红罐王老吉定位在功能饮料,区别于王老吉药业的"药品",因此能更好促成两家的合作。于是,两家企业共同出资拍摄了一部讲述王老吉凉茶创始人行医的电视连续剧《岭南药侠》。

凭借在饮料市场丰富的经验和敏锐的市场直觉,加多宝董事长陈先生决定根据品牌定位对红罐王老吉展开全面推广。在维护原有销售渠道的基础上,加大力度开拓餐饮渠道,在一批酒楼打造旗舰店的形象,重点选择在湘菜馆、川菜馆、火锅店、烧烤店等。

"开创新品类"永远是品牌定位的首选。一个品牌如果能够将自己定位为与强势对手所不同的选择,其广告只要传达出新品类信息就行了,效果往往就是惊人的。红罐王老吉作为第一个"预防上火"的功能饮料推向市场,使人们通过它知道和接受了这种新饮料,最终红罐王老吉就会成为预防上火的饮料的代表,随着品类的成长,自然拥有最大的收益。

确立了红罐王老吉的品牌定位,就明确了营销推广的方向,传播活动就都有了评估的标准,所有的营销努力都将遵循这一标准进行推广,在促进销售的同时,都对品牌价值(定位)进行积累。这时候才可以开始广告创意,拍广告片。

品牌定位的推广

红罐王老吉确定了推广"怕上火,喝王老吉"的主题,在传播上尽量突显红罐王老吉作为饮料的性质。在第一阶段的广告宣传中,红罐王老吉都以轻松、欢快、健康的形象出现,避免出现对症下药式的负面诉求,从而把红罐王老吉和"传统凉茶"区分开来。

为更好地唤起消费者的需求,电视广告选用了消费者认为日常生活中最易上火的五个场景:吃火锅、通宵看球、吃油炸食品、烧烤和夏日阳光浴,画面中人们在开心享受上述活动的同时,纷纷畅饮红罐王老吉。结合时尚、动感十足的广告歌反复吟唱"不用害怕什么,尽情享受生活,怕上火,喝王老吉",促使消费者在吃火锅、烧烤时,自然联想到红罐王老吉,从而促成购买行为。

红罐王老吉的电视媒体选择主要锁定覆盖全国的中央电视台,并结合原有销售区域(广东、浙南)的强势地方媒体,在短短几个月,一举投入4 000多万元广告费,销量立竿见影。2003年11月,企业乘胜追击,购买了中央电视台2004年黄金广告时段。正是这种疾风暴雨式的投放方式保证了红罐王老吉在短期内迅速进入人们的大脑,给人们一个深刻的印象,并迅速红遍全国大江南北。

2003年初,企业用于红罐王老吉推广的总预算仅1 000万元,这是根据2002年的实际销量来划拨的。红罐王老吉当时的销售主要集中在深圳、东莞和浙南这三个区域,因此投放量相对充足。随着定位广告的第一轮投放,销量迅速上升,给企业极大的信心,于是不断追加推广费用,滚动发展。到2003年底,仅广告投放累计超过4 000万元(不包括购买2004年中央台广告时段的费用),年销量达到了6亿元。

在地面推广上,除了强调传统渠道的POP广告外,还配合餐饮新渠道的开拓,为餐饮渠道设计布置了大量终端物料,如免费设计制作了电子显示屏、灯笼等餐饮场所乐于接受的实用物品。在传播内容选择上,充分考虑终端广告应直接刺激消费者的购买欲望,将产品包装作为主要视觉元素,集中宣传一个信息:"怕上火,喝王老吉饮料"。餐饮场所的现场提示,最有效地配合了电视广告。正是这种针对性的推广,消费者对红罐王老吉"是什么""有什么用"有了更强、更直观的认知。目前餐饮渠道业已成为红罐王老吉的重要销售传播渠道之一。

在消费者促销活动中,同样是围绕着"怕上火,喝王老吉"这一主题进行。如在一次促销活动中,加多宝公司举行了"炎夏消暑王老吉,绿水青山任我行"刮刮卡活动。消费者刮中"炎夏消暑王老吉"字样,可获得当地避暑胜地门票两张,并可在当地度假村免费住宿两天。这样的促销,既达到了即时促销的目的,又有力地支持巩固了红罐王老吉"预防上火的饮料"的品牌定位。

同时,在针对中间商的促销活动中,加多宝除了继续巩固传统渠道的"加多宝销售精英俱乐部"外,还充分考虑了如何加强餐饮渠道的开拓与控制,从而推行了"火锅店铺"与"合作酒店"的计划,选择主要的火锅店、酒楼作为"王老吉诚意合作店",投入资金与他们共同进行节假日的促销活动。由于给商家提供了实惠的利益,因此红罐王老吉迅速进入餐饮渠道,成为主要推荐饮品。

这种大张旗鼓、诉求直观明确的广告运动,直击消费者需求,及时迅速地拉动了销售;同时,随着品牌推广的进行,消费者的认知不断加强,逐渐为品牌建立起独特而长期的定位。

推广效果

红罐王老吉成功的品牌定位和传播,给这个有105年历史的、带有浓厚岭南特色的产品带来了巨大的效益。2003年,红罐王老吉的销售额比上年同期增长了近4倍,由2002年的1亿多元增长至6亿元,并以迅雷不及掩耳之势冲出广东。2004年,尽管企业不断扩大产能,但仍供不应求,订单如雪片般纷至沓来,全年销量突破10亿元,以后几年持续高速增长,2008年销量突破100亿元大关,2011年突破160亿元大关。

2012年,加多宝能否再造一个"王老吉"?

2012年母亲节,旷日持久的中国商标第一案、价值1080亿元的王老吉商标之争终于有了定论。"王老吉"商标归广药集团所有,加多宝彻底告别"红罐王老吉"。消费者却面临着"怕上火,我该喝什么?"的两难选择,两家企业面临双输局面。

加多宝岂肯轻易放弃凉茶这块好不容易做起来的大蛋糕。其实加多宝早已备了后手,去"王老吉"化运动正在火爆进行。有广告公司监测数据显示,仅4月份加多宝投入的广告费用就高达4亿元。从市场上看,加多宝已经开始在大张旗鼓地进行"去王老吉"运动。加多宝似乎有意通过广告轰炸使"加多宝出品正宗凉茶"深入人心。以此广告语为主题的新广告片被放在央视大力推广。无论是从广告画面还是熟悉的口号旋律,都与当年红罐王老吉脍炙人口的广告如出一辙。

不过,对于竞争惨烈的中国软饮料市场,一个新的品牌想突破重围谈何容易?试想,当你走进超市,发现两个外包装几乎一模一样的红罐饮料,会做何反应?加多宝虽自称是正宗凉茶,然而其品牌影响力毕竟太弱,消费者第一反应可能还是会循着老牌子去选。一半是火焰,一半是海水,加多宝能否安然度过这段阵痛期,再造一个"王老吉"?因商标之争而起,后又牵涉到包装、广告语纷争已经九年,直到2019年7月加多宝与广州药业集团的官司还在缠斗。(资料来源:作者整理)

1. 实训目的

(1)巩固品牌相关理论知识。

(2)提升品牌决策的技能。

2. 实训任务

(1)你认为加多宝公司创业初期选择王老吉品牌是正确的决策吗?为什么?

(2)你认为王老吉品牌是如何建成的?其价值体现在哪些方面?

(3)如你是一位营销经理,在品牌决策方面应从加多宝公司吸取的最大教训是什么?如何重建加多宝品牌?

3. 实训步骤

(1)个人阅读

每位学生课前认真阅读背景材料。针对"实训任务"进行阅读,督促学生在课前完成。针对中国学生的特点,课堂上老师或学生还需再花费 15~25 分钟对背景材料的关键信息及相关背景进行简单的陈述。

(2)分组

在授课教师指导下,以 6~8 个人为单位组成一个团队,要求学生选出组长、记录人、报告人等角色;

(3)小组讨论与报告

时间为 30 分钟,主要在课堂进行,围绕老师"实训任务"展开讨论,同时鼓励学生提出新的有价值的问题。要求记录人将讨论要点或关键词按小组抄写在黑板上的指定位置并进行简要报告,便于课堂互动。小组所报告的内容尽可能是小组所达成共识的内容。

小组讨论与报告

小组名称或编号:_____   组长:_____

报告人:_____   记录人:_____

小组成员:_____

①小组讨论记录:

发言人1:_____

发言人2:_____

发言人3:_____

发言人4:_____

发言人5:_____

发言人6:_____

发言人7:_____

发言人8：＿＿＿＿＿＿＿＿＿＿＿＿＿＿＿＿＿＿＿＿＿＿＿＿＿＿＿＿＿＿＿＿＿

②小组报告的要点或关键词(小组所达成共识的内容)：

任务1：＿＿＿＿＿＿＿＿＿＿＿＿＿＿＿＿＿＿＿＿＿＿＿＿＿＿＿＿＿＿＿＿

任务2：＿＿＿＿＿＿＿＿＿＿＿＿＿＿＿＿＿＿＿＿＿＿＿＿＿＿＿＿＿＿＿＿

任务3：＿＿＿＿＿＿＿＿＿＿＿＿＿＿＿＿＿＿＿＿＿＿＿＿＿＿＿＿＿＿＿＿

(4)师生互动

主要在课堂进行，时间为30分钟，老师针对学生的报告与问题进行互动，同时带领学生对价格策略关键知识点进行回顾。并追问学生还有哪些问题或困惑，激发学生学习兴趣，使学生自觉地在课后进一步查询相关资料并进行系统的回顾与总结。

(5)课后作业

根据课堂讨论，进一步回顾本章所学内容，要求学生登录加多宝公司网站，进一步寻找案例中未提供的决策依据和未考虑到的决策要素，形成正式的实训报告。实训报告的提纲如下：

实训报告

假定你是加多宝公司的品牌经理，说明加多宝公司在品牌决策方面涉及哪些具体决策：

①＿＿＿＿＿＿＿＿＿＿＿＿＿＿＿＿＿＿＿＿＿＿＿＿＿＿＿＿＿＿＿＿＿＿

②＿＿＿＿＿＿＿＿＿＿＿＿＿＿＿＿＿＿＿＿＿＿＿＿＿＿＿＿＿＿＿＿＿＿

③＿＿＿＿＿＿＿＿＿＿＿＿＿＿＿＿＿＿＿＿＿＿＿＿＿＿＿＿＿＿＿＿＿＿

通过上述分析，提出你对加多宝公司在品牌决策方面的主要建议：

①＿＿＿＿＿＿＿＿＿＿＿＿＿＿＿＿＿＿＿＿＿＿＿＿＿＿＿＿＿＿＿＿＿＿

②＿＿＿＿＿＿＿＿＿＿＿＿＿＿＿＿＿＿＿＿＿＿＿＿＿＿＿＿＿＿＿＿＿＿

③＿＿＿＿＿＿＿＿＿＿＿＿＿＿＿＿＿＿＿＿＿＿＿＿＿＿＿＿＿＿＿＿＿＿

(6)案例分析成果的考核

根据学生课堂表现和案例分析报告质量评定成绩。

第十一章　新产品开发决策和产品生命周期决策

我们只想做出伟大的产品。

——苹果公司创始人　史蒂夫·乔布斯

不创新,就灭亡。

——福特公司创始人　亨利·福特

学习目标

1. 了解新产品开发的内涵、作用及挑战。
2. 掌握新产品开发的流程及相关决策。
3. 了解产品生命周期规律并制定营销战略。

引导案例

案例 11.1　小米手机的新产品开发

北京小米科技公司由前 Google、微软、金山等公司的高手于 2010 年组建。2017 年,小米进军国际市场效果出众,年营业额约 180 亿美金,利润约 10 亿美金。2018 年,小米发布 MIX 系列、note3、红米 5 等新产品。

小米 M1 于 2011 年发布,售价 1 999 元,主要针对手机发烧友,采用线上销售模式,是世界上首款双核 1.5 GHz 的智能手机。小米公司颠覆传统的新产品开发流程,研发人员直接通过社会化媒体了解消费者。小米公司在研发 MIUI 操作系统的时候采用了"众包"模式:通过与小米论坛上的粉丝互动收集意见,每周快速更新版本,做出产品改进。在小米手机新功能开发之前会通过论坛提前向用户透露一些想法,或者在正式版本发布前一两周,让用户投票选择需要什么样的产品。在研发的过程中,不断有"发烧友"在小米论坛上呼唤:小米手机应该提供自由刷机系统功能。研究人员采纳了此意见。一开始,MIUI 系统采用的是安卓输入法,过了一段时间,许多用户投票决定,他们更喜欢搜狗输入法,所以研发人员将其更换为搜狗输入法。半年之后,由用户自主发起第二轮投票,大多数用户支持不放置任何输入法,由他们自己选择装什么样的输入法。于是,小米手机干脆不装任何输入法!

这拨最初由小米论坛产品研发阶段积累起来的"发烧友"后来成为小米手机最忠实的核心用户和开展口碑传播的意见领袖。这是一种低成本的推广方式,公司过去几年基本上没有花过一分钱打广告。

与传统手机公司截然不同,整个小米公司的研发部门并没有研发经理之类的职位,只有研发小组,同时,营销人才和产品经理被整合到一个团队,将手机研发工作拆解成许多功能模块,每个模块都由几个研发工程师负责,他们通过小米论坛、微博等方式,直接与粉丝互动,从消费者那里获得反馈信息,对产品快速做出改进。(资料来源:作者整理)

思考:
1. 小米手机属于新产品吗?为什么?
2. 小米手机新产品开发方法适合所有企业吗?

理论知识

第一节 新产品开发决策

一、新产品的内涵及分类

市场营销学的新产品的"新"是相对的。产品整体概念中任何部分的变革或创新,只要能给消费者或客户带来新的利益、新的满足,这样的产品就是新产品。按产品新颖程度,新产品一般可分为如下四类:

1. 全新产品

全新产品是指采用新原理、新结构、新技术、新材料制成的前所未有的新产品。全新产品的产生一般需要经过很长的时间,花费巨大的投资,拥有先进的技术水平以及一定的需求潜力,市场风险较大,因此绝大多数企业不容易提供这样的新产品。根据有关统计,新产品中一般只有10%是真正的全新产品。

2. 换代产品

换代产品是指在原有产品基础上,部分采用新技术、新材料制成的性能有显著提高的新产品。如黑白电视机改成彩色电视机,传统彩色电视机改为直角平面电视机等。

3. 改进产品

改进产品是指对原有产品的结构、性能、采用的材料、花色品种、包装或款式等方面做出改进的新产品。如在普通牙膏中加入某种药物,在服装尺寸比例方面做出某些调整以适应新的时尚等。这类产品与原有产品的差距不大,创新比较容易,进入市场后也容易被市场接受。

4. 仿制产品

仿制产品是指企业仿制市场上已有的新产品,有时也可能有局部的改进和创新,但基本原理和结构无大变化。这类产品对市场来说并非新产品,而对于第一次生产的企业来说却是新产品。

除此之外,企业将现行产品投向新的市场,对产品进行市场再定位,或通过降低成本、生产出同样性能的产品,这对市场或企业而言,也可以称为新产品。企业开发新产品一般是推出上述产品的某种组合。

二、新产品开发的战略作用

1. 可以促进企业成长

可以促进企业成长新产品开发最根本的意义在于促进企业成长。据统计,大多数公司销售额和利润的30%~40%,都来自五年前还不属于本企业产品范围的那些产品。

2. 可成为企业竞争优势的源泉

竞争双方都力图通过新产品开发来获取对某一特定市场的主导或支配地位,这样才能在选定的细分市场中获取持续的竞争优势。

3. 可使企业适应环境的变化

消费者需求或者环境条件的改变,常常预示着企业的现有产品已处于衰退阶段,企业必须为原有产品寻找替代或升级的产品,这往往是开发新产品最直接的原因。案例11.2介绍了苹果公司历史上所开发的主要新产品。

穿插案例

案例11.2 苹果公司历史上所开发的主要新产品

美国苹果公司是全球较大手机生产商之一和主要的PC厂商,1976年4月创立,其创始人史蒂夫·乔布斯被称为世界最伟大的产品经理。2012年2月底,苹果市值突破5 000亿美元,成为世界上市值最大的上市公司。2018年底,微软市值为7 798亿美元,在阔别16年之后,再次成为全球市值最高的公司,而苹果市值7 491亿美元,跌至第二。苹果公司历史上所开发的新产品主要有:

1977年,发布AppleⅠ,当时只是以电脑印刷电路板的形式出售。随即发售个人电脑AppleⅡ。

1980年,发布AppleⅢ,这是一款失败产品。

1982年,推出AppleLisa电脑,因售价太高而最终停产。

1984年,推出革命性的Macintosh电脑。

1997年,推出彩色的iMac电脑。

2001年,推出iPod数码音乐随身听。

2002年,推出第二代iPod播放器,使用"Touchwheel"的触摸式感应操控方式。

2003年,推出最早的64位元个人电脑Apple Power Mac G5 和第三代 iPod。

2004年,推出第四代 iPod 和迷你 iPodmini。

2005年,推出第五代 iPod 播放器、第二代迷你 iPodmini、iPodshuffle、超薄 iPod-nano。

2006年,首次推出使用英特尔处理器的台式电脑 iMac、笔记本电脑 MacBookPro、第六代 iPod 数码音乐播放器 iPodclassic、第二代 iPodnano 数码音乐播放器、第二代 iPod-shuffle 数码音乐播放器。

2007年,推出第三代 iPodnano 超薄数码音乐播放器、iPhone 与 iPodtouch。

2008年,发布 MacBookAir、iPodnano 第四代、iPodtouch 第二代、MacBook、MacBookPro;推出 3GiPhone。

2009年,发布17英寸屏幕的 MacBookPro 笔记本电脑;推出升级版的 iMac、新款 iPodshuffle、新 iPhone3GS、新款 iPod、iTunes9 和 Snow Leopard 系统。

2010年,推出 iPad 系列产品(3G、Wi-F+3G);乔布斯发布 iPhone4。

2011年,发布 iPad2 系列产品;推出 iPhone4s、ios5、icloud 和 iPhone4S。10月6日乔布斯去世。

2012年,CEO 蒂姆·库克发布全新 iOS6、Mac、iPhone5、15英寸的 MacBookPro 和全新 iPad。

2013年,推出 iWatch、iTV、iRadio 和 MacBook Air 笔记本。

2016年,发布 iPhone 6s、iPhone 6s Plus、全新 3D Touch 触碰技术、全新 iPad Pro、全新 Apple Watch 2 以及 Watch OS 2。

2017年,发布会产品有 iPhone X、iPhone 8、iPhone 8 Plus、Apple Watch Series 3、Apple TV。

2018年,发布 Apple Watch Series 4、Face ID、iPhone XR、全新 iPad Pro、AirPower 产品发布失败。

2019年,推出 Apple Arcade、Apple TV＋、Apple News＋、Apple Card、iPhone11 等。

2020年,推出新款 Apple watch series6、Apple watch se、新款 iPad air、iPad2020、新款 homepod mini、iPhone12 等。(资料来源:作者整理)

三、新产品开发面临的挑战

1. 开发速度空前提高

在目前激烈的市场竞争中,产品投放市场的快慢往往是企业竞争成败的关键。在新的竞争环境下,速度在很大程度上决定了产品能否占领市场,"快鱼吃慢鱼"已是不争的事实。这就要求企业必须加快产品开发速度、缩短产品开发周期和产品上市时间,否则可能面临淘汰的危险。

2. 信息化程度提高

新产品开发的另一个挑战来自信息化程度的提高。一方面,企业之间知识和技能的共享程度空前提高,企业对知识和技能的垄断已经越来越难;另一方面,模拟技术和仿真技术的发展,使得企业对于其他企业投放市场的新产品能够迅速做出反应,这也大大降低了产品开发的风险。这就要求企业对市场和消费者的需求迅速做出反应,缩短新产品开发周期,赢得长期优势。

四、新产品开发的程序

1. 新产品创意的产生

新产品创意的产生即系统地搜集新产品创意。任何一个企业为了发现最好的产品创意,总是要搜集许多创意。在美国"吉列"公司,平均每45个仔细开发的新产品创意中只有3个进入产品开发阶段,而最后仅有其中1个创意才能进入市场。对于医药公司来说,平均每开发一个成功的新药品,就需要6 000~8 000个原始创意的支持。新产品创意的来源主要包括:企业内部、顾客、竞争者、分销商、供应商及其他来源。

2. 新产品创意的筛选

创意筛选过程一般分两步进行:第一步,由企业主管人员将新产品创意填入一张标准的表式内;然后,新产品委员会根据一套标准对创意逐个进行审查,剔除不合标准的创意,保留合乎标准的创意。第二步,对经筛选剩下的创意进行更细致的审查,具体方法是利用加权评分表评出等级。新产品创意等级评分表见表11-1。

表11-1　　　　　　　　　新产品创意等级评分表

新产品成功的必要因素	相对权数(1)	新产品能力水平等级评定(2)					得分(3)=(1)×(2)
		很好 5	好 4	一般 3	差 2	很差 1	
产品的独特优点	0.20	√					1.00
市场需求	0.15		√				0.60
质量	0.15			√			0.45
绩效成本比率	0.15			√			0.45
性能优异	0.10		√				0.40
营销资金支持	0.10				√		0.20
市场竞争能力	0.10		√				0.40
采购和供应	0.05				√		0.10
合　计	1.00						3.60

注:评分等级标准是2.01以下为差的创意;2.01~3.50为一般的创意;3.50以上为好的创意。

需要注意的是,尽量避免两种错误:"漏选"与"错选"。漏选是指未能认识到某项好的创意的开发价值而轻率舍弃;错选是把没有发展前途的创意仓促投产。这两种错误都会给企业造成损失。

五、新产品概念的形成与测试

1. 新产品概念的形式

新产品概念是指企业从消费者的角度对这种创意所做的详尽的描述。企业必须根据消费者的要求把新产品创意发展为新产品概念,寻求并确定最佳新产品概念。

2. 新产品概念的测试

新产品概念的测试就是让目标市场顾客对新产品概念进行评价,以确定该概念是否有很强的消费吸引力。它一般需要向消费者呈现一个精心设计的概念说明书,说明新产品的功能、特性、规格、包装、售价等,有时还附有图片或实物模型。

六、营销战略开发

营销战略一般包括以下几部分内容:

(1)描述目标市场的规模结构和行为;预先计划的产品定位;预计在开始几年内的市场销售额;市场占有率和利润目标等。

(2)阐述产品预定价格、分销渠道和第一年的市场营销预算等。

(3)预计今后的长期销售额、利润目标以及营销组合战略。

七、商业分析

商业分析就是对新产品未来的销售额、成本和利润等的估计,进而确定这些因素是否符合企业的发展目标要求。如果是肯定的,那么,该新产品概念可以进入下一步具体产品开发阶段。

八、新产品试制开发

新产品试制开发就是将新产品概念发展为实物产品以确认该新产品概念能够转化为切实可行的产品。这个阶段与前几个阶段相比需要较大的投资,需要做好三项工作:

(1)根据新产品概念制造出一种或几种实物原型(Prototype),即样品。

(2)对准备好的原型,必须通过一系列严格的功能测试和消费者测试。

(3)对原型进行改进,获得消费者认可并达到其他各项具体要求。

九、市场试销

市场试销是指将小批量的新产品投放到选定的有代表性的市场内销售,以检验该新产品及其营销方案在真实的市场环境中的投放可行性,为大规模营销做好准备。

十、正式进入市场

根据试销结果对是否大规模推出新产品进行决策。市场试销结果与进入市场决策选择见表11-2。

表 11-2　　市场试销结果与进入市场决策选择

试用率	重购率	营销决策
高	高	新产品正式进入市场
高	低	重新设计
低	高	增加广告与促销努力
低	低	放弃

如果新产品试销的试用率和重购率都高,企业就可决定将新产品引入市场,进入完全商品化阶段。这时企业还要做好以下几个方面的具体决策:

（1）时机决策：即新产品初次大规模上市要选择适当的时机。

（2）地点决策：即企业必须决定将新产品推入单一的地区，或几个区域，或全国市场，或国际市场。

（3）目标市场决策：即选取最有希望的购买群体尽快达到高销售量，以吸引其他更多的顾客。

（4）导入市场决策：即决定如何纳入现有产品分销渠道，采用怎样的导入价格、促销方式，如何分摊营销预算到各营销组合要素之中，如何管理及谁来管理市场导入项目等。这一般需要一个很好的实施计划作为保障。

需要指出的是，大多数企业的新产品开发是在周密系统的规划后，按流程开发并上市新产品。而在目前动态、多变、不确定的市场环境下，很多企业尤其是创业企业，应抛弃冗长呆板的计划，快速开发"最小化可行产品"（Minimum Viable Product），通过反复试验，直接在市场获取反馈，通过迭代优化来进化出一个新产品。所谓最小化可行产品，是指可以使用最少资源，被最快制作出来的、能被用户使用的试验性产品。

第二节 产品生命周期决策

一、产品生命周期的概念

产品的生命周期（Product Life Cycle，PLC）是指产品销售和利润在整个产品由开发到退出市场期间的变化过程，包括产品开发期、导入期、增长期、成熟期和衰退期五个阶段，如图11-1所示。

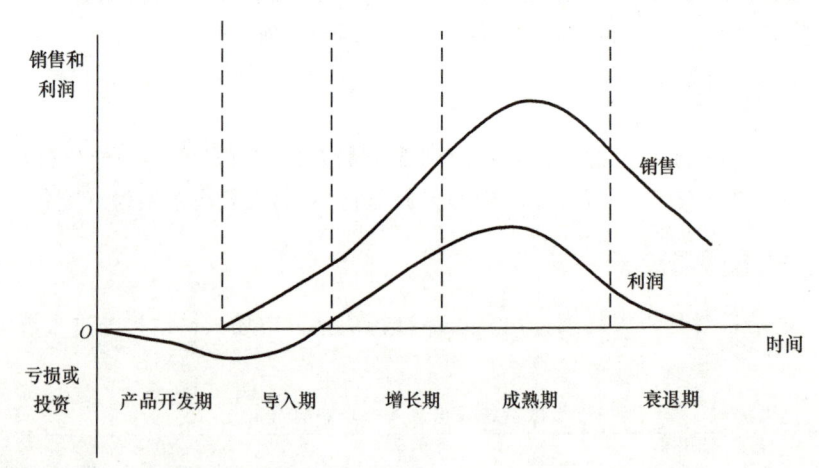

图11-1 产品生命周期图

二、产品生命周期各阶段的判断

产品生命周期各阶段的判断，一般采取以下方法：

1. 曲线判断法

此法比较直观、形象,简易可行,将现行产品销量、数据绘制成曲线图,与产品生命周期标准曲线图对照,即可从曲线走向判断某种产品目前处于生命周期的哪个阶段、未来走向如何。但这种方法局限性大,没有把诸多变形曲线形态及其成因考虑在内。

2. 销售趋势分析法

此法是用各个时期实际销售增长率的数据 $\Delta Y/\Delta X$ 的动态分布曲线来划分各阶段。用 ΔY 表示纵坐标上的销售量的增加量;ΔX 表示横坐标上的时间的增加量。

当 $\Delta Y/\Delta X$ 值大于 10% 时,该产品处在增长期;

当 $\Delta Y/\Delta X$ 值为 0.1%～10% 时,该产品处在成熟期;

当 $\Delta Y/\Delta X$ 值小于 0.1% 时,该产品处于衰退期。

3. 产品普及率分析法

产品普及率分析法即按人口平均普及率来分析产品市场生命周期所处的阶段。人口普及率 15% 以下为导入期,15%～50% 为增长期,50%～80% 为成熟期,超过 80% 为衰退期。

人口平均普及率＝社会拥有量/人口总数（或社会拥有量/家庭户数）

4. 同类产品类比法

对于一些新产品,由于没有销售资料,很难进行分析判断。此时,可以运用类似产品的历史资料进行比照分析。

5. 因素分析法

即根据产品生命周期不同阶段的有关因素所呈现出的不同特征来判断。产品生命周期因素分析见表 11-3。

表 11-3　　　　　　　　产品生命周期因素分析

因　素	增长期	成熟期	衰退期
企业销售情况	递增	畅销	递减
竞争对手销售情况	稳定畅销	上升	下降
企业经营管理综合工作质量	上升	稳定	下降
比较同类产品的技术经济指标	近似或稍好	近似	落后

三、消费者采用新产品的过程及其类型

1. 消费者采用新产品的过程

营销管理者为了在早期的市场渗透中建立一个有效的战略,就必须了解潜在消费者怎样认识、试用或拒绝新产品。消费者采用新产品的过程一般经历以下几个阶段：

(1) 知晓阶段。即消费者刚刚认识新产品,但还缺乏有关新产品的完整的信息,信息主要来源于相互间的口头传播和广告。

(2) 兴趣阶段。即消费者知晓了新产品后,被激发起对新产品的兴趣,便会积极寻求有关情报,并产生购买、试用的动机。

(3) 评价阶段。即消费者根据所了解到的知识,开始权衡是否值得去使用该产品,判断由此带来什么利益和可能的风险。

(4)试用阶段。即消费者开始少量地试用新产品,在试用中不断评价产品的效用,决定是否要大量地采用该产品。

(5)采用阶段。即消费者试用新产品后得到了满意的效果,便会经常重复购买该产品,对该产品正式表示接受。

营销管理者应根据消费者采用新产品所处的不同阶段采取不同的营销策略。

2．新产品采用者的类型

新产品采用者可分为五种类型,新产品采用者的类型及其与产品生命周期的关系,如图11-2所示。

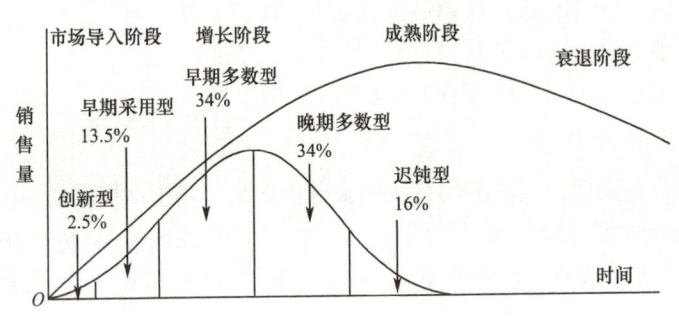

图 11-2　新产品采用者的类型及其与产品生命周期的关系

创新型愿意冒风险试用新创意;早期采用型是观念领导者,因而采用新创意较早;早期多数型的态度慎重,虽然他们不是观念领导者,但比一般人先采用新创意;晚期多数型是持怀疑态度,要等到大多数人都已试用后才采用新创意;迟钝型受到传统束缚,趋于保守,怀疑任何变革,只有在创新的产品变为传统事物后才采用它。

四、产品生命周期各阶段的营销策略

由于产品生命周期各阶段的特点不同,企业在各阶段做出的营销决策也不同。产品生命周期不同阶段的特点、营销目标及营销策略,见表11-4。

表 11-4　产品生命周期不同阶段的特点、营销目标及营销策略

		导入期	增长期	成熟期	衰退期
特点	销量	低	增长迅速	达到高峰	下降
	成本	单位顾客成本最高	单位顾客成本一般	单位顾客成本低	单位顾客成本低
	利润	亏损	上升	高	下降
	顾客	创新型	早期多数型	晚期多数型	迟钝型
	竞争者	极少	增加	稳定	减少
营销目标		提高产品知名度和试用率	市场份额最大化	保护市场份额和利润最大化	削减支出和榨取品牌价值
营销策略	产品策略	确保产品的核心产品层次	提高质量、改进款式、特色	改进工艺、降低成本、产品改进	有计划地淘汰滞销品种
	促销策略	介绍商品	品牌宣传	突出企业形象	维护声誉
	分销策略	开始建立与中间商的联系	选择有利的分销渠道	充分利用并扩大分销网络	处理淘汰产品的存货
	价格策略	撇脂价或渗透价	适当调价	价格竞争	削价或大幅度削价

本章习题

一、判断题

1. 市场营销学的新产品的"新"是绝对的。（　　）
2. 不管消费者采用新产品出于什么阶段，营销管理者应采取相同的营销策略。（　　）
3. 在新产品的导入期，单位顾客的成本通常最低。（　　）

二、单选题

1. 下列关于新产品的叙述中不正确的是（　　）。
   A. 在市场营销学中，只要能给消费者或客户带来新利益、新满足的产品，就可称为新产品
   B. 在企业实践中，绝大多数企业容易开发出全新产品
   C. 换代产品和改进产品都属于新产品
   D. 仿制产品对市场来说并非新产品，而对于第一次生产的企业来说却是新产品

2. 下列关于新产品开发程序的叙述中不正确的是（　　）。
   A. 任何新产品的开发都严格遵守同样的程序
   B. 不同新产品的开发程序会有所差异
   C. 在目前动态、多变、不确定的市场环境下，企业应快速开发最小化可行产品并不断迭代
   D. 在新产品开发过程中，通常通过市场试销，为大规模营销做好准备

3. 下列关于消费者采用新产品的叙述中不正确的是（　　）。
   A. 消费者采用新产品一般经历知晓、兴趣、评价、试用、采用五个阶段
   B. 在知晓阶段，消费者的主要信息来源于相互间的口头传播和广告
   C. 迟钝型受到传统束缚，趋于保守，通常待创新产品变为传统事物后才采用它
   D. 晚期多数型是愿意冒风险试用新创意的消费群体

三、简答题

1. 简述新产品开发的战略作用与挑战。
2. 简述新产品开发的程序。
3. 简述产品生命周期各阶段的营销策略。

营销演练

索尼公司的产品生命周期

请仔细阅读下面的营销案例，然后，完成相应的营销演练任务。

索尼公司是一家全球知名的电子产品制造商，为横跨数码、生活用品、娱乐领域的世界巨擘，是全球较大的综合娱乐公司之一，总部设在日本东京。2020年，在福布斯全球品

牌价值榜中排名第47位,在《财富》世界500强中排名第122位。

东京通信工业株式会社时代

1945年,井深大和盛田昭夫在东京一家百货公司的仓库创立"东京通信工业株式会社"(索尼前身)。成立初期经营困难,直到1956年发展当时不被看好的晶体管技术,开发出世界第一台晶体管收音机"TR-55",一举成功,公司营运渐入佳境。

特丽珑技术

1950年,索尼的黑白电视虽然大卖,但是其技术竞争力却毫无优势,其后所制造的彩色电视的品质也不太理想,导致巨额亏损甚至公司已到达倒闭的边缘。1967年,索尼发表了由井深大亲自加入开发特丽珑(Trinitron)映像管技术,这项技术使得索尼电视在全球热卖,盛田昭夫自日本开发银行借得巨额开发债务也在3年内还清。

影像纪录竞争与Betamax的落败

1970年,索尼与JVC、松下共同发表了U-Matic磁带录影系统,正式为日后的录像带规格竞争揭开序幕。1975年4月16日,索尼发表了全球第一台针对民生用市场Betamax规格的SL-300,使其成为全球的消费性电子影像大厂。日本JVC在1976年9月推出了VHS规格,而松下也决定加入VHS阵营。Betamax最大的弱点是录影时间只有1小时,而VHS对此做了改良,但索尼不愿意开放Betamax的规格授权,导致VHS以Betamax三倍的速度迅速扩张市场。虽然索尼坚持以Betamax对抗由全世界公开规格的VHS联盟长达14年,但最终在1988年以索尼毅然加入VHS阵营而结束。单从技术上来看,Betamax格式远远强于VHS格式,但是松下通过灵活的授权运作获得了众多厂家的支持,因而统领了民用市场。Betamax格式凭借技术优势进入了专业领域,成为专业广播级视频领域的主导标准。

风靡全球的随身听:Walkman

1979年,索尼把记者用的小型录音机"Pressman(新闻人)"修改成体积更小的录音机,在得到许多人的赞美,推出了Walkman(随身听),其定位为青少年市场,强调年轻活力与时尚,并创造了耳机文化。1980年2月,在全世界开始做销售,直到1998年为止,Walkman全球销售突破2亿5 000万台。盛田昭夫在1992年10月受封英国爵士。

收购哥伦比亚电影

1989年9月25日,索尼陆续并购了哥伦比亚广播公司的电影与音乐部门,使它成为索尼影视娱乐的旗下子公司。当时,日本经济大幅成长,迅速成为世界第二大经济体,而美国的经济却萎靡不振。日本由于第二次世界大战中败给美国,许多日本企业为了民族自尊心,疯狂的并购了美国的企业,而众家美国公司却无力反击。其中三菱买下纽约的地标洛克菲勒中心,索尼以60亿美元买下哥伦比亚三星电影公司,创下了当时日本最大的一宗海外并购案,但是,这一收购案也使索尼一度成为日本历史上亏损额度最高的企业。1980年,日本爆发了泡沫经济危机,而索尼电影事业群也因为票房不佳,从此惨赔数年。直到1997年,霍华德·斯金格主导改革,逐渐获利,并于2004年11月并购了历史悠久的米高梅电影公司。

空前成功的Play Station

1993年开始,索尼专门成立电脑娱乐公司,开发新一代的CD-ROM游戏主机,全力对抗任天堂所主导的游戏市场。之后,索尼先后推出 Play Station(PS)系列游戏机。截至 2012 年 3 月 31 日,PS 系列电视游戏机销售量超过 4 亿 2 300 万台,成为继 Walkman 后,全球较为成功的产品。

数码、梦想、小孩

1995 年,出井伸之出任索尼社长,开启了 10 年数码梦想时代,提出了"数码、梦想、小孩""Do you dream in Sony""无所不在的价值网络"等新的公司愿景,并认为索尼卖的是个人体验,其存在的理由是创造人们的欲望,提供一种梦想,从而将索尼带入电子、游戏、娱乐、金融四大领域,走进数码化、网络化时代。1996 年后,索尼陆续推出了 CyberShot 数码相机、VAIO 笔记本电脑、Clie PDA 等数码产品,并在市场上获得了空前的成功。而在原本收益极差的电影事业群,营运逐渐好转,推出《蜘蛛侠》《卧虎藏龙》等热门影片,成为索尼获利的重要来源。

陨石坠落般的危机:索尼震撼

自 2001 全球经济衰退、网络泡沫化以来,索尼已有 10 年未发表独创性产品;因 Walkman 不支持 MP3 格式造成苹果 iPod 数码随身听在全球热卖,取代了 Walkman 原有地位;自持拥有特丽珑技术的 WEGA 独自开发高清影像技术而错估液晶电视的发展,使得夏普、三星取得电视影像的领导地位……一连串的决策错误以及电子产品价格不断压缩等因素,使得索尼从 2002 年严重受挫至今。

2005 年,美国索尼负责人霍华德·斯金格出任董事长兼 CEO,成为索尼史上第一位外籍领导人,许多索尼元老级人物也退出董事会。在霍华德·斯金格的主导下,索尼进行裁员瘦身等系列改革,将电子、游戏、娱乐产业列为索尼重点产业。电玩方面,于 2006 年年推出"PS3",同时强化自行开发的电玩软件;娱乐方面,将追求电影事业的稳定成长,以及扩大网络下载音乐事业等;电子方面,将取消以往公司林立、各自为政的经营方式,加强各单位在商品和产销战略上的横向合作,改由社长兼电子产业执行长中钵良治来统筹指挥整个电子家电事业。QRIO 机器人、AIBO 机器狗和豪华品牌 Qualia 三个项目将会被冻结,成为索尼结构改革中的第一批牺牲品;舍弃 WEGA 品牌而在全球推出 Bravia 电视品牌全力抢占液晶电视市场;将目前以北美、欧洲、日本和其他国家与地区四区规划,调整为北美、欧洲和东亚区,新确定东亚区包括中国、韩国与日本市场。

索尼与东芝:下一代 DVD 标准之争

蓝光和高清是下一代 DVD 格式的两支主导力量,两种格式互不兼容,其主要区别在于写录信息的方式不同:蓝光盘片格式的保护层为 0.1 mm,高清 DVD 则为 0.6 mm。如要生产蓝光盘片,势必重新架构生产线,短期而言制造成本较高,但运用蓝光技术读取和写入数据的 DVD,比传统红光的 DVD 存储更大。多年来,蓝光阵营一直由索尼、松下和戴尔支持,而高清 DVD 阵营由东芝、NEC 支持。2005 年夏天,统一下一代 DVD 格式的谈判破裂后,两大阵营各自巩固了自己的标准。后来蓝光阵营最近逐渐在竞争中占据上风,并于 2007 年抢到了日本 DVD 录像机 90% 以上的市场份额,之后又陆续得到沃尔玛、百思买、华纳兄弟及好莱坞等公司的支持。

2008 年 2 月 19 日,东芝正式宣布退出高清 DVD 业务,索尼蓝光成为默认的光存储格式,但因价格因素和娱乐多元化的影响,蓝光的普及速度还不尽人意。2016 年,索尼独立研发的再生塑料SORPLASTM,帮助其摆脱资源依赖,并以耐热性、耐久性和耐冲击性等优势,广泛应用于电子产品的生产。在可持续发展理念指导下的创新成果中,4件产品跻身"优良设计(Good Design)百佳奖"、14件获得优良设计奖;2017年,索尼虚拟现实系统PlayStation VR、黑胶唱片机"PS-HX500"、"未来实验室项目"以及KOOV教育机器人套件等产品荣获19项享有盛誉的全球设计奖项之一"iF设计奖"。同时,索尼提供针对政府、教育、企业和地产等不同用户的产品解决方案,并构建完善的产品售后服务体系,推进用户服务水平稳步提升。(资料来源:作者整理)

营销演练任务

建议学生在回顾本章所学内容的基础上,进一步收集有关索尼公司的资料,寻找案例中未提供的决策依据和未考虑到的决策要素,形成正式的市场工作报告,报告的提纲和格式如下:

市场工作报告

蓝光DVD产品生命周期的阶段划分:

① _____

② _____

③ _____

_____

判断VHS录像、Walkman随身听、PS游戏机、蓝光DVD目前处于生命周期的什么阶段?

VHS录像:_____

Walkman随身听:_____

PS游戏机:_____

蓝光DVD:_____

索尼应追求的营销目标和营销战略是什么?

VHS录像:_____

Walkman随身听:_____

PS游戏机:_____

蓝光DVD:_____

在家庭娱乐市场,索尼的当前主要竞争对手是谁?请比较索尼和主要竞争者的优劣势。

主要竞争者:_____

与竞争者相比：＿＿＿＿＿＿＿＿＿＿＿＿＿＿＿＿＿＿＿＿＿＿＿＿＿＿＿＿＿＿＿＿
优势：＿＿＿＿＿＿＿＿＿＿＿＿＿＿＿＿＿＿＿＿＿＿＿＿＿＿＿＿＿＿＿＿＿＿＿
劣势：＿＿＿＿＿＿＿＿＿＿＿＿＿＿＿＿＿＿＿＿＿＿＿＿＿＿＿＿＿＿＿＿＿＿＿
＿＿＿＿＿＿＿＿＿＿＿＿＿＿＿＿＿＿＿＿＿＿＿＿＿＿＿＿＿＿＿＿＿＿＿＿＿＿
＿＿＿＿＿＿＿＿＿＿＿＿＿＿＿＿＿＿＿＿＿＿＿＿＿＿＿＿＿＿＿＿＿＿＿＿＿＿
＿＿＿＿＿＿＿＿＿＿＿＿＿＿＿＿＿＿＿＿＿＿＿＿＿＿＿＿＿＿＿＿＿＿＿＿＿＿

通过上述分析，分析中国家庭影院产品未来发展的趋势：
＿＿＿＿＿＿＿＿＿＿＿＿＿＿＿＿＿＿＿＿＿＿＿＿＿＿＿＿＿＿＿＿＿＿＿＿＿＿
＿＿＿＿＿＿＿＿＿＿＿＿＿＿＿＿＿＿＿＿＿＿＿＿＿＿＿＿＿＿＿＿＿＿＿＿＿＿
＿＿＿＿＿＿＿＿＿＿＿＿＿＿＿＿＿＿＿＿＿＿＿＿＿＿＿＿＿＿＿＿＿＿＿＿＿＿

案例实训

案例11.3　云南白药的新产品开发

云南白药是我国医药行业较著名的品牌，也是中医药的一面旗帜。始建于1902年，以其绝密的配方，独特的疗效，誉满中外。以"白药"系列药品为核心，向透皮制剂以及健康产品拓展，开发出云南白药创可贴。云南白药创可贴销售额在2007年首次超过了邦迪，成为市场领导者。

云南白药集团总经理王明辉曾说："今天的（市场）环境已经发生了巨大变化，我们一定要有危机意识。逆水行舟，不进则退。如果我们不进行创新，那么也会被市场淘汰。"因此，公司成立了新产品开发部，负责新产品开发。其主要职责包括产生和筛选新产品的创意、建议，指挥和协调研究开发工作，进行实地试销和商品化管理。

接下来的任务十分艰巨：公司如何改变药剂产品品种单一的局面？究竟要开发什么新产品、进入什么新的业务领域？开发新产品通常是高收益与高风险并存，新产品开发成功会带来丰厚的收益，增强企业的核心能力，如果失败，企业会遭受经济损失，甚至影响企业形象。成功的新产品要真正具有创新性，同时其市场容量要足够大，并且拥有较长的产品生命周期。开发过程中的资金短缺以及时间的约束都可能会影响新产品开发的成功。

王明辉发动公司全体员工，为新产品开发提供建议、创意。员工可以随时提供建议、创意，同时为使这项工作能够制度化、系统化地进行，公司成立了创意委员会并任命负责人一名。委员会的成员来自研发、工程、采购、运行、财务、市场等部门。该委员会定期商讨和评价所提出的新产品创意，印制了专门的创意收集表，发放到公司的生产、物资、市场、人力资源、财务等各个部门，最终到达每个人手上。为了保证员工投入高度的热情，公司还决定对于提出有价值建议、创意的员工给予物质奖励，对于建议被采纳者则予以重奖。公司还将创意收集纳入对部门负责人的考核，根据绩效表现进行奖惩。

创意的收集不仅局限于公司内部，公司对企业外部也开展了创意收集活动，并且采取了与公司内部类似的激励措施。市场部总经理黄卫东要求部门的销售人员、售后人员、内部服务人员、市场策划人员等征求顾客对公司及对产品的建议，了解顾客对公司产品不满意的地方以及顾客对公司产品的使用情况。他同时也要求营销人员了解顾客对同行产品的态度，喜欢哪些，不喜欢哪些。营销人员还应认真观察竞争对手的产品宣传，从而了解产品的最新动态。他们也向药店、医院了解情况，征求他们的建议。公司的物资部门向供应商了解情况，供应商能够告诉企业可用来开发新产品的新概念、技术和物资。通过这些可以间接了解竞争对手的产品动向，也为新产品开发提供了创意来源。

仅一个月时间，公司收集了一万多条建议与创意。创意委员会开展筛选工作，找到真正具有价值、可行性的信息。对每一个被选择的创意，委员会写出书面报告，该书面报告描述了产品、目标市场、竞争情况，并对市场规模、产品价格、开发时间、制造成本和回报做出初步估计。接着小组成员应用一些通用标准对建议进行评价。

有多条建议与创意提出公司应开发与白药散剂不同的小创伤止血产品，这种产品可以与邦迪创可贴竞争，这引起公司的高度重视。如果能开发出这种产品，必将在相当程度上使公司摆脱目前这种困境，并且从目前公司的能力、资源来看，开发这种产品所需要的人、财、物是有保障的。那么怎样才能既发挥公司核心能力，又能与邦迪创可贴抗衡呢？

邦迪创可贴进入中国市场后，它的方便、易用等产品特性吸引了很多消费者。那么邦迪创可贴有没有缺陷呢？如果有，是什么呢？研发部门负责人指出，邦迪创可贴并不是药，而是一种应急的长条形胶布，也可以说是一种简单的工具。作为药物的云南白药，与医疗工具截然不同。

营销人员通过对顾客的调查，了解到这样一些情况：很多患者更相信云南白药的疗效，当出现创伤时，一些人先是在伤口处撒上白药粉，然后用纱布包扎。另外一些患者为了节省时间、追求方便，先在伤口处撒上白药粉，然后再裹上创可贴。

这些情况深深启发了王明辉，公司如果在创可贴上加上白药，那么将非常容易赢得那些对云南白药十分偏爱的消费者。同时，公司的创可贴含有白药，这是其竞争优势所在。

有了含药创可贴概念后，市场部总经理黄卫东指示营销人员对药店和医院进行调查，了解他们对这一产品概念的态度。几乎所有药店、医院对这一可能出现的新产品抱有浓厚的兴趣。在接下来对消费者的调查中，情况也令人满意，消费者也表现出了对这种产品的期待及认可。

为了能够成功地把创可贴推向市场，黄卫东亲自与市场部相关人员一起设计的最初的营销战略，并最终形成了营销战略报告书。该报告明确了云南白药创可贴目标市场为小创伤止血市场，除了具有市场上已有创可贴方便、快捷、卫生等特点外，还含有云南白药，在止血、愈伤、消炎方面更胜一筹。

公司第一年将推出普通系列创可贴，计划销售额为800万元，每片创可贴的出厂价格为3元钱。广告预算为200万，其中120万用于电视广告，其余用于其他媒体广告。创可贴全部市场容量为5亿元～6亿元，公司力争在8年内市场占有超过50%，利润在4 000万元以上。

为了实现上述目标，公司制定了相应的营销组合策略，明确将开发创可贴产品系列。同时在质量、性能、品牌名称、包装、规格、服务、保证、退货等方面也做出了说明，在出厂价、折扣、折让、付款期限方面进行了具体规定,并对产品覆盖区域、经销商的选择、存货以及运输方面的问题也做出了说明。此外,还对营销传播做出详细说明,包括销售促进、广告、公共关系、直接营销、人员推销、事件和体验在内的营销传播组合策略的规划。

王明辉与公司中高层负责人进行沟通后,批准了白药产品的开发及其营销战略。通过对邦迪等竞争对手销售情况的分析,营销部门预测了云南白药创可贴的销售量,营销、研发、生产、会计部门又对云南白药创可贴的成本和利润进行了预测。在此基础上,王明辉决定立即进行云南白药创可贴的实体开发工作。

公司财务及物资部门对此给予了财、物方面的积极配合。研发部门经过几昼夜的努力,设计出样品。又与生产部门一起,依据设计出的样品进行了小批量的生产。公司的质检部门对该批产品进行质量检测,结果表明产品达到了预期的质量水平。公司通过赠送的形式,让一些消费者对云南白药创可贴免费试用,并跟踪了解使用效果。从消费者的反应来看,云南白药创可贴效果极佳。各部门又多次紧密合作,使得云南白药创可贴可以快速、低成本地生产。

尽管如此,王明辉与黄卫东仍然非常谨慎,并没有马上将产品直接推向市场。2000年5月,公司决定选择在云南的两个城市做产品试销,同时公司在促销方面大力配合。通过试销,对前期制订的营销方案(包括广告、定价、包装、预算等方面)进行检测。在试销过程中,公司根据实际情况,对营销方案进行了相应调整。试销取得了成功,同时公司也获得了营销创可贴的初步经验。

云南白药创可贴被归为器械类,经过多次大规模的临床实验发现,在止血效果方面,比同类创可贴提高70%;在消炎能力方面,比同类提高80%;在愈伤效果方面,比同类提高85%。由于云南白药创可贴试销的成功,2001年1月,公司将产品正式推向市场。

黄卫东制订了开拓市场的"四步走"方案:立足云南、占领北京;开拓华南、西南;进军全国;走向世界。首先公司在云南、北京市场上进行销售,然后开发广东、广西、贵州、四川、湖南、江西市场,取得成功后,全面开发全国市场,最终在世界范围内销售。

云南白药近年销售额、市场份额和利润,见表11-5。

表11-5　　　　　云南白药近年销售额、市场份额和利润　　　　　单位:万元

	2001	2002	2003	2004	2005	2006
销售额	800	1 500	2 500	4 500	7 000	10 000
市场份额(%)	2	3	4	8	20	30
利润	100	200	450	950	2 000	3 500

云南白药创可贴在刚刚推向市场时,表现并不乐观,曾经是举步维艰。黄卫东认真分析了原因,对营销策略进行改进。创可贴市场的需求并非是同质的,而是存在着不同的偏好。有的消费者喜欢轻薄型的,有的喜欢防水型的。很多女士喜欢香味创可贴,而许多儿童则喜欢卡通创可贴。市场部门对上述情况分析之后,将其进一步分割成若干补缺市场,不断增加花色品种,针对不同的补缺市场,开发出不同特色的创可贴。从最初的普通创可贴,到女士香味创可贴及儿童卡通创可贴,形成了普通系列、轻巧系列、防水系列等产品系列。

为了保证产品质量,白药公司与日本、德国的公司合作,共同开发透皮剂材料。公司

在最初制定云南白药创可贴价格策略时,存在很多争议。有些人认为,应走低价路线。一方面,邦迪创可贴价格并不昂贵;另一方面,云南白药创可贴属于新进入者,消费者对其认知度不高。黄卫东认为,云南白药创可贴质量不逊于邦迪,并且云南白药创可贴含有神奇的白药,其疗效为世人所熟知,而其配方却是无法模仿的。针对这一优势,云南白药创可贴的定价可以略高于邦迪。为了增加销售,公司还根据客户购买数量及客户地理位置的不同在价格方面略有差异。另外,公司采用产品捆绑定价,将创可贴和公司其他产品组合起来定价。这些定价策略都促进了公司产品的销售。

黄卫东也深知渠道的重要性,无论是在渠道的选择,还是渠道的管理方面,他都煞费苦心。公司利用多种类型的中间商,并采用密集型的经销方式。医院、药店、超市、互联网、自动售货机等都是云南白药创可贴的销售渠道。这是因为创可贴是一种应急用品,当消费者出现小创伤时,需要很方便地买到。黄卫东在进行渠道安排时充分考虑了便利性。

白药公司还在国内药业连锁迅速发展之际,建立了自己的连锁药店——云南白药大药房。该药房在营业时间、店内环境方面都有自己的特色。经过一年时间,云南白药大药房在云南省内已经形成了网络,并且也开始进军其他省份。为了增加销售量,扩大市场份额,云南白药创可贴展开了传播攻势。

广告:在2001年,云南白药创可贴向邦迪的重要市场——北京发起强大攻势。人们突然发现,北京二环路上沿线街边,是邦迪"跷着手指"路牌广告的天下。而在环线地铁车厢里,云南云南白药创可贴的广告铺天盖地。公司还在CCTV1、CCTV5、各地方电台、各类报纸上做广告,让人们了解云南白药创可贴的特点及它的疗效。此外,公司还制作了外包装、宣传册、招贴、传单、陈列广告牌和售点陈列等进行宣传。

销售促进:积极参加各类展销会和展览会,向更多的客户展示和推荐公司的创可贴产品;还在一些地区开展赠送活动,免费试用公司的产品。很多消费者通过试用,体验了疗效后,不但自己购买,还向亲戚、朋友推荐。

人员推销:设立了合理的目标,优化了销售队伍结构;进行了薪酬改革,实行佣金制度,刺激了销售人员的积极性;认真地招聘和挑选销售代表,对其进行有效的培训。

事件和体验:多年来一直致力于赞助体育事业,从2000年开始,连续在三届奥运会上赞助中国体育代表团;还在厂内自建了展览馆,这里浓缩了百年来的传奇历史;消费者或客户通过参观展览馆,进一步增加了对公司各种产品的信任。

公共关系:充分利用报刊、演讲、研讨会、年度报告介绍有关小创伤治疗及创可贴方面的知识。2006年5月,在国内主要经济类媒体上刊登了这样一则新闻整版,《两大创可贴巨头金陵论道》;也充分利用报花、专栏和新闻稿;还积极参与社会公益活动。

上市当年,云南白药创可贴实现销售收入1 000万元;2006年,迅速飙升到1.2亿元;2007年,市场占有率达40%;2008年底,市场占有率增至60%,创可贴市场总容量为5亿元,成为中国创可贴市场的领导者。云南白药创可贴,再加上已经上市的云南白药牙膏,使得公司一个侧翼业务——透皮剂产品系列基本形成了。云南白药2017年财报显示,实现营收243.15亿元,较2016年同比增长8.5%,实现利润36.22亿元,较上年同期增长6.6%。2019年云南白药称将继续围绕"新白药、大健康"战略,由点及面地构建从"金融端↔资本端↔产业端↔产品端↔服务端"的完整产业生态圈,以培育云南白药全新

的创新能力。(资料来源:本案例根据华中科技大学景奉杰教授和博士生任金中所撰写案例改编)

1. 实训目的

(1)加深对新产品内涵的认识。

(2)掌握新产品开发的流程及相关决策。

2. 实训任务

(1)根据背景资料,分析云南云南白药创可贴新产品开发的类型。

(2)根据本章理论要点,说明云南白药集团为什么要进行新产品开发?

(3)根据你对新产品开发过程的掌握,分析如何优化云南白药创可贴的开发流程。

3. 实训步骤

(1)个人阅读

每位学生课前认真阅读背景材料。针对"实训任务"进行阅读,督促学生在课前完成。针对中国学生的特点,课堂上老师或学生还需再花费10~20分钟对背景材料的关键信息及相关背景进行简单的陈述。

(2)分组

在授课教师指导下,以6~8个人为单位组成一个团队,要求学生选出组长、记录人、报告人等角色;

(3)小组讨论与报告

时间为30分钟,主要在课堂进行,围绕"实训任务"展开讨论,同时鼓励学生提出新的有价值的问题。要求每个小组将讨论要点或关键词按小组抄写在黑板上的指定位置并进行简要报告,便于课堂互动。小组所报告的内容尽可能是小组所达成共识的内容。

小组讨论与报告

小组名称或编号:_____　　　组长:_____

报告人:_____　　　　　　　记录人:_____

小组成员:_____

_____

①小组讨论记录:

发言人1:_____

_____

发言人2:_____

_____

发言人3:_____

_____

发言人4:_____

_____

发言人5:_____

发言人 6：_____

发言人 7：_____

发言人 8：_____

②小组报告的要点或关键词（小组所达成共识的内容）：

任务 1：_____

任务 2：_____

任务 3：_____

(4)师生互动

主要在课堂进行，时间为 30 分钟，老师针对学生的报告与问题进行互动，同时带领学生对新产品来源、新产品筛选、新产品测试、新产品商业分析、新产品试销、新产品导入和新产品扩散等关键知识点进行回顾。并追问学生还有哪些问题或困惑，激发学生学习兴趣，使学生自觉地在课后进一步查询相关资料并进行系统的回顾与总结。

(5)课后作业

根据课堂讨论，要求每位学生进一步回顾本章所学内容，继续收集云南白药集团的资料，结合云南白药的核心能力和优势为其设计一款新产品，并撰写新产品开发报告，形成正式的实训报告。建议实训报告以个人课后作业的形式进行，其目的是帮助学生在课堂学习的基础上，进一步巩固核心知识。实训报告的提纲如下：

实训报告

①新产品创意描述：_____

②新产品概念描述：_____

③新产品市场分析：_____

④新产品商业分析：_____

⑤新产品导入策略：_____

(6)实训成果的考核

根据学生课堂表现和实训报告质量，评定实训成绩。

第十二章 价格决策

在营销组合中,价格是唯一能产生收入的因素,其他因素都表现为成本。

——菲利普·科特勒

价格没有高低之分,只要让购买者觉得值。

——无名氏

学习目标

1. 了解影响产品定价的因素。
2. 掌握产品定价的基本方法。
3. 掌握价格策略。

引导案例

案例 12.1 无印良品为何中日价差这么大?

"无印良品(MUJI)"是日本的零售品牌,其本意是"没有商标的优质"。截至 2019 年 1 月,无印良品杂货店数量为中国 200 多家、日本百余家。无印良品在日本是低价的大众品牌,在街边、便利店和地铁站随处可见,主要顾客不限于家庭主妇和白领;但在中国,它代表的是消费升级的中高端生活品牌,是中高档购物中心商业地产的标配,主要顾客是年轻的中产阶级。

在日本,无印良品是按照"简化包装""避免原料浪费"等成本导向来定价。而在中国,定价影响因素更复杂。按照汇率来算,无印良品在中国的价格一度达到日本的两倍。首先,考虑两国消费者实际的购买水平。其次,初期它在中国没有仓储中心,需要把中国制造的商品运回日本后再送至中国。另外,中国的增值税为 17%,日本的消费税为 8%。此外,无印良品价格中还捆绑着选址和店铺形态的问题。在中国,无印良品往往是和大悦城、万达或者太古等中高端的商业地产项目绑定在一起。在日本,它的形态更加多样化,在购物中心、马路边、街道边均有其店铺,其中地铁站店铺是专门为上班族和学生设计的,展现的是一种经济实惠的形象。

五年前无印良品发起"新定价"活动,经过多次降价以及日元升值之后,目前它在中国的价格依然比日本高 10%～30%。无印良品社长松崎晓曾说:"正是由于保持了品牌形象,才有持续的利润。"(资料来源:作者整理)

思考:

1. 有人认为无印良品在日本定价时只考虑成本因素,你觉得对吗?
2. 你认为无印良品在中国定价时考虑了哪些因素?

理论知识

第一节　定价因素

聪明的管理者把定价看成创造和获取顾客价值的一个重要的战略工具。图 12-1 总结了定价时需考虑的主要因素。

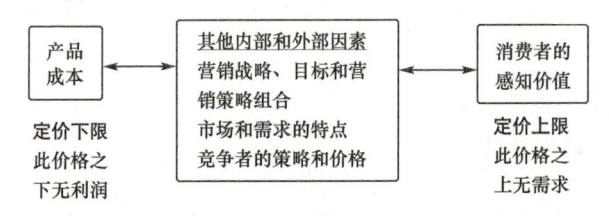

```
产品              其他内部和外部因素             消费者的
成本     ←→    营销战略、目标和营    ←→      感知价值
                 销策略组合
定价下限         市场和需求的特点              定价上限
此价格之         竞争者的策略和价格            此价格之
下无利润                                      上无需求
```

图 12-1　定价时考虑的因素

一、成本

产品成本是企业定价的基础,是价格策略中的重要因素。许多企业都在努力成为其所在产业领域的"低成本生产者",从而创造较多的销售额和利润。

1. 成本类型

企业的成本有两种形式,即固定成本(Fixed Cost,FC)和变动成本(Variable Cost,VC)。其中前者是指不随生产和销售水平变动的费用支出,有时又称企业一般管理费。例如,企业要按月支付的利息、上层管理人员的工资、房地产租金、水电费、办公费及其他相对固定的开支。后者是指随着生产和销售水平变动的费用支出。例如,原材料耗费、一般人员工资和包装费等。企业总成本(Total Cost,TC)就是在一定生产总量下的固定成本和变动成本之和。

如果企业的成本高于竞争对手的成本,那么它就不得不确定较高的价格或者赚取较少的利润,它就处于竞争劣势地位。

2. 不同产量下的成本水平

为了科学合理定价,管理者需要了解成本如何随着产量大小而发生变化。一般来讲,生产规模固定时,单位短期和长期平均成本随产量的增大呈 U 型变化。生产规模固定时的成本曲线如图 12-2 所示。不同生产规模下的成本曲线如图 12-3 所示。由此可见，每一种产品都有各自的最佳生产规模，如果有足够的市场需求量支持，则具有最佳经济规模的工厂其单位成本最低。

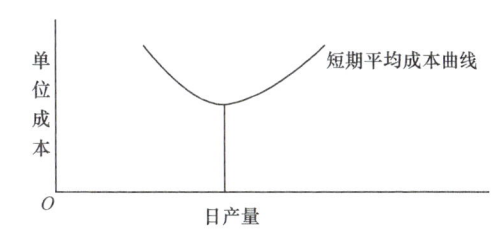

图 12-2　生产规模固定时的成本曲线

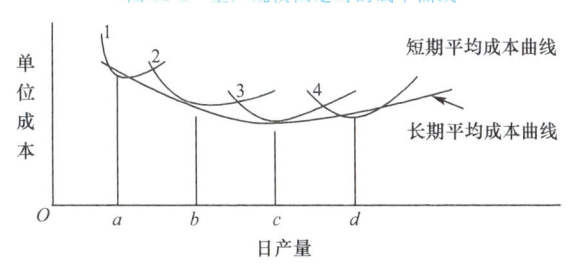

图 12-3　不同生产规模下的成本曲线

3. 生产经验下的成本函数

随着工人生产经验的积累，组织工作也更出色，企业也能从中找到更好的设备和生产工序。这种随着生产经验的积累即产量的积累而使平均成本下降的过程叫经验曲线或学习曲线。案例 12.2 介绍了万向集团如何靠低成本制胜。

穿插案例

案例 12.2　万向集团低成本制胜

万向集团是中国较大的汽车零部件制造商，也是中国较大的民营企业之一，2018 年营业收入超 800 亿元，员工近万名，下属 30 多家全资及控股公司，入选"2018 中国企业 500 强"。

1969 年，宁国公社的领导找到了鲁冠球，要他带着他的伙伴去接管"宁国公社农机修配厂"。这个厂其实只是一个只有 84 平方米的破厂房的。鲁冠球变卖了全部家当和自己准备盖房的材料，把所有资金投到了厂里，把自己的命运押在了这个工厂的命运上，从此走上了艰难的创业之路。

当时工厂万向节产品大量积压，没有销路，有半年不能按时给职工发工资。鲁冠球组织 30 多名业务骨干，兵分几路，天南海北，到处探听汽车万向节的生产销售情况，周旋于各地汽车零配件公司之间，为产品找销路。

不久，全国汽车零部件订货会在山东黄岛区召开。鲁冠球租了两辆汽车，带上销售科长,满载"钱潮牌"万向节产品直奔胶南。因为是乡镇企业,根本进不了场洽谈业务。鲁冠球说:"那我们就在场外摆地摊。"他与供销科长就把带去的万向节,用塑料布摊开,摆满一地,一连3天。那些进进出出的财大气粗的汽车客商,连眼也不斜一下。鲁冠球想着如何吸引顾客,就派出几个人到订货会里面探个究竟。一打听才知道,原来买方与卖方正在价格上"咬"着,谁也不肯让步。这时鲁冠球就想着:"假若自己的产品降价20%,也还有薄利。好!那我们降价。"说着就马上要供销员贴出降价广告。这一下摊前顾客就蜂拥而至了,"钱潮牌"万向节质量不比订货会上的差,而且还比许多厂家好,价格要比其他厂家低20%,一下就过来了不少订货单。晚上,他们回旅社一统计,订出210万元。这一炮就打响了。

1983年3月,为了获得自主创业、自主经营的权力,鲁冠球以自家自留地里价值2万多元的苗木作抵押,承包了厂子。鲁冠球认为市场竞争就是价格、质量、成本竞争。因此,他一直坚持这一原则,参与市场竞争。在原材料涨价时,别的厂都在提高价格,他就是坚持不提价,把原料涨价损失,用练内功、加强内部管理、降低消耗、提高工效来消化掉,坚持薄利多销,从而使"钱潮牌"产品牢牢占领了国内外大部分市场,创出了"万向节奇效"。

近年来,在国内,面对进入门槛较低、竞争非常激烈的汽车零部件市场,万向公司成立了冷挤压产品攻关小组,从源头上节约生产原料,提高劳动生产率,降低生产成本;还专门成立了科研小组,通过技术来降低成本,提升产品竞争优势。通过大胆尝试和不断改进,目前,光"技术降成本"这一项已经累计为工厂节约成本超过2 233.4万元,节约成本已经渗透到每个员工的日常操作中。公司的每个车间都设有一块综合管理看板,看板上是"原辅材料价格公示""让每位员工都来关心和监督主要物资价格"等提示标语,让每个员工都深切感受到原料成本上涨的压力和节约的必要性。此外,公司还加强采购成本控制,对外协、外购单位、分供方实施检查淘汰制,采购中把握"定点供应、竞价采购"的原则,对常用物资的外协、外购单位定点为3~5家,最少不低于2家,以利竞价供货。同时充分利用规模采购效应,尽可能降低各类物资采购价格,降低采购成本。制造部门在已建立的核算分配基础上,进一步强化以利润为中心的指标核算控制。并通过宣传、培训等方式增强员工的成本意识,倡导员工节约使用每一个砂轮、每一支钻头;节约使用每一度电、每一滴水,共同参与到成本控制活动中去。职能部门在已建立的核算分配的基础上,加强物料消耗、邮电费、差旅费等费用的核定考核控制,超支部分严格从部门分配中扣回,并进一步加强对业务招待费、差旅费、电话费、办公用品等的控制。

正是这些不断完善的机制和细节,在保证产品质量的基础上有效地降低成本,为销售提供了较大的议价空间,有效地化解成本压力。(资料来源:万向集团官网)

二、市场营销目标

常见的与定价有关的营销目标主要包括企业生存、利润最大化、市场份额领先、维持客户和客户关系建立,具体如下:

①吸引新顾客;
②保持现有顾客的赢利能力;
③阻止竞争对手进入市场;

④稳定市场；
⑤保持分销商的忠诚和支持；
⑥避免政府干扰；
⑦帮助其他产品销售。

三、营销组合策略

从某种意义上讲,价格是企业用以实现其营销目标的最灵活和有效的市场营销组合工具。然而,价格决策必须与产品设计、产品分销和促销决策等有机结合,才能形成一个协调而有效的市场营销计划。

企业常常先按价格为产品定位,然后再依产品价格进行其他营销组合决策。这时,价格就成了产品定位的决定性因素,它制约着产品市场、产品竞争和产品设计等。目标成本法(Target Costing)是一种强有力的策略武器,它是指从确定理想的销售价格起步,然后据此确定一个合理补偿目标成本的目标价格的过程和方法。许多企业采用这种定价法,而有些企业并不如此强调价格的重要性,他们使用其他营销组合工具来确立产品的非价格定位。

四、组织因素

在小企业内部,价格一般由最高管理者而不是营销或销售部门来决定。在大企业里,价格一般由职能部门经理或产品线经理直接管理。在产业市场营销中,销售人员在一定的范围内可以与客户进行协商。在有些企业里,可能由最高管理者确定价格目标和政策,然后由下级管理者或销售人员提出建议价格,批准执行。在有些产业领域,如航空企业、铁路运输业和石油企业等,常设有专门的价格部门来确定最佳价格或帮助有关人员确定价格,并由此部门向营销部门或最高管理者进行报告。此外,对价格决策有影响的人员还包括销售经理、生产经理、财务经理和会计师等。

五、市场类型

1. **完全竞争市场**

在此市场条件下,买卖双方的行为只受价格因素的支配,但任何单一的买主或卖主都不可能对市场价格有绝对的影响。

2. **完全垄断市场**

一个垄断市场只有一个卖主,这个卖主可能是政府垄断者,也可能是私人控制的垄断者或非私人控制的垄断者。垄断者若受政府管制,可制定适当的价格;若不受政府管制,可依照市场情况自由定价。

3. **垄断竞争市场**

在此市场条件下,有许多买主和卖主,他们是在一个价格区间内而不是按单一价格进行交易活动,企业可以根据质量、特色、样式或服务等差异制定不同的价格,并通过品牌、广告及人员推销等手段,将其与其他产品区分开来。

4.寡头垄断市场

在此市场条件下,企业不能独立进行"产量-价格"决策,商品的价格也不是通过市场供求关系决定的,而是由几家大企业通过协议或默契规定一个操纵价格或联盟价格。

六、市场需求

1.感知价值

若消费者感知价格大于产品的价值,他们就不会购买该产品;反之,他们会购买该产品,但销售者失去了获利机会。

2.价格与需求的关系

一般来说,需求和价格成反比关系:价格越高,需求越低;价格越低,需求越高。需求曲线如图 12-4 所示。

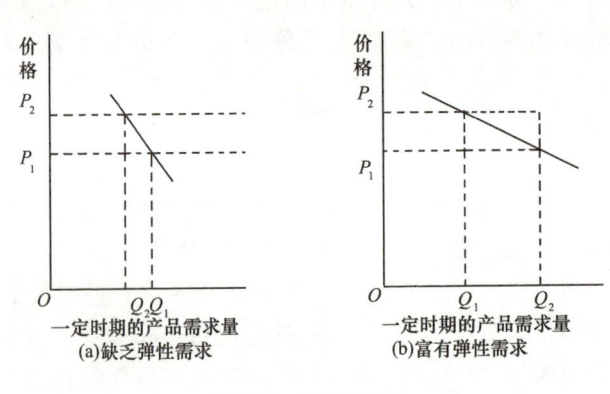

图 12-4 需求曲线图

3.需求的价格弹性

价格弹性是指需求对价格变动反应的灵敏度,可以用下述公式表达:

$$需求的价值弹性 = \frac{需求量的变化(\%)}{价格变化(\%)}$$

七、竞争者的成本、价格

影响企业价格决策的另外一个因素是竞争者的产品成本、产品价格和竞争者对于本企业价格变动的反应等。此外,企业价格策略还会影响它所面对的竞争形势,一般来讲,高价格高差价的策略会吸引竞争者,低价格低差价策略会阻止竞争者进入或将竞争者排挤出市场。

八、其他外部因素

如经济状况(经济的繁荣或衰退、通货膨胀、利率等)、中间商对不同价格的反应、政府行为、社会的事件或心态等因素对于企业的价格决策都可能产生重要的影响。

第二节 定价方法

一、成本导向定价法

成本导向定价法是一种按卖方意图定价的方法,它是以产品的成本为定价的基础,在成本的基础上加上企业的目标利润或规定利润。成本导向定价法的程序如图12-5所示。

产品 → 成本 → 价格 → 感知价值 → 消费者

图12-5 成本导向定价法的程序

成本导向定价法通常对产品的生产和销售的盈亏临界点进行分析,计算盈亏临界点的产销量,公式如下:

$$盈亏临界点产销量 = \frac{固定成本}{单位价格 - 单位变动成本}$$

二、价值导向定价法

目前越来越多的企业开始采用价值导向定价法。价值导向定价法不是依据产品成本定价,而是依据购买者感知价值来定价。购买者的感知价值是指由购买者决定的价值。按价值导向定价法的要求,定价的程序是:首先通过市场研究确定该产品由于质量、服务、广告宣传等原因在顾客心目中所形成的"价值",据此确定产品的售价;然后估计这种价格水平下所能达到的销售量;根据销售量决定生产量、投资额和单位产品成本;最后核算在此价格和成本下,能否获得满意的利润。价值导向定价法的程序如图12-6所示。

消费者 → 感知价值 → 价格 → 成本 → 产品

图12-6 价值导向定价法的程序

采用价值导向定价法时,测量消费者感知价值可能是很困难的。一般可通过下述方法解决:

1. 直接评议法

直接评议法即邀请有关人员,如顾客、中间商或专家对产品价值进行评议。可设定一些问题来询问和计算,如"你愿意为某个基本产品和附加在产品上的每一利益或功效分别花费多少钱"。

2. 实验法

实验法即企业可以专门做一次实验,检测被试者对于不同产品的感知价值。这两类数据都可作为样本资料使用。

3.相对评分法

相对评分法即用评分法对多种同类产品进行评分,再按分数的相对比例和现行平均市场价格推算评定感知价值。

4.诊断评议法

诊断评议法即用评分法针对产品的信誉、功能、质量和可靠性、外观、服务水平等多项指标进行评分,找出各因素指标的相对感知价值,再用加权平均法计算出最后的感知价值。

三、竞争导向定价法

竞争导向定价法是指企业以竞争者的价格水平为依据,随着竞争形势变化不断调整本企业产品价格的方法。具体形式有:

①随行就市定价法是指企业主要基于竞争者的价格,使自己的产品价格保持在同行业平均价格水平上,而很少考虑自己的成本或需求变化的一种定价方法。

②随领导者企业定价法是指企业参照领导者企业的价格变动来调整自己的价格。

③密封投标法是买方引导卖方通过竞争成交的一种方法,它一般用于建筑包工、大型设备制造或大宗采购业务等。

④拍卖定价法是指由卖方预先展出拍卖物品,买方预先看货,到规定时间公开拍卖,由买方竞争出价,最后以最有利的价格拍卖成交的定价方法。它主要应用于出售土地、珍贵文物、艺术珍品和倒闭企业的财产等拍卖交易活动。

第三节 定价策略

定价策略包括新产品定价策略、价格变动策略、产品组合价格策略、折扣定价策略、心理定价策略、地理定价策略。

一、新产品定价策略

常见的新产品定价技巧和策略有三种:

1.撇脂定价策略

撇脂定价策略即在新产品上市初期,把价格定得高出成本很多,以便在短期内获得最大利润。

2.渗透定价策略

渗透定价策略即把新产品的价格定得较低,使新产品在短期内最大限度地渗入市场,打开销路。

3.满意定价策略

这是介于上面两种策略之间的一种新产品定价策略,即将产品的价格定在一种比较合理的水平,使顾客比较满意,企业又能获得适当利润。这是一种普遍使用、简便易行的定价策略,以其兼顾生产者、中间商、消费者等多方面利益而广受欢迎。

在实践中,许多企业将三种策略结合起来进行定价,例如苹果公司在新款手机刚上市时,通常采用撇脂定价策略。这时,只有那些愿意出高价的消费者会购买,苹果公司就能成功地获取高额利润。过一段时间后,苹果公司会采取渗透定价策略,逐步降低手机定价,那些愿意出低一点价的用户就会加入购买队伍。

二、价格变动决策

企业处在一个不断变化的环境中,为了生存和发展,有时需要主动削价或者提价,有时又需要对竞争者的变价做出适当的反应。

在现代市场经济条件下,企业产品削价的主要原因有:企业生产能力过剩,保持或扩大市场份额,企业的成本费用比竞争者低,企图通过削价来掌握市场或提高市场占有率,从而扩大生产和销售量,降低成本费用。

企业产品提价的原因一般是由于通货膨胀、物价上涨,导致成本费用提高,或者企业的产品供不应求,不能满足其所有的顾客需要。提价方式包括:取消价格折扣,在产品大类中增加价格较高的项目或者提价。价格变动主要考虑顾客和竞争者对价格变动的反应。

三、产品组合价格策略

产品组合价格策略是指企业生产的产品不是单一的,而是相关的一组产品。产品组合定价必须兼顾产品之间的关系,以使整个产品系列获得最大的经济利益。

1. 产品线定价策略

一般来说,产品线的低端和高端价格比系列中的其他产品的价格更能引起消费者注意。中间价格要用价格的差异来表现质量的差别,使这些产品在相应的市场上受到消费者的认同。

2. 替代品定价策略

替代品是能使消费者实现相同消费满足的不同产品,它们在功能、用途上可以互相替代。通常提高一种产品价格,该产品的需求量就会下降,而其替代品的需求量却会相应地上升。企业可以利用这种效应来调整产品结构。例如,企业可采取"热销品高价、趋冷品低价"的策略。

3. 互补产品定价策略

互补产品是在功能上互相补充,需要配套使用的产品。互补产品的价格相关性表现在它们之间需求的同向变动上。企业可以降低某种产品尤其是基础产品的价格来占领市场,再通过增加其互补产品的价格使总利润增加。例如,对打印机与墨盒、剃须刀片与刀架、胶卷与照相机这样的产品,可把主件价格定得低些,配套使用的易耗品价格定得高些。例如,亚马逊 Kind Fire 定价仅为 199 美元,每销售一台会有 8 美元的损失,但亚马逊通过销售电子书、音乐、电影、订阅服务等弥补损失。

4.产品捆绑定价

产品捆绑定价是指销售者为了促销而将多件产品组合在一起确定一个较低水平的总价。零售商最常使用此价格策略进行促销。例如,快餐店会把汉堡、薯条、软饮放在一起,并制定一个"套餐"进行售卖;书店把书整套销售,售价比单本书便宜;超市把多件食品或日用品捆绑在一起销售,售价比单件便宜。

四、折扣定价策略

1.现金折扣

现金折扣即企业给那些当场付清货款的顾客的一种奖励。采用这一策略,可以促使顾客提前付款,从而加速资金周转。这种折扣的大小一般根据提前付款期间的利息和企业利用资金所能创造的效益来确定。

2.数量折扣

数量折扣即企业给那些大量购买产品的顾客的一种减价,以鼓励顾客购买更多的产品。数量折扣有两种:一种是累计数量折扣,即规定在一定时间内,购买总数超过一定数额时,按总量给予一定的折扣;另一种是非累计数量折扣,规定顾客每次购买达到一定数量或金额时给予一定的折扣。

3.业务折扣

业务折扣也称中间商折扣,即生产者根据各类中间商在市场营销中所担负的不同业务职能和风险的大小,给予不同的价格折扣。其目的是促使他们愿意经营销售本企业的产品。

4.季节折扣

季节折扣即企业给那些购买过季商品的顾客的价格优惠,鼓励消费者反季节消费,使企业的生产和销售在一年四季保持相对稳定,这样有利于减轻企业仓储的压力,从而加速商品销售,使淡季也能均衡生产,旺季不必加班加点,有利于充分发挥生产能力。

五、心理定价策略

心理定价策略即根据消费者购买商品时的心理来对产品进行定价。

1.声望定价

声望定价即企业利用消费者仰慕名牌商品或名牌商店的声望所产生的某种心理来制定商品的价格,故意把价格定成高价。

2.尾数定价

根据消费者习惯上容易接受尾数为非整数的价格的心理定式,而制定尾数为非整数的价格。

3.招徕定价

企业利用顾客求廉的心理,特意将某几种商品的价格定得较低以吸引顾客,并带动顾客选购其他正常价格的商品。

六、地理价格策略

地理价格策略是指根据买方所在地理位置的远近,考虑商品的运输、装卸、仓储、包装和保险等各种费用负担的价格策略。这种价格策略依各种假定条件主要有以下几种形式:

1.原产地价格

原产地价格又叫离岸价格,它是指由卖方制定出厂价格或原产地价格,由买方负担由原产地到目的地的全部运输、保险等费用的价格策略。这种商品交易通常在原产地交货,交货后,商品为买方所有。这对于卖方来说是最简单和便利的价格策略。

2.目的地价格

目的地价格又叫到岸价格,它与原产地价格正好相反,它是指由卖方产地价格和运达指定目的地所需的一切手续、运输和保险等费用而形成的价格。在这种价格策略下,运输费用是按照所有客户的平均运费率来确定的(不管客户在哪个地区),因此该价格的优势是容易管理和控制的,也便于向全国推广。

3.成本加运费价格

成本加运费价格是处于原产地价格和目的地价格之间的一种地理价格策略,其内容与目的地价格策略相似,只是卖方不负担保险费。

4.分区运送价格

分区运送价格即处于原产地价格和目的地价格之间的一种地理价格策略,企业将整体市场划分为几个地理区域,对属于同一区域内的所有客户确定同一价格,距离企业越远的地区,其区域价格越高。一般原材料产品和农产品多采用这种策略。

5.基点价格策略

基点价格策略即由卖方选定一个城市作为一个基点,然后对所有的顾客都按其到该基点的距离来确定运费并形成最终价格,而不管产品实际从哪里运出。

6.运费补贴价格策略

对于那些急于与某一客户或地理区域达成交易协议的卖方来说,可以采用运费补贴价格策略。该策略是指卖方主动负担全部或部分实际运费以便争取到所期望的某项业务的地理价格策略。

本章习题

一、判断题

1.原材料耗费和一般人员工资通常属于固定成本。 ( )

2.在寡头垄断市场中,几家大企业常常通过协议或默契规定一个操纵价格或联盟价格,其他企业难以独立进行产量——价格决策。 ( )

3. 企业采取尾数定价属于折扣定价策略。   （   ）

二、单选题

1. 下列关于定价的叙述中不正确的是(   )。

　　A. 一般来讲,生产规模固定时,单位短期和长期平均成本随产量的增大呈 U 型变化

　　B. 在完全竞争市场中,任何单一的买主或卖主都不可能对市场价格有绝对的影响

　　C. 一般来说,需求和价格成反比关系

　　D. 一般来讲,高价格、高差价的策略会阻止竞争者进入或将竞争者排挤出市场

2. 苹果手机在新产品上市初期,把价格定得高出成本很多,以便在短期内获得最大利润,这属于(   )。

　　A. 撇脂定价策略   B. 渗透定价策略
　　C. 满意定价策略   D. 成本导向定价策略

3. 惠普通常把打印机等主件价格定得低些,配套使用的墨盒等易耗品价格定得高些,这属于(   )。

　　A. 产品线定价策略   B. 替代产品定价策略
　　C. 互补产品定价策略   D. 产品捆绑定价

三、简答题

1. 简述定价时考虑的因素。

2. 简述定价的三种方法。

3. 简述定价策略的主要内容。

营销演练

iPhone 手机的定价

请仔细阅读下面的营销案例,然后,完成相应的营销演练任务。

iPhone 手机成本售价走势

第三方拆解机构 iFixit 对 iPhone 11 拆解后表示,相比上一代 iPhone XR 来说,两者内部设计有 80% 以上都是相同的,同时两者可以通用至少 70% 以上的零部件,这对于苹果来说大大缩减了成本支出。iPhone 11 的硬件成本估计不超过 1 500 元人民币,这意味着硬件成本占比不到 30%。而硬件成本 247.51 美元的 iPhone 8(64 G),售价 699 美元,硬件成本占比 35.4%;iPhone X(64 G)售价 999 美元,成本为 370.25 美元,占比 37.06%。

第一代 iPhone 成本高达 230.65 美元,但起售价仅为 499 美元,硬件成本占比高达 46.2%。不过这也是 iPhone 史上唯一一例。随后 iPhone 3 的发布,iPhone 手机的成本便降到了 200 美元以下,直到 iPhone 6 plus 成本才再次突破 200 美元。

iPhone 手机硬件成本在 iPhone X 机型上有一个大幅度的提高,高达 370.25 美元,主要在显示屏方面。iPhone X 取消了苹果沿用了 10 年的底部 Home 键,采用全面屏设计,应用超级显示屏以及 OLED 技术。此次创新使得其"显示和触摸屏"方面的成本直接上升到 110 美元,是 iPhone 7 此项成本(43 美元)的三倍左右。对于苹果手机硬件成本来

说,最贵的还是屏幕。

总体利润水平

苹果手机利润较高。市场研究公司 Counterpoint Research 曾发布报道称,2017年第三季度,苹果公司在每部 iPhone 上的利润为 151 美元,利润率从 2016 年同期的 86% 下滑至 60%。苹果公司的份额出现了不小的下滑,但依旧控制着智能手机行业超过一半以上的利润。Counterpoint 数据显示,2018 年第二季度苹果手机以 62% 的利润率遥遥领先。位居第二的三星手机利润率甚至不达苹果的 1/3。华为仅有 8%。具体来看,每卖出一部手机苹果公司可以获得 1171 元的利润,而三星只有 185 元,小米甚至不达百元。值得注意的是苹果并不是市场份额最大的手机厂商。早在 2017 年苹果智能手机占据全球市场份额为 14.7%,但其利润却是全球智能手机整体利润的 86%,这样看来,虽然近些年利润占比有所下降,但是即便如此也远远胜过了其他厂商,甚至超过我国手机厂商的利润之和。(资料来源:李梦颖. 历代 iPhone 硬件成本与售价对比,苹果开始妥协了吗?搜狐网 2019-10-28)

营销演练任务

建议学生在回顾本章所学内容的基础上,进一步收集有关苹果公司的资料,寻找案例中未提供的决策依据和未考虑到的决策要素,形成正式的市场工作报告,报告的提纲和格式如下:

市场工作报告

全面分析苹果公司在 iPhone 定价时考虑的因素:
① _____
② _____
③ _____
_____
_____
_____

上述因素中,苹果公司考虑的最主要因素是什么?
_____

苹果公司在 iPhone 定价时所选择的主要定价方法及依据:
①方法:_____
②依据:_____
_____

你认为 iPhone 定价采取的定价策略是:
① _____
② _____
_____
_____

案例实训

案例12.3 沃尔玛的价格策略

沃尔玛是目前全球较大的零售巨头,2018财年收入5 003亿美元,同比增长3%。40多年来,沃尔玛坚持平价形象。

公司发展史

沃尔玛(Wal-Mart)是由美国零售业的传奇人物山姆·沃尔顿创建的。1951年,农民出身的沃尔顿在美国中西部本顿威尔小镇盘下第一家杂货店,至1960年已在该镇周围地区开设了15家商店,年营业总额达到140万美元。当时正值折扣店连锁经营理念在美国零售业萌芽发展,沃尔顿经过两年时间的考察调研,毅然从杂货店转向百货业,于1962年在阿肯色州罗杰斯城开了第一家名为"Wal-Mart"(沃尔玛)的百货商店,并打出了"售价最低""保证满意"的企业经营理念和对顾客的承诺。

从此以后,沃尔玛不断开店扩张,1990年成为美国第一大零售商。1991年,沃尔玛在墨西哥城开业,开始进入海外市场后,先后进入波多黎各、加拿大、阿根廷、巴西、中国、德国、韩国和英国市场,经过短短的10年时间,2001年的年销售总额达2 198.1亿美元,一跃成为世界较大的零售商和世界较大的企业。近年来,面对亚马逊等电商企业的激烈竞争,沃尔玛也积极发展电子商务,在2018年第三季度,电子商务使公司的收入增加了43%。2018年,沃尔玛营收达5 000亿美元,但它的利润率极低,因为它的业务成本非常高。沃尔玛在全世界雇用了超过200万个员工,单单在美国就雇用了140多万个人。

沃尔玛于1996年进入中国市场,2008年开设沃尔玛购物广场99家,山姆会员商店3家,沃尔玛社区店2家;2009年沃尔玛新开门店数达到53家;2010年沃尔玛在中国的门店数达到180家;2017年沃尔玛(中国)公司门店数量为441个,销售额为802.8亿元,同比增长4.7%。

山姆·沃尔顿:企业管理中的十大信念

山姆·沃尔顿对自己坚持不懈的信念做了如下概括:(1)敬业。山姆·沃尔顿坚信:"如果你热爱工作,你每天就会尽自己所能力求完美,而且你周围的每一个人也会从你这里感染这种热情;"(2)所有同事都是合伙人。合伙人要分享你的利润,只有当同事都把自己作为合伙人,他们才能创造出超乎想象的业绩;(3)激励你的合伙人。仅仅用金钱和股权是不够的。每天经常想一些新的、较有趣的办法来激励你的合伙人;(4)坦诚沟通;(5)感激你的同事为公司做的每一件事;(6)成功要大肆庆祝,失败不必耿耿于怀;(7)倾听公司每一位员工的意见,广开言路;(8)要做得比客户期望的更好。如果这样做了,顾客将成为回头客。妥善处理公司的过失,要诚心道歉,不要找借口;(9)为顾客节约每一分钱,可以为你创造新的竞争优势;(10)逆流而上,另辟蹊径。如果每个人都在走老路,而你选择一条不同的路,那你就有绝好的机会。

"天天平价"策略

山姆·沃尔顿说:"我们重视每一分钱的价值,因为我们服务的宗旨之一就是帮每一名进店购物的顾客省钱。"沃尔玛通过降低商品价格推动销售,进而获得比高价销售更高的利润,从它的第一家店开办起就始终坚持这一价格哲学,从不动摇。

所谓"天天平价",就是指零售商总是把商品的价格定得低于其他零售商的价格。在这种价格策略的指导下,同样品质、品牌的商品都要比其他零售商低。在沃尔玛,任何一位员工,如果他发现其他任何地方卖的某样东西比沃尔玛更便宜,他就有权把沃尔玛的同类商品降价。

沃尔玛的"天天平价"绝不是空洞的口号,也不是低价处理库存积压商品或一朝一夕的短暂的低价促销活动,更不同于某些商场、专卖店为吸引客流而相互进行的恶意低价倾销,或一面提价一面用打折来欺骗消费者,而是实实在在地、"始终如一"地让利于顾客的行为。那么,沃尔玛是怎样实现其"天天平价,始终如一"的承诺的呢?其具体措施可归纳为:

(1)集中采购。沃尔玛设立专门的采购机构和专职的采购人员,统一负责沃尔玛的商品采购工作,其所属的各门店只负责商品的销售和内部仓库的管理工作,对于商品采购,各门店只有建议权,没有决定权,只可以根据自己的实际情况向公司总部提出采购建议。沃尔玛一般直接从工厂以最低的进货价采购商品。

(2)仓储式经营。沃尔玛商店装修简洁,商品多采用大包装,同时店址绝不会选在租金昂贵的商业繁华地带。

(3)与供应商采取合作态度。终端支持关键供应商,通过电脑联网,实现信息共享,供应商可以第一时间了解沃尔玛的销售和存货情况,及时安排生产和运输;从代销转为买断,虽然这样做要承担商品可能积压的风险,却可以降低进货价,也赢得了供应商的信赖;沃尔玛绝不拖延给供应商的货款;采购过程透明公正,免除了供应商的种种额外负担。沃尔玛严禁回扣,不要求供应商交进场费和保证金及广告支持,沃尔玛的配送中心负责把商品分送到各分店,节省供应商部分运费。

(4)强大的配送中心和通信设备做技术支撑。沃尔玛有全美较大的私人卫星通信系统和较大的私人运输车队,所有分店的电脑都与总部相连,一般分店发出的订单24小时~28小时就可以收到配发中心送来的商品。

(5)严格控制管理费用。如采购费规定不超越采购金额的1%,公司整个管理费为销售额的2%,而行业平均水平为5%。当沃尔玛现任全球总裁兼首席执行官麦道克(MikeDuke)搬入总裁办公室时,他惊奇地发现,他用的办公桌仍然是当年沃尔玛创始人山姆·沃尔顿曾经使用的那张,这令他异常震撼和骄傲。在沃尔玛,随处可见打着补丁、贴着胶条的办公家具、桌椅,只要不散架,就会一直用下去。哪怕是一张纸,沃尔玛也会有严格的控制,经常看到高层管理人员拿着废报告纸裁成的"笔记本"。沃尔玛还会为了省1元钱,不让供应商往包装箱上印图案。

(6)减少广告费用。沃尔玛认为保持天天平价就是最好的广告,因此不做太多的促销广告,而将省下来的广告费用,用来推出更低价的商品回报顾客。

让利销售

让利销售包括折价销售、会员制销售。

折价销售在定价时需要坚持两点原则:一是尽可能地低廉,仅仅高出成本一点儿;二是长期稳定地保持这种低价。即使是某些商品拥有某种垄断优势或是遇到意外情况也不轻易改变,这已成为沃尔玛的一种经营战略。

会员制销售是最能体现长期效果的一种促销方式。它是指沃尔玛向其经常性购买的顾客发放一种凭证,顾客以向沃尔玛缴纳会员会费或规定的其他方式获得凭证,依照企业的规定或会员章程的约定享受价格优惠、免费服务等优待权。这种销售方式主要是在山姆俱乐部实行。在山姆俱乐部,商品的价格比普通的零售店低30%～40%,这或许没有给沃尔玛带来多大的利润,但却把一批忠实的顾客紧紧地吸引在自己的身边。

特惠商品

从各大部类商品中分别抽出一些商品进行优惠售卖,其目的并不在于追求所有的顾客都能购买特卖商品,而是力求吸引尽可能多的顾客来商场购物。一般来说特惠价格要比市场价格低20%～40%,比原定价格低10%。

为了使顾客对特惠商品保持新鲜度,持续推动客流量,特惠商品品种每隔一定时间要定期更换,实行滚动促销。而且特惠商品应陈列在端头、堆头和促销区中。大部分特惠商品数量要准备充足,以防止商品脱销,影响商场信誉。对小部分价格特别低的商品也可以实施限量供应,售完为止,但此策略的运用必须符合有关促销约束的法律条款。

平价服务

为顾客提供超值的服务,才是平价的精髓所在,具体体现在三个方面:(1)日落原则。山姆·沃尔顿有句名言:"如果你今天能够完成的工作,为什么要把它拖到明天呢?"根据这一观念,沃尔玛创造了"日落原则",即要求它的员工日落之前结束当天该干的工作,日清日结,不能拖延。(2)向顾客提供比满意更满意的服务。即一项服务,光让顾客满意还不够,还应当想方设法,提供让顾客感到惊喜的服务。山姆·沃尔顿说:"让我们成为顾客最好的朋友,微笑迎接光顾本店的所有顾客,沃尔玛应提供比任何其他商店更多更好的服务,这种服务应当超过顾客原来的期待。"在沃尔玛,这种"超值服务"的事例屡见不鲜。如一名员工对突发心脏病顾客实施紧急救护,使其转危为安;而另一名员工主动延长工作时间,帮一位母亲挑选儿子的生日礼物,却不惜耽误了自己儿子的晚会。(3)十步原则。沃尔玛要求员工,无论在何时何地,只要顾客出现在十步的范围内,都应该看着顾客的眼睛,主动打招呼,询问是否需要帮助。

激烈的竞争

如何通过"低价竞争力"获得持续的成长空间,是沃尔玛真正最关注的问题。在美国市场上,沃尔玛最大的竞争对手是塔吉特(Target)和亚马逊(Amazon)。沃尔玛服饰和家用品的"平民"形象,让塔吉特吸引了更多的高端消费者并获得了更多的利润,塔吉特选择以折扣价提供更高端的时尚产品,而不是与沃尔玛比拼价格战。为应对亚马逊的竞争,沃尔玛与微软在2018年7月签署了一份为期5年的合作协议,合作的内容主要涉及云服务、机器学习等技术在零售领域的应用。

在中国市场,几乎可以看到全球绝大部分零售连锁品牌,如家乐福、乐购、麦德龙,而华润万家、大润发等已经在全国范围建立了自己的销售网络。在各个区域市场,几乎均有地方性的零售品牌占地为王,比如北京的物美、福建的永辉、武汉的中百。在不同的市场,沃尔玛都能遇到强劲的竞争对手,争夺好的店址、货源、顾客。面对淘宝、天猫、聚划算等电商的竞争,沃尔玛积极应对,并在2017年迎来爆发式增长,通过和京东合作,沃尔玛全球购官方旗舰店成为目前京东全球购平台上品类较齐全的店铺,商品数量达6万多种,双方合作延伸到中国20多个城市的160多家门店。此外,沃尔玛还在深圳、上海等多个城市尝试设立前置仓,前置仓大部分京东到家订单均在30分钟内送达。

价格戏法

2011年1月,国家发改委公布家乐福、沃尔玛等超市存在价格欺诈现象,有关沃尔玛的情况为:(1)虚构原价:沈阳市沃尔玛中街店销售5公斤装的"香雪高级饺子粉",价签标示原价每袋30.9元,现价每袋21.5元,经查实原价应为每袋23.9元。南宁市沃尔玛朝阳路分店销售"雀巢咖啡",价签标示原价每盒43.9元、现价每盒35.8元,经查实原价应为每盒31.3元;(2)低价招徕顾客高价结算:重庆市沃尔玛北城天街店销售良平铁观音,价签标示零售价每袋29元,实际结算价为每袋39.8元。长沙市家乐福芙蓉广场店销售奥妙全自动洗衣液,价签标示现价每瓶20元,实际结算价为每瓶26.5元;家乐福韶山路店销售男士手套,价签标示每双6.9元,实际结算价为每双21.9元。(资料来源:作者整理)

1. 实训目的

(1)加深对价格策略的认识。

(2)掌握各种定价策略。

2. 实训任务

(1)请明确价格策略与价格欺诈的界限是什么?根据本章理论要点,请讨论:沃尔玛可采用哪些价格策略?

(2)请讨论:沃尔玛能够实现"天天低价"的关键因素是什么?

(3)请讨论:面对新零售的激烈竞争,沃尔玛该如何应对?

3. 实训步骤

(1)个人阅读

每位学生课前认真阅读背景材料。针对"实训任务"进行阅读,督促学生在课前完成。针对中国学生的特点,课堂上老师或学生还需再花费15~25分钟对背景材料的关键信息及相关背景进行简单的陈述。

(2)分组

在授课教师指导下,以6~8个人为单位组成一个团队,要求学生选出组长、记录人、报告人等角色;

(3)小组讨论与报告

时间为30分钟,主要在课堂进行,围绕老师"实训任务"展开讨论,同时鼓励学生提出新的有价值的问题。要求记录人将讨论要点或关键词按小组抄写在黑板上的指定位置并进行简要报告,便于课堂互动。小组所报告的内容尽可能是小组所达成共识的内容。

小组讨论与报告

小组名称或编号:＿＿＿＿＿＿＿＿＿＿＿　　　组长:＿＿＿＿＿＿＿＿＿＿

报告人:＿＿＿＿＿＿＿＿＿＿＿＿＿＿　　　记录人:＿＿＿＿＿＿＿＿＿＿

小组成员：＿＿＿＿＿＿＿＿＿＿＿＿＿＿＿＿＿＿＿＿＿＿＿＿＿＿＿＿＿＿＿＿＿＿

①小组讨论记录：
发言人1：＿＿＿＿＿＿＿＿＿＿＿＿＿＿＿＿＿＿＿＿＿＿＿＿＿＿＿＿＿＿＿＿

发言人2：＿＿＿＿＿＿＿＿＿＿＿＿＿＿＿＿＿＿＿＿＿＿＿＿＿＿＿＿＿＿＿＿

发言人3：＿＿＿＿＿＿＿＿＿＿＿＿＿＿＿＿＿＿＿＿＿＿＿＿＿＿＿＿＿＿＿＿

发言人4：＿＿＿＿＿＿＿＿＿＿＿＿＿＿＿＿＿＿＿＿＿＿＿＿＿＿＿＿＿＿＿＿

发言人5：＿＿＿＿＿＿＿＿＿＿＿＿＿＿＿＿＿＿＿＿＿＿＿＿＿＿＿＿＿＿＿＿

发言人6：＿＿＿＿＿＿＿＿＿＿＿＿＿＿＿＿＿＿＿＿＿＿＿＿＿＿＿＿＿＿＿＿

发言人7：＿＿＿＿＿＿＿＿＿＿＿＿＿＿＿＿＿＿＿＿＿＿＿＿＿＿＿＿＿＿＿＿

发言人8：＿＿＿＿＿＿＿＿＿＿＿＿＿＿＿＿＿＿＿＿＿＿＿＿＿＿＿＿＿＿＿＿

②小组报告的要点或关键词（小组所达成共识的内容）：
任务1：＿＿＿＿＿＿＿＿＿＿＿＿＿＿＿＿＿＿＿＿＿＿＿＿＿＿＿＿＿＿＿＿
任务2：＿＿＿＿＿＿＿＿＿＿＿＿＿＿＿＿＿＿＿＿＿＿＿＿＿＿＿＿＿＿＿＿
任务3：＿＿＿＿＿＿＿＿＿＿＿＿＿＿＿＿＿＿＿＿＿＿＿＿＿＿＿＿＿＿＿＿

（4）师生互动

主要在课堂进行，时间为30分钟，老师针对学生的报告与问题进行互动，同时带领学生对价格策略关键知识点进行回顾。并追问学生还有哪些问题或困惑，激发学生学习兴趣，使学生自觉地在课后进一步查询相关资料并进行系统的回顾与总结。

（5）课后作业

根据课堂讨论，进一步回顾本章所学内容，要求学生登录苹果公司网站，进一步寻找案例中未提供的决策依据和未考虑到的决策要素，形成正式的实训报告。

实训报告建议以个人课后作业的形式进行，其目的是帮助学生在课堂学习的基础上，进一步巩固核心知识，联系实际思考并解决问题，最终形成一个有效或学生自认为最佳的解决方案，要求学生在制订方案时应坚持自己的主见，并提供数据、事实的支撑和分析。帮助学生学会在复杂和挑战的环境下，提高分析解决问题的技能。实训报告的提纲如下：

实训报告

价格策略与价格欺诈的界限是什么？
＿＿＿＿＿＿＿＿＿＿＿＿＿＿＿＿＿＿＿＿＿＿＿＿＿＿＿＿＿＿＿＿＿＿＿＿＿＿

根据本章理论要点,简要说明沃尔玛可采用哪些价格策略?

沃尔玛能够实现"天天低价"的关键因素是什么?

面对新零售的激烈竞争,沃尔玛该如何应对?

(6)实训成果的考核

根据学生课堂表现和实训报告质量,评定实训成绩。

第十三章 渠道决策

渠道是长鞭,不好练,练好了竞争者就近不得身了。

——佚名

让人们买得起、买得到、乐意买。

——可口可乐

学习目标

1. 掌握分销渠道设计的流程及技能。
2. 掌握渠道与供应链管理的技能。

引导案例

案例 13.1 格力空调靠渠道制胜

格力集团成立于1985年,是集研发、生产、销售、服务于一体的空调企业,2018年公司总收入超过2 000亿元,盈利超过260亿元。董明珠1990年进入格力做业务经理,2012年任格力集团董事长,现任格力电器股份有限公司董事长、总裁。

总结格力电器取得的成就,董明珠认为应该归功于其多年来建立起来的分销网络,"我们创造出'格力专卖店'这一独特的渠道模式,通过多年经营,逐渐形成了以城市为中心、以县市为基础、以乡镇为依托的三级营销网络,提升了格力对供应链终端的掌控能力"。

1997年,格力湖北的四大经销大户,在整个空调行业大战中,为了抢占地盘、追求利润,搞竞相降价游戏,结果导致格力在湖北的市场价格体系被冲得七零八落,最后两败俱伤。情急之下,时任格力销售总经理的董明珠,提出一个大胆的想法:成立以利益为纽带,以格力品牌为旗帜,互利双赢的联合经营实体,由此,湖北格力空调销售公司诞生。区域销售公司由企业与渠道商共同出资组建,各占股份并实施年底共同分红。此后三年,格力空调的销售实现了飞跃式的增长,销售额从1997年的42亿元增长到1999年的60亿元,2004年时已达1 313.32亿元。

2004年3月,格力电器与国美在格力空调的销售上发生争执,格力电器认为成都国美擅自降价破坏了格力空调在市场中长期稳定统一的价格体系,决定停止向国美供货。当时格力的专卖店已近万家,遍布全国,销售并没受到太大影响。2007年,格力成立"4S

+1"专业店,强化专业服务,形成以专卖店为主,家电连锁企业、商场超市以及批发商、零售商等多渠道共存的销售模式。

近年来,电商、新零售大规模兴起,促使格力加快自己的渠道变革,先是与国美时隔十年再度牵手,全线进驻国美线上线下门店,后又与阿里巴巴、京东达成合作关系,并与十多年未曾合作的苏宁结盟。2020年6月18日,董明珠直播卖货销售额达102亿。(资料来源:作者整理)

思考:

1. 格力渠道制胜关键靠什么?
2. 你对格力渠道变革有何创新性建议?

理论知识

第一节 渠道设计

一、渠道的基本功能

渠道是指产品由生产者向最终消费者或客户流动所经过的路径和环节。营销者在渠道设计时需了解渠道的基本功能和模式。从广义上看,营销渠道包括五类功能,如图13-1所示。

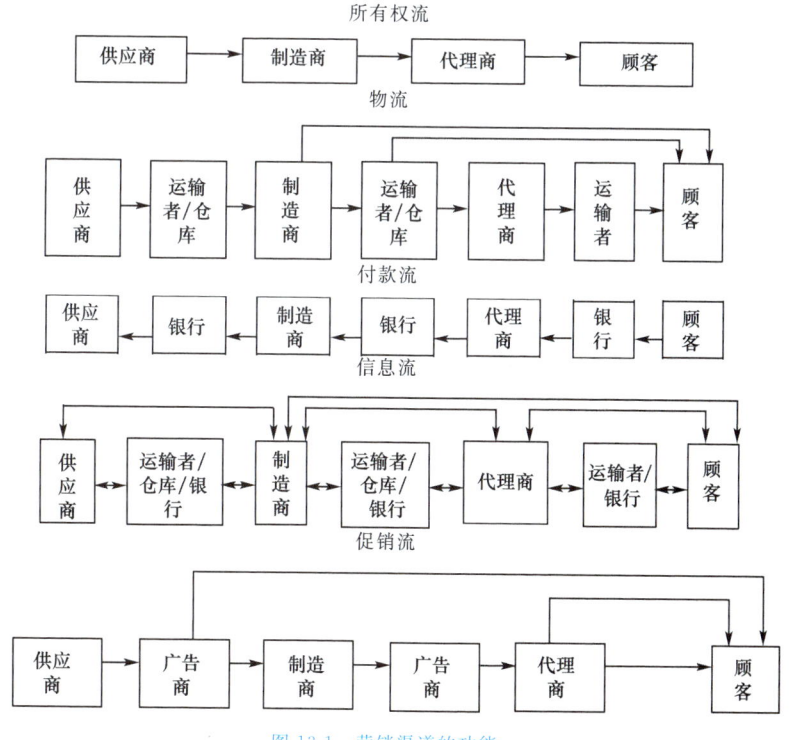

图 13-1 营销渠道的功能

二、渠道的模式

1. 零级渠道

零级渠道或直销渠道(Direct Marketing Channel)即生产者将产品直接销售给消费者或用户,如图 13-2 中的"渠道 1"就是这种模式。直销渠道的主要方式是上门推销、家庭展示会、邮购、电子营销、电视直销和制造商自设商店等。

2. 一级渠道

一级渠道(One-Level Channel)即只包括一个中间商的模式,如图 13-2 中的"渠道 2"就是这种模式。渠道中的中间商在消费者市场上通常叫零售商,在产业市场上叫产业分销商。

3. 二级渠道

二级渠道(Two-Level Channel)即包括两层中间商的渠道模式。在消费者市场上,中间商一般是一个批发商和一个零售商,如图 13-2(a)中的"渠道 3";而在产业市场上一个是代理商或销售分公司和一个产业分销商,如图 13-2(b)中的"渠道 4"。

4. 三级渠道

三级渠道(Tree-Level Channel)即包括三层中间商的渠道模式,如图 13-2(a)中的"渠道 4"就是这种模式。

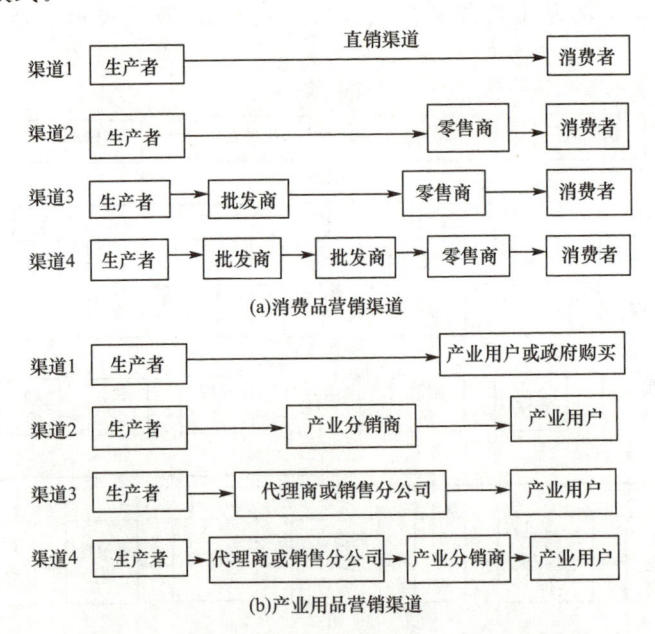

图 13-2 消费品和工业品营销渠道模式

20 世纪 90 年代以来,网络营销渠道蓬勃发展,出现 B2C、B2B、C2C、C2B 等众多直销渠道模式,减少了传统营销渠道的诸多环节,使得传统中间商的优势被电商所取代。网络营销渠道模式如图 13-3 所示。

	瞄准消费者	瞄准企业
企业推动	B2C (Business To Consumer)	B2B (Business To Business)
消费者推动	C2C (Customer To Consumer)	C2B (Customer To Business)

图 13-3　网络营销渠道模式

B2C(Business To Consumer)是指企业通过互联网为消费者提供一个新型的购物环境——网上商店,消费者通过网络实现网上购物、网上支付。由于这种模式节省了客户和企业的时间和空间,大大提高了交易效率,特别对于工作忙碌的上班族,可以为其节省宝贵的时间。B2C 网络营销渠道可以分为两大类:一类是渠道商通过互联网为生产者提供的电商平台,如亚马逊、天猫、京东等。另一类是品牌商通过互联网实现地从生产者到消费者的网上直销渠道。如海尔商城是海尔自建的独立电商平台,经营包括冰箱、洗衣机、空调、彩电等在内的九个品类的 200 余款商品。

B2B(Business To Business)是指企业对企业之间的营销关系。它将企业内部网,通过 B2B 网站与客户紧密结合起来,通过网络的快速反应,为客户提供更好的服务,从而促进企业的业务发展。生产商或商业零售商可以与上游的供应商之间形成供货关系,如 Dell 电脑公司与上游的芯片和主板制造商就是通过这种方式进行合作。生产商与下游的经销商可以形成销货关系,比如 Cisco 与其分销商之间进行的交易。中间商也为企业的采购方和供应方提供了一个交易的平台,像 Alibaba、环球资源网等,在网上将销售商和采购商汇集一起。

C2C(Customer To Consumer)是指消费者与消费者之间的电子商务,是直接为客户间提供电子商务活动平台的网站。卖家可以在网站上登出其想出售商品的信息,买家可以从中选择并购买自己需要的物品。例如淘宝商城、eBay 拍卖网站。另外,一些二手货交易网站也属于此类。案例 13.2 比较了京东商城的 B2C 与淘宝网的 C2C 模式。

穿插案例

案例 13.2　京东与淘宝的网络渠道模式比较

京东商城网是中国领先的 B2C 电商平台,2017 年市场交易额接近 1.3 万亿元,2018 年京东名列《财富》世界 500 强排行榜第 181 名。2003 年,阿里巴巴投资创办淘宝网,从事 C2C 电商业务。京东商城与淘宝网的营销模式比较如下:

(1)货源及库存。在淘宝电器城销售产品,淘宝主要是起着平台的作用;京东商城则是自己从厂商处进货,拥有自己的物流、仓储等系统,相当于起着网络上的国美、苏宁等大卖场的作用。

(2)销售产品范围。以电器产品为例,京东商城在线销售商品超过 4.5 万余种商品,分类细致程度和商品丰富程度比淘宝多。

(3)配送与用户体验。淘宝电器城的卖家主要由厂商与具有实力的卖家构成,这些卖家天南海北,买家可能是通过支付宝和第三方物流来购物;京东商城则拥有自己的快递公司提供物流配送、货到付款、移动 POS 刷卡、上门取换件等服务,可以在全国 200 座城市配送货物。

(4)网站功能。京东商城的页面宽为 1200Pix,在搜索栏,功能多并包含多个热门关键词;淘宝家电商城为 950Pix,目前的搜索栏相对简单。

(5)价格与供货商信誉。加盟淘宝的商户众多,同类商品也不乏比京东商城更便宜的商品。(资料来源:作者整理)

C2B(Customer To Business)也称网络代购,是通过聚合分散但数量庞大的用户形成一个强大的采购集团,以此来改变用户一对一出价的弱势地位,使之享受到以大批发商的价格买单件商品的利益。例如,Priceline.com 提出"客户自己定价格"的独特商业模式,成为连接买卖双方沟通的平台,买方可以通过该平台提出他们的期望价格和产品;卖方通过该平台获得市场需求信息并提供买方所需要的产品,实现获利。

三、渠道设计流程

渠道设计流程如图 13-4 所示。

分析顾客需求 → 设定渠道目标 → 选择渠道方案 → 评估渠道方案

图 13-4 渠道设计流程

1.分析顾客需求

设计营销渠道首先应明确消费者需要从营销渠道得到什么。他们是希望从更近一点的地方购买商品还是到远一点的但商业集中的地方购买商品?他们更愿意通过销售人员购买商品还是通过电话、电子邮件或者互联网购买商品?他们更喜欢品类多产品还是喜欢更加专门化的产品?送货速度越快、商品种类越多、服务内容越全面,渠道的服务层级就越完善。

2.设定渠道目标

公司应依据目标顾客所要求的服务水平来设定渠道目标。通常一个企业可以先判断并确定几个不同渠道服务水平的细分市场,然后再决定服务于哪个(些)细分市场,最后对每一个细分市场设计出最佳的渠道。同时为满足消费者服务需求,企业对于每一个细分市场都要尽量降低营销渠道的总成本。渠道服务水平越高,服务的成本就越高。设计渠道目标既受成本制约,又受到企业特点、顾客特性、产品因素、中间商特点、竞争对手和环境因素等影响。

3.选择渠道方案

根据中间商类型、中间商的数目和渠道成员的责任确定主要的渠道选择方案。

(1)中间商的类型

中间商包括公司自己的销售人员、零售商和批发商等基本类型。

零售商一般可划分为店铺零售、无店铺零售和零售组织。店铺零售是最常见的零售形式，包括小杂货店、专卖店、百货商店、超级市场、便利商店、折扣店、仓储商店、工厂门市部等。无店铺零售包括邮寄营销、电话营销、电视营销、自动售货机等。零售组织主要包括公司连锁店、特许专卖组织等。

批发商一般可将其分为三大类：即商业批发商、代理批发商、生产者和零售商的分支机构和办事处。

（2）中间商的数目

中间商的数目可选择三种策略：密集分销策略是指企业在营销渠道的每一个层次选择尽可能多的中间商销售其产品；独家分销策略是指企业在一个地区、一定时间内只选择一家中间商销售其产品；选择性分销策略是指企业在营销渠道的每一个层次只选择一部分中间商来销售其产品。

（3）渠道成员的责任

渠道成员的责任主要包括：①价格政策。生产企业可制定一张价格表和折扣细目单，对于不同类型的中间商或进货数量不同的中间商给予不同的折扣；②买卖条件。这主要包括付款条件和生产者的担保。生产企业对于付款较早的中间商可给予适当的现金折扣，鼓励中间商按时或提早付款；也可以向中间商提供有关商品质量不好或价格下跌等方面的担保，吸引中间商放手进货，大量进货；③中间商的地区权利。生产企业可能在许多地区都有代理人。在邻近地区或同一地区有多少代理人，有多大的特许权，是中间商很关心的问题。企业要给予明确规定，否则会影响中间商的积极性；④双方应提供的具体服务。具体服务就不同企业来说有不同内容，一般主要包括促销配合、资金帮助、人员培训和信息的相互沟通等。

4.评估渠道方案

一般的渠道评估标准主要有：经济标准、可控性标准和适应性标准。经济标准指企业会比较各渠道方案所能带来的最大效益，以便确定利益最高的渠道；可控性标准是指以企业对营销渠道的控制能力为标准，评估和选择渠道；适应性标准指按渠道对环境变化的适应性进行评估。

第二节　渠道管理

渠道设计完成后，需进行渠道管理才能发挥渠道的绩效。渠道管理涉及渠道成员管理、渠道物流管理和整合渠道管理。

一、渠道成员管理

渠道成员管理的设计流程，如图13-5所示。

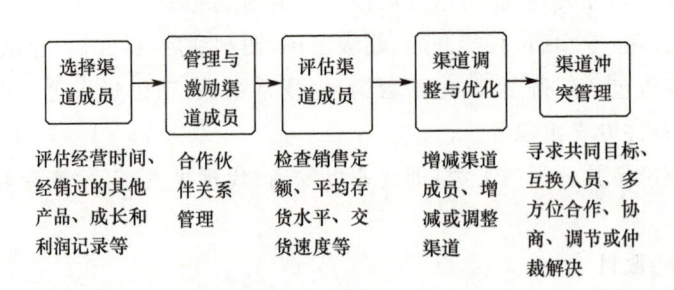

```
选择渠    管理与    评估渠    渠道调    渠道冲
道成员    激励渠    道成员    整与优化  突管理
          道成员
评估经营时间、  合作伙   检查销售定   增减渠道   寻求共同目标、
经销过的其他   伴关系   额、平均存   成员、增   互换人员、多
产品、成长    管理    货水平、交   减或调整   方位合作、协
利润记录等          货速度等    渠道     商、调节或仲
                                 裁解决
```

图 13-5　渠道设计流程

二、渠道物流管理

渠道物流管理包括整个供应链管理。供应链管理如图 13-6 所示。

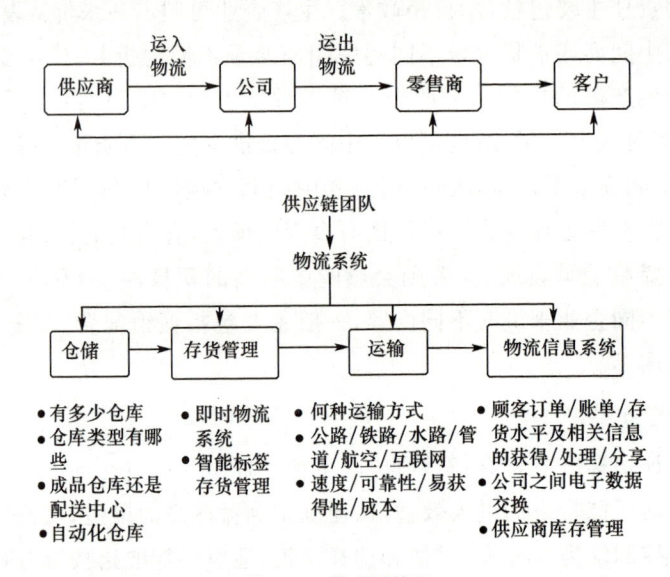

```
         运入           运出
供应商 ──物流──→ 公司 ──物流──→ 零售商 ──→ 客户

              供应链团队
                 ↓
              物流系统
       ┌─────────┼─────────┐
     仓储   存货管理   运输   物流信息系统

·有多少仓库    ·即时物流    ·何种运输方式   ·顾客订单/账单/存
·仓库类型有哪    系统      ·公路/铁路/水路/管   货水平及相关信息
 些         ·智能标签     道/航空/互联网    的获得/处理/分享
·成品仓库还是    存货管理    ·速度/可靠性/易获   ·公司之间电子数据
 配送中心               得性/成本       交换
·自动化仓库                         ·供应商库存管理
```

图 13-6　供应链管理

三、整合渠道管理

整合渠道管理是指无论企业内部还是营销渠道成员组织，都要协调一致，密切合作，以实现整个营销渠道系统绩效最大化，涉及企业内的团队工作、第三方物流管理和建立渠道合作关系。

1. 企业内的团队工作

在一个企业内部，各种物流活动的责任要指派给不同部门，包括市场、销售、财务、制造、采购等方面。但物流工作常常是交叉进行、相互影响，有时还是反方向的，各部门的决策必须相互协调，以便达到最好的后勤服务水平，企业可以建立永久的物流委员会、物流经理或副总经理,把各个职能部门的物流活动联系起来。

2. 建立渠道合作关系

企业可以建立跨部门、跨企业的团队,也可以通过共同项目进行合作,还可以采取信息分享和连续存货补充系统的形式,建立与渠道成员之间的合作关系。

3. 第三方物流管理

那些专门提供物流服务的企业,如快递公司、邮局系统、铁路运输系统、航空运输系统等各种运输系统。这些整合性物流企业实际上可承担客户(包括制造商和分销商)所需要的部分甚至全部物流职能。企业可根据自己的需要将物流服务进行外包。

现在,越来越多企业与电商公司(如淘宝、京东),通过门户、微信、移动 App 等多种形式,实现即时沟通与业务协作。未来整合渠道管理的趋势是线上与线下相结合的全渠道,如图 13-7 所示。所谓全渠道,就是企业为了满足消费者任何时候、任何地点、任何方式购买的需求,采取实体渠道和电子商务渠道整合的方式销售商品或服务。案例 13.3 介绍了优衣库全渠道零售的成功实践。

图 13-7 线上与线下相结合的全渠道

穿插案例

案例 13.3 优衣库:全渠道零售的典范

1963 年,优衣库(UNIQLO)从一家销售西服的小服装店起家,现已成为国际知名的服装品牌,在 2018 世界品牌 500 强排行榜中名列第 168 位。2017 年,优衣库全球总营业额达 1 200 亿元,其中海外优衣库销售业绩和利润分别占比 20% 和 30%。海外门店共 1 029 家,其中中国大陆门店数为 550 家,为优衣库海外第一大市场,创造了海外市场 70% 的利润。

优衣库的成功源自在日本首次引进了大卖场式的服装销售方式,而近年来在中国市场的热卖得益于其线下到线上的全渠道销售。一方面线上业务稳步前进,双 11 销售屡屡得冠;另一方面不放弃线下,每年以 100 家店的速度开实体店。

优衣库早在两年前就开始推 O2O 模式,实现消费者多渠道的体验可能比实现企业多渠道的销售更为重要。"在所有的门店,以及我们所有的自媒体里面,都可以及时看到所有的产品线。甚至在我们的 App 里面,可以查到每一个商品的库存、尺寸,以及可以到哪家店去买。"优衣库大中华区首席市场官吴品慧介绍说:"我们叫作门店自提。很多人会在线上买衣服,但线上的退货率很高。而透过门店自提,除了不用等快递,更重要的是可以现场看,甚至尺寸不合适还可以在店里改。"吴品慧表示,近几年门店自提每年都会有两位数以上的幅度增长。

在门店数字化方面,优衣库走得比较超前。五六年前优衣库就上线了移动支付。而在自己的 App 平台,则会向会员提供产品介绍,包括搭配、尺寸,甚至可以到店铺用 App 扫码直接购买。"优衣库想要做的事情,就是透过这些数字化,以线上线下更好的体验去把商品的售前、售后的服务和价值做到最大。"据吴品慧介绍,目前优衣库 60%~70% 以上的营销是在手机端、数字端及自媒体端。"大家觉得年轻人就喜欢爆款,喜欢网红,但我们还是回到根本,即提供好的商品、好的内容。我们今年上的抖音平台,现在已经有超过 70 万粉丝。其实并没有做任何的推广,只是把我们好的内容植入其中。"

不论是全渠道还是数字化,优衣库所采取的举措,只是为了让消费者容易找到商品,容易购买,然后能够重复购买。优衣库在消费者能想到的几乎所有自媒体,以及能够产生优质内容和高流量的平台上,都有品牌和内容的推广,这是企业与顾客的沟通点。让企业可以知道顾客喜欢什么或不喜欢什么。反馈在店铺顾客端,就可以让消费者更容易买,更容易支付。(资料来源:作者整理)

本章习题

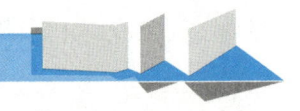

一、判断题

1. 营销渠道只具有物流的功能。( )
2. 一级渠道指包括一个中间商的模式。( )
3. 未来整合渠道管理的趋势是线上与线下相结合的全渠道管理。( )

二、单选题

1. 海尔商城是海尔自建的独立电商平台,属于(   )。
   A. 网上直销渠道   B. 一级渠道   C. 二级渠道   D. 三级渠道
2. 下列关于营销渠道的叙述中不正确的是(   )。
   A. 设计营销渠道首先应明确消费者的需求
   B. 独家分销策略是指企业在一个地区、一定时间内只选择一家中间商销售其产品
   C. 经济性是渠道评估的唯一标准
   D. 渠道管理涉及渠道成员、渠道物流和渠道整合管理
3. 下列不属于整合渠道管理的内容是(   )。
   A. 企业内的团队工作   B. 第三方物流管理
   C. 建立渠道合作关系   D. 加强产品研发

三、简答题

1. 简述二级渠道的结构。

2. 简述渠道设计流程。
3. 简述渠道成员管理的内容。

营销演练

杉杉服装的渠道变革

请仔细阅读下面的案例,然后,完成相应的营销演练任务。

郑永刚终于痛下决心,对杉杉服装的销售渠道开始了二次革命,这是自1999年以来渠道变革的第二次。上一次是对自有销售公司一刀切,一下子由传统渠道转向特许经营体系,而这一次,则是将诸多特许加盟店改为直营店,对其特许经营模式进行收口。杉杉服装的渠道变革将通向何方?其未来还将面临哪些荆棘坎坷呢?

(1)公司简介

杉杉投资控股有限公司(下简称杉杉)2017年营收超过82.7亿,净利润突破10亿,从营收构成来看,正负极材料和光伏产品等能源相关的业务占据了公司八成销售额,大名鼎鼎的杉杉服装业务只有8%。

在发展历程中,杉杉经历了一系列深刻的变革。在服装产业领域通过产权改制、品牌托权管理和过渡阶段的特许加盟经营,完成了杉杉服装产业由"产供销一条龙"传统经营模式向"订单制"模式的质变。

(2)收回特许经营权

2005年3月26日,杉杉集团北京直营旗舰店正式开业,与此同时,该公司北京、上海、南京、重庆、南昌等地的营销渠道变革也在紧锣密鼓地进行之中,虽然杉杉依然认为特许经营是今后服装企业发展的趋势,但是现在必须实施改革,因为很多经销商在销售指标、销售网络上没有达到加盟商的标准,所以杉杉需要收回特许经营权。杉杉有限公司营销经理刘明杰告诉记者:"改革后,集团总部将派销售公司总经理和财务工作人员进驻各大城市分公司,其他则采用分公司的原班工作人员。"

杉杉南京分公司原总经理徐文举告诉记者:"男装的利润逐渐扁平化,几个中心城市同时面临营销网络费用巨大的问题,让经销商无利可图,这必然导致杉杉收回特许经营权。"徐文举是在亏损100多万元后,退出杉杉销售网络的。2001年,他个人出资300万元成为南京杉杉掌门人。当时,杉杉在南京的经营情况并不乐观,在经历了1995年和1996年销售额1 000多万元的高峰之后,杉杉2001年在南京的年销售额不过400多万元,徐文举近两年的多种尝试并没能扭转这一现状。

杉杉集团于1999年9月开始推行特许经营模式,重建市场网络体系的战略决策,但意外的是,在刚刚改制之后的2000年,杉杉品牌的销量就下降了12%,西装市场份额第一的位置也被雅戈尔所取代。5年之后,杉杉依然没有夺回其销量第一的份额,所以有了对以往销售模式的二次革命。

(3) 渠道的烂尾楼

1989年，现任杉杉集团董事局主席的郑永刚接手严重亏损的宁波甬港服装厂后就开始了营销渠道的改革，1992年，杉杉第一个建成当时国内服装界较大的市场网络体系，完成了产供销一体化。当同行醒悟过来，开始做品牌时，杉杉早已成为一个强者。1996年，杉杉市场占有率是25%，领先第二名近20个百分点，销售收入1997年达21.9亿元，1998年达23.5亿元，1999年达26.8亿元，连续三年被世界经济论坛评为高成长性公司。

可是郑永刚意识到，原先依照传统方式建立起来的销售网络，代价是极其昂贵的，包括运行成本和库存，想有效运转，市场上有多少货必须销多少货。一旦市场的需求趋缓，渠道就不再是渠道，而成了库房。就算杉杉目前有能力承担这个代价，这种渠道模式也不是服装企业未来要发展的方向，无法适应杉杉品牌自身发展的需要。每年处理那么多存货，不仅让企业在资金上承受巨大的损失，而且周期性的处理品、打折品将严重损害杉杉的品牌价值。1996年，杉杉的商业公司已发展到21个，覆盖全国除西藏以外的所有省份，专卖店120余家。这期间，杉杉每年以至少20个店的速度快速扩张，计划经济背景下形成的营销体制，为杉杉带来上千个销售网点的同时，也产生了上千个仓库的库存，在这种经营模式下，单纯地扩大生产规模，一味地追求销量，造成库存增加，成本费用上升，利润下降的恶性循环。

杉杉在1998年后的一年半时间里召开六次大规模的会议研讨，邀请国内服装专家、新加坡咨询公司、国外营销专家等进行反复论证，并同期从上到下给公司总经理和店长进行培训。公司最终确定：引用西方已经成熟了的比较成功的特许加盟的经营模式。

1999年初，杉杉决定对销售体制进行彻底改革，如壮士断腕般地将销售部门全部砍掉，全面实行特许经营的营销模式，把分公司的销售市场卖给代理商。到2001年年底，杉杉庞大的分公司销售体系解散，取而代之的是70余家一级特许加盟商和数百家二级加盟商。随着改革的推进，总公司的管理费用、服务费用、经营成本都在大幅下降，集团甩掉了臃肿的包袱，并成功地实现了多元化经营和服装多品牌管理的战略转向。这一举措被杉杉称为"渠道瘦身"，并成为不少营销教科书中的案例。

杉杉这次改革解决了加盟商与总公司的责权利关系，减少了库存，杜绝了腐败，但同时新的问题也开始出现了，比如，订货会，订不订货并不是由消费者说了算，也不是由次加盟商说了算，而是由打着自己小算盘的主加盟商说了算，因为采取的是买断制，当主加盟商买断的老货没有全卖出去时，他就不订或少订今年的新货，却把隔年老货推销给下面。同样，加盟商对于缺货时的补货热情也不高，能不补就不补，进行博弈。这就是说，杉杉从主加盟商那里得来的市场反馈信息很可能是虚假的，只是反映了主加盟商的意图，真正的市场信息，也就是说什么服装在市场卖得怎么样，很难得到判断。主加盟商实际上是在杉杉和次加盟商之间砌了一堵墙。这种信息的不对称，直接造成杉杉有新品发不出去，客户也看不到消费者有什么样的需求，杉杉同样也无从得知。两边信息互通不畅造成的第二个后果是杉杉与终端形象、终端影响力的联系也被割断。

杉杉的加盟商也有一肚子苦水。1999年的时候,他觉得杉杉这牌子够响,中间利润也不薄,就将250万加盟定金交了,到现在他也没收回成本,只好坚持做下来,他的区域还没有一家特别像样的旗舰店,区域销售不太好,他就打折,总公司规定统一零售价3 000元的西装他2 000元也肯卖,只要能变成现金。不仅如此,他下面还有一个专卖店生意不够好,索性杉杉、雅戈尔一个房间对着面卖,反正都是西服,还方便顾客挑选。对他来说,生意第一,反正加盟买断,管理鞭长莫及。

在渠道改革的次年,杉杉品牌服装便开始失去西服市场份额第一的名次,竞争对手雅戈尔取代了杉杉的市场第一的位置,并保持至今,而且近几年,罗蒙、报喜鸟、庄吉、洛兹、步森等众多对手的迅速崛起和追赶,使杉杉面临越来越大的压力。

(4)特许突围:直营店

痛定思痛,在挨过漫漫冬夜后,杉杉终于痛下决心,对它的销售渠道开始了二次革命,具体思路为:改主加盟制为主加盟与单店加盟联合,保留做得比较好的主加盟商,改为代理制,起到区域组织者的作用。同时,尽量形成主加盟商竞争机制,使做得好的次加盟商有机会取代不好的主加盟商。主加盟商现在要具备两个功能:一是经销商,二是发展商,即发展新的网点。主加盟商仍然代表次加盟商判断服装款式,订货买断,杉杉根据其组织的货源数量提供一定比例佣金。然后,杉杉的市场管理部直接跟单店加盟的终端客户、市场沟通,售后服务也跟着走。当然,这个成本可能会很高,也是新的利益切割方式,估计会有一定阻力。

取缔某些素质和业绩差的主加盟商,自设管理公司,这主要是针对有些地区能力、资金有限或对次加盟商服务不到位的主加盟商,但并不是收回来自己做,而是通过扩大单店加盟的方式来直销直供。终端的网络不做改变,管理公司只代表总公司,是办事处的性质,不做经营,这样与次加盟商的联系就更直接一点,但价格全国是统一的,采用这种方式,公司要付出一定的成本,因为在当地要派遣管理团队。

在北京、上海等重要区域中心自营开两到三个旗舰店,赚钱是次要的,主要是强化营销,起到让加盟商有一个样板店的作用,既让新品直接在第一时间内跟市场见面,获取第一手信息,也赋予其一定的物流功能,起到市场分布过程中的积极作用。据杉杉服装有限公司北京分公司综合办郭孝园主任介绍:"现在分公司以终端市场建设为中心来运作,一方面通过对代理商、经销商、零售商等各个销售环节的服务与监控,使得产品能够及时、准确、迅速地到达零售终端,使产品快速占领市场;另一方面,通过终端市场直面消费群体的营销手段,提高品牌的形象,激发消费群体的购买欲,快速收拢流动资金。"

杉杉早年以庞大而完善的销售网络,造就了行业第一,也极大促进了杉杉品牌的形成。但庞大网络的投资及运行中的弊端也使杉杉付出了高昂的成本,当杉杉对其销售渠道进行变革后,失去了它连续七年的行业第一的位置。(资料来源:作者整理)

营销演练任务

建议学生在回顾本章所学内容的基础上,进一步收集有关杉杉公司的资料,寻找案例中未提供的决策依据和未考虑到的决策要素,形成正式的市场工作报告,报告的提纲和格式如下:

杉杉渠道变革方案建议

请帮助郑永刚分析杉杉进行渠道变革的深层原因:
_____
_____

请对杉杉的两次渠道变革进行评价:

第一次渠道变革:_____
_____

第二次渠道变革:_____
_____

请为杉杉提出一个根本性的渠道变革方案建议:

渠道设计:_____
_____
_____

渠道管理:_____
_____
_____

整合渠道管理:_____
_____
_____
_____
_____

案例实训

案例 13.3 可口可乐在中国的渠道系统

可口可乐公司 1979 年进入中国以来,一直在渠道方面探寻自己的本土化开拓方式。起初只进入高档饭店渠道,到一步步将玻璃瓶可口可乐进入街头巷尾,再到后来的批发集贸市场的全面流通,到现在,可口可乐公司已经让业务员和渠道系统渗透到每个角落,让其产品真正地达到无处不在。

(1)可口可乐的22种细分渠道

①传统食品零售渠道,如食品店、食品商场、副食品商场、菜市场等。

②超级市场渠道,包括独立超级市场、连锁超级市场、酒店和商场内的超级市场、批发式超级市场、自选商场、仓储式超级市场等。

③平价商场渠道,其经营方式与超级市场基本相同,但区别在于经营规模较大,而毛利更低。平价商场通过大客流量、高销售额来获得利润,因此在饮料经营中往往采用鼓励整箱购买、价格更低的策略。

④食杂店渠道,通常设在居民区内,利用民居或临时性建筑和售货亭来经营食品、饮料、烟酒、调味品等生活必需品,如便利店、便民店、烟杂店、小卖部等。这些渠道分布面广、营业时间较长。

⑤百货商店渠道,即以经营多种日用工业品为主的综合性零售商店。内部除设有食品超市、食品柜台外,多附设快餐厅、休息冷饮厅、咖啡厅或冷食柜台。

⑥购物及服务渠道,即以经营非饮料类商品为主的各类专业及服务行业,经常附带经营饮料。

⑦餐馆酒楼渠道,即各种档次饭店、餐馆、酒楼、咖啡厅、酒吧、冷饮店等。

⑧快餐渠道,快餐店往往价格较低,客流量大,用餐时间较短,销量较大。

⑨街道摊贩渠道,即没有固定房屋、在街道边临时占地设摊、设备相对简陋、出售食品和烟酒的摊点,主要面向行人提供产品和服务,以即饮为主要消费方式。

⑩工矿企事业渠道,即工矿企事业单位为解决职工工作中饮水、工休时的防暑降温以及节假日饮料发放等问题,采用公款订货的方式向职工提供饮料。

⑪办公机构渠道,即由各企业办事处、团体、机关等办公机构公款购买,用来招待客人或在节假日发放给职工。

⑫部队军营渠道,即由军队后勤部供应,以解决官兵日常生活、训练及军队请客、节假日联欢之需,一般还附设小卖部,经营食品、饮料、日常生活用品等,主要向部队官兵及其家属销售。

⑬大专院校渠道,即大专院校等住宿制教育场所内的小卖部、食堂、冷饮店,主要面向在校学生和教师提供饮料和食品服务。

⑭中小学校渠道,指设立在小学、中学、职业高中以及私立中小学校等非住宿制学校内的小卖部,主要向在校学生提供课余时的饮料和食品服务(有些学校提供课余时的饮料和食品服务,有些学校提供学生上午加餐、午餐服务,同时提供饮料)。

⑮在职教育渠道,即设立在各党校、职工教育学校、专业技能培训学校等在职人员再教育机构的小卖部,主要向在校学习的人员提供饮料和食品服务。

⑯运动健身渠道,即设立在运动健身场所的出售饮料、食品、烟酒的柜台,主要为健身

人员提供产品和服务;或指设立在竞赛场馆中的食品、饮料柜台,主要向观众提供产品和服务。

⑰娱乐场所渠道,指设立在娱乐场所内(如电影院、音乐厅、歌舞厅、游乐场等)的食品、饮料柜台,主要向娱乐人士提供饮料服务。

⑱交通窗口渠道,即机场、火车站、码头、汽车站等场所的小卖部以及火车、飞机、轮船上提供饮料服务的场所。

⑲宾馆饭店渠道,指集住宿、餐饮、娱乐为一体的宾馆、饭店、旅馆、招待所等场所的酒吧、前台、小卖部。

⑳旅游景点渠道,即设立在旅游景点(如公园、自然景观、人文景观、城市景观、历史景观及各种文化场馆等)向游客提供服务的食品饮料售卖点。一般场所固定,采用柜台式交易,销售较大,价格偏高。

㉑第三方消费渠道,即批发商、批发市场、批发中心、商品交易所等以批发为主要业务形式的饮料销售渠道。该渠道不面向消费者,只是商品流通的中间环节。

㉒其他渠道,指各种商品展销会、食品博览会、集贸市场、各种促销活动等其他销售饮料的形式和场所。

(2)可口可乐公司在中国的渠道系统

可口可乐在中国的渠道系统的主框架可归结为批发系统、KA系统、直营渠道系统、101系统。

①批发系统

可口可乐中国公司业务系统没有大批、小批、二批、特约经销商、分销商这些繁杂而又无效的客户之分,而统称为批发商。在奖励政策和具体运作中,也全部是一视同仁。这些批发商的合同除销量目标不同之外,绝无二致。它们共同在一个合同版本之下操作同一个市场。这一点,可口可乐系统可能与许多企业不同,关键点在于可口可乐公司会帮助客户去做市场,帮助他们管理自己的业务,并通过培训使其与可口可乐公司一起成长,而不是把他们扶持成经销商,市场费用交其掌握,由其开发市场,企业自己只是在坐收销售收入。

②KA(Key Account)系统

可口可乐业务系统将KA系统细分为大卖场、连锁超市和便利超市三类。如果同一个KA客户同时包含了以上三种业态,那么将会有三份不同的合同书呈奉到客户的手上。

由于KA系统属于现代渠道,并且较多KA客户在国际市场上已经是可口可乐公司的长期合作客户,所以,公司还专门设立谈判经理进行此类国际大客户的合同谈判,以使合作更加紧密和符合国际合作惯例。这种设置在许多将KA系统当作主渠道的企业还没有。也算是可口可乐系统的高人一筹之处吧!

在KA系统中,生动化要求是公司平衡渠道体系的主要因素,这也是可口可乐公司以消费者为中心,提供个性化服务的体现,是脱离渠道竞争的最好办法。很多同仁已经深深体会到了某些KA大客户向外流货的可怕,而在可口可乐系统中,这些KA没有取得向其他渠道辐射、将货流到流通渠道去的竞争优势,虽然都是月销量极大的大客户,也只得在自己的卖场内与公司联合做消费者促销。

③直营渠道系统

直营的渠道较多,包括快餐行业、工矿企业、旅游景点、各类学校等。直营渠道往往反映的是一个企业的市场掌控能力,可口可乐经过多年摸索后,每个渠道均进行针对性运作,比如每日巡访客户、补货等,体现可口可乐的个性服务能力和统筹能力。

④101系统

可口可乐装瓶厂在某地区(通常以镇为单位)找一家批发商为合作伙伴,该批发商负责该地区可口可乐产品的配送,并赚取一定数量的配送费。而可口可乐装瓶厂则负责派驻业务员在该地区进行业务推广,双方各司其职,共同发展。这套系统的侧重点在以下几个方面:

可口可乐业务员的工作范围严格按区域划分,业务员负责某区域则意味着他要负责该区域所有渠道的业务,无论是小店、餐饮、批发等传统渠道还是超市、网吧、工厂等现代渠道;"区域精耕",每个配送商和业务员负责的区域越来越小,如在珠三角地区,一个镇至少有一家以上的配送商和一个以上的业务员,大一点的镇一般有三四个配送商和三个以上业务员负责;注重零售的执行,可口可乐要求每一个业务员每天按照事先规划好的线路图对线路上的售点进行定期拜访,不得跳点、漏点,并做好生动化工作;总部成立线路服务部,不断对线路进行合理规划和调整,确保每个业务员每天拜访30个左右的售点,并合理安排业务员在不同售点的时间;总部成立渠道策划部,不断推出针对不同渠道的促销方案,并分发到各地的业务员去执行;总部成立101系统发展部,不断开发、调整合作伙伴,并对现有的合作伙伴的工作进行考核评估;总部成立数据中心,依托可口可乐自行开发的先进的数据管理软件MarinMinder,对所有的销售数据进行分类管理,为管理层提供决策依据。

101系统不是可口可乐一开始进入中国就设计好或者从外国直接拷贝过来的,而是可口可乐在2000年根据中国的国情设计出来的渠道系统。在此之前,可口可乐系统采用的都是车销或者直销,就是业务员每天开着满载着货物的车出去推销。后来可口可乐系统发现中国地域辽阔,这种车销的方式成本太高,效率太低,于是设计出101系统,使装瓶厂专注于销售,而把送货的事情交给当地的合作伙伴也就是批发商。(资料来源:作者整理)

案例13.4 戴尔直销

戴尔公司是全球较大的计算机直销商,2018财年全年净营收为786.60亿美元,较上年的616.42亿美元增长28%。1999年,收益就达270亿美元,在全球34个国家设有销售办事处,产品和服务遍及170个国家和地区,其客户包括商业、工业、政府教育机构和广大的个人消费者。戴尔企业发展成功的最大秘诀就是在产品销售上坚持直销。该公司的创始人迈克尔·戴尔曾不止一次地宣称他的"黄金三原则"——即坚持直销、摒弃库存、与客户结盟。

(1)坚持直销

戴尔公司在十几年的发展过程中形成了一整套企业直销的销售制度与做法,即戴尔与客户有直接的联系渠道,由客户直接向戴尔发订单,在订单中详细列出产品所需的配置,然后由企业按单生产。那么,戴尔公司是如何面向顾客的呢?

①将客户作为企业营销的中心,而不是竞争者。戴尔对客户和竞争对手的看法是:想着顾客,而不是竞争者。他们认为,许多公司都太在意竞争对手的作为,因而花费了太多时间在别人身后努力追赶,却没有时间往前看。戴尔坚持直销,最大的优势就是能与顾客建立直接的关系。这样,戴尔的顾客可以十分方便地找到他们所需要的机器配置,戴尔则可以按照客户的订单制造出完全符合顾客需求的定制计算机。

②细化市场,深入研究顾客。1994年,戴尔公司的客户被分成两大类:即大型顾客和小型顾客,当年的公司资产为35亿美元。1996年,在大型顾客市场中,又分出大型公司、中型公司、政府与教育机构三块市场,公司资产升至78亿美元。1997年,戴尔又进一步把大型公司细分为全球性企业客户和大型公司两块市场,小型顾客则进一步分解为小型公司和一般消费者两块业务。当年公司资产攀升到120亿美元。

③戴尔的直销特点。一是为顾客提供全范围的保修服务和跟踪服务,目前戴尔公司是全球少数几个能够提供现场服务的供应商之一。二是建立电话服务网络。公司仅在中国就有94个免费电话,每个月的付费电话费用就有10万美元。在厦门,戴尔有一个CTI系统,它可以对打入的电话进行整理,并检查等候时间,以确保尽可能快地给顾客回答,而且公司要确保有足够的工程师来接听顾客服务电话。如果是一般技术上的问题,公司就可以在30分钟内通过电话解决;如果是顾客硬件上的问题,一周之内保证解决。对销售的笔记本电脑,公司有国际服务承诺,顾客只要在当地拨打免费电话,就会有当地的工程师为其解决问题。现在,戴尔实现了这一目标的90%。

④开展网上营销。戴尔公司在1994年将直销模式发展到互联网上,而且业绩突飞猛进,再次处于业内领先地位。今天,戴尔运营着全球较大规模的互联网商务网站。该网站销售额占公司总收益的40%~50%。戴尔服务器运作的官方网址包括80个国家的站点,目前每季度有超过4 000万人浏览。客户可以评估多种配置,即时获取报价,得到技术支持,订购一个或多个产品。公司还打算在互联网销售产品的基础上,整合从零部件供应商到最终用户的整个供应链。

(2)摒弃库存

戴尔总裁的表述是:"以信息代替库存。"企业与供应商协调的重点就是精确迅速的信息。戴尔不断地寻求减少库存,并进一步缩短生产线与顾客家门口的时空距离。实行的按单生产,保证企业实现了"零库存"的目标。零库存不仅意味着减少资金占用的优势,还使企业最大限度地减少了降价所带来的风险。

在具体做法上,尽可能缩短用户货款与供应商货款中间的时间差,即在未来的15天内,保证顾客已经帮戴尔把钱付了,这中间的利润至少是戴尔公司自有资金的存款利率。要做到这一点,要求厂商与供应商、顾客之间的供应链衔接要科学合理,甚至非常完美,还要有抗市场冲击和非市场因素干扰的能力。

(3)与客户结盟

最重要的方式就是精心研究顾客的需要,与顾客进行最快速的信息交流并提供尽可能多的服务。戴尔每个月要接到40万个寻求技术支援的电话,而顾客每周上网查询订购的次数多达10万次,所有这些都需要公司有完善健全的服务系统来支撑实现。建立贵宾网页(共设8 000个迷你网站),这是公司针对每一个重要顾客的特定需求精心设计的企业个人电脑资源管理工具。顾客可以在这些网页上找到企业常规的个人电脑规格与报价,并上线订购,同时,还可以进入戴尔的技术支援资料库下载资讯,为负责管理企业电脑资源的员工省下许多宝贵的时间。目前,贵宾网页的数量增长很快,极大增加了客户对公司的忠诚度。

戴尔公司还注重与供应商的结盟。通过结盟,既可以促进其与供应商之间的价值共享,也可以根据顾客订单,确保原材料的供应。目前,戴尔主要是通过网络技术与供应商之间保持完善的沟通,为供应商提供每小时更新的资料,随订随组,十分有效。

当然,戴尔也有其经销商,主要是服务的提供者,而不是销售产品,因此,戴尔公司并不要求与经销商保持密切的联系或与其结盟。(资料来源:作者整理)

1. 实训目的

(1)加深学生对对渠道模式的认识。

(2)提高学生渠道设计的能力。

2. 实训任务

(1)可口可乐和戴尔的渠道模式有何异同?

(2)可口可乐和戴尔渠道模式为何迥异?根据本章的理论要点,进行全面具体的分析。

3. 实训步骤

(1)个人阅读

每位学生课前认真阅读背景材料。针对"实训任务"进行阅读,督促学生在课前完成。针对中国学生的特点,课堂上老师或学生还需再花费3～5分钟对背景材料的关键信息及相关背景进行简单的陈述。

(2)分组

在授课教师指导下,以6～8个人为单位组成一个团队,要求学生选出组长、记录人、报告人等角色;

(3)小组讨论与报告

时间为30分钟,主要在课堂进行,围绕"实训任务"展开讨论,同时鼓励学生提出新的有价值的问题。要求每个小组将讨论要点或关键词按小组抄写在黑板上的指定位置并进行简要报告,便于课堂互动。小组所报告的内容尽可能是小组所达成共识的内容。

小组讨论与报告

小组名称或编号:_____　　　组长:_____

报告人:_____　　　　　　　记录人:_____

小组成员:_____

①小组讨论记录:

发言人1:_____

发言人2:_____

发言人3:_____

发言人4:_____

发言人5:_____

发言人6:_____

发言人7:_____

发言人8:_____

②小组报告的要点或关键词(小组所达成共识的内容):

任务1:_____

任务2:_____

任务3:_____

(4)师生互动

主要在课堂进行,时间为20分钟,老师针对学生的报告与问题进行互动,同时带领学生对渠道功能、渠道模式及设计流程等关键知识点进行回顾。激发学生在课后进一步学习的兴趣。

(5)课后作业

根据课堂讨论,要求每位学生进一步回顾本章所学内容。以个人课后作业的形式进行,要求学生登录戴尔公司网站,进一步查阅相关资料。报告提纲如下:

实训报告

可口可乐和戴尔的渠道模式的相同点:

_____

_____

_____

可口可乐和戴尔的渠道模式的不同点:

_____

_____

_____

根据渠道设计流程,分析可口可乐和戴尔是如何设计各自渠道的:

①分析顾客需求:

可口可乐:_____

_____

戴尔:_____

_____

②设定渠道目标:

可口可乐_____

_____

戴尔:_____

_____

③选择渠道方案:

可口可乐:_____

_____

戴尔:_____

_____

④评估渠道方案:

可口可乐:_____

_____

戴尔:_____

_____

根据整合渠道管理的相关理论,请对可口可乐和戴尔公司提出全渠道设计和管理的建议:

对可口可乐全渠道设计和管理的建议:
_____
_____
_____

对戴尔全渠道设计和管理的建议:
_____
_____
_____

(6)考核实训成果

根据学生课堂表现和课后作业完成情况,评定实训成绩。

第十四章 促销决策

酒香也怕巷子深。

——佚名

强有力的广告是品牌价值银行里的存款,具有价值提升作用。

——宝洁公司

学习目标

1. 掌握人员推销和营业推广相关决策。
2. 掌握广告和公共关系相关决策。
3. 学会制定整合营销沟通策略的技能。

引导案例

案例 14.1 百事可乐的促销组合

百事公司是世界上较成功的饮料和休闲食品公司之一,在全球 200 多个国家和地区拥有 14 万雇员。1981 年,百事可乐在深圳兴建灌装厂,如今已在中国各地先后建立了 40 多家合资或独资企业,总投资超过 10 亿美元,员工近万人。在 2018 世界品牌 500 强中排名第 25 位。

百事可乐成功的关键因素之一是广告,而广告成功的很大一部分是因为明星的加入。在华人娱乐圈,代言过百事可乐的明星很多并且都是当时最红的艺人。相比可口可乐,百事可乐的网络广告较为活泼,无论是画面构图,还是动画运用,都传达着一种"酷"的感觉。针对年轻人喜欢音乐、运动的特点,百事可乐提出"渴望无极限"和"新一代的选择"的广告语。

长期以来,百事可乐还以捐赠、资助慈善公益活动等方式回报社会。内容涉及环保、儿童、健康、教育、赈灾和精神文明等方面。为庆祝中国申奥成功,百事可乐把申办前的

"渴望无限"和成功后的"终于解渴了"整合在一起,做成全屏广告的形式,具有很大的冲击力,与当时的气氛同频共振。

20世纪90年代初期,为了迅速打开市场,初创的上海百事果断采用直销模式。当时的饮料市场,计划经济的气氛还相当浓郁,销售人员在办公室里以听电话的方式接订单,商家要饮料必须到厂里来提货。但是百事可乐一下子招聘了一支庞大的销售队伍,迅速出现在上海的大街小巷。接着,又花费资金买进了20辆依维柯,送货上门。

在营业推广方面,百事可乐在中国市场发现了中国观众非常喜爱足球节目,所以请亨利、贝克汉姆等足球明星做电视广告的同时,先后推出了世界杯足球赛的拉环、瓶盖换领与换购足球明星奖品等活动。这些活动以"渴望无极限"为主题,对终端促销作用极大。2018年,百事以独特创意结合年轻一代流行音乐元素,打造国内首部贺岁音乐微电影"把乐带回家"——《霹雳爸妈》,以年轻一代的语言传递传统价值观的创意。(资料来源:作者整理)

思考:

1. 百事可乐采取了哪些促销方式?
2. 为提高营销业绩,百事是如何整合各种促销手段的?

理论知识

第一节 人员推销

人员推销是指企业的销售人员向顾客销售某种产品和提供某种服务的一种直接销售方法。

一、有效的人员推销的步骤

虽然没有两个完全相似的推销情境,但有效的人员推销通常是按照如图14-1所示的六个步骤去完成推销任务的。

确定目标 → 接近顾客 → 推销介绍 → 回答异议 → 促成交易 → 追踪服务

图14-1 人员推销的步骤

二、销售队伍管理

销售队伍管理是对推销人员活动进行分析、计划、执行和控制的过程,其主要任务和步骤如图14-2所示。

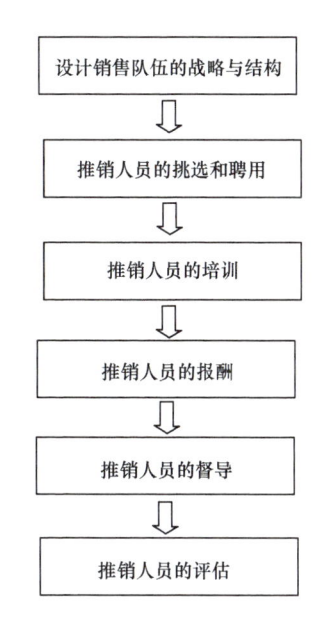

```
设计销售队伍的战略与结构
         ↓
推销人员的挑选和聘用
         ↓
   推销人员的培训
         ↓
   推销人员的报酬
         ↓
   推销人员的督导
         ↓
   推销人员的评估
```

图 14-2 销售队伍管理的主要任务和步骤

第二节 营业推广

营业推广也称销售促进,由一系列用来激起购买者更早或更强市场反应的促销工具组成。公司为制订一个营业推广方案,应完成下列决策:

一、确定营业推广的目标

营业推广的目标差异很大,可利用消费者促销来提高短期销售额或者建立长期的市场占有率,也可利用中间商促销鼓励中间商销售新产品;协助企业开展某些营销活动和增加库存量;促进中间商在淡季购买或提前购买;提高中间商的品牌忠诚度;吸引新的中间商加入本企业的分销渠道;鼓励中间商为产品做广告并增加货位空间等。

营业推广经常与人员推销等其他促销方式组合使用,鼓励推销人员积极推销现有产品和新产品,刺激非季节性销售,激励他们不断提高销售水平,吸引更多的推销人员加入本企业的销售团队等。

二、选择营业推广的方法

①针对消费者的营业推广方法,包括免费样品、优惠券、现金返还或退款、特价包折扣、赠品、有奖销售、特制广告品、光顾奖励、现场展示或示范表演、免费试用等。

②针对中间商的营业推广方法,包括价格折扣、商业折让(如广告折让和陈列折让)、免费物品、特制广告品、经销竞赛奖励、产品展销会、招待会及合作广告等。

③针对销售人员或工业用户的营业推广方法,包括大规模商品展销会、销售竞赛活

动、纪念品广告等。

三、制订营业推广活动方案

制订营业推广方案,要求企业对营业推广的规模、强度、对象、途径、时间和预算等做出具体的决策。案例14.2介绍了康师傅"再来一瓶"营业推广的情况。

穿插案例

案例14.2 康师傅"再来一瓶"促销战

2009年,康师傅的茶饮料市场遭受了前所未有的冲击,可口可乐原叶茶、今麦郎清茶、统一系列茶、娃哈哈蓝莓红茶对康师傅形成围攻之势。为扭转不利局面,巩固康师傅茶饮料霸主地位,同时为新品的开发与推广争取时间,2010年,康师傅发动了中国有史以来规模最大的"15亿瓶大赠送,再来一瓶"的促销活动,活动规模之大,震惊了全行业。

促销广告做了有效的配合。首先,促销活动细节,包括活动过程、奖品和奖励条件直接打印在产品的外包装上。"开盖有惊喜"和"再来一瓶"都是引人注意的大字。其次,到处张贴海报和宣传单。最后,在售点的重要位置摆放了精心设计的陈列柜台。结果连续两三年,康师傅的饮料营业额都超过30%。其中茶系列饮料"7亿瓶、17%中奖率"的促销力度让饮料江湖变得风声鹤唳,最高峰时一个月竟然回收了4 000万个中奖瓶盖。通过促销活动,不但可口可乐原叶茶、今麦郎清茶、统一系列茶、娃哈哈蓝莓红茶均被打回原形,而且弥补了新品上市所需的巨额资金投入。这次促销运动可谓惊心动魄,康师傅一石多鸟,取得完胜。后来,康师傅在促销力度上越做越小,主要原因是"再来一瓶"活动从消费者到康师傅渠道的各环节都遭遇到了执行难的大问题。康师傅兑换中奖瓶盖的程序依次向上,即消费者找零售商兑换,零售商找分销商,分销商找地区的总经销商,总经销商再找公司兑换。这个链条其中的任何一个环节出了问题,就会引发整个链条的问题。"再来一瓶"促销活动执行难问题主要表现在:

• 尽管74万个零售点可兑换再来一瓶,但大量消费者的中奖瓶盖却找不到地方兑奖,因为零售商不是要求有小票,就是把赠品当成正品卖了或者是参加活动的产品断档,有的零售商直接拒绝。

• 零售商也有怨言,因不能及时兑换导致库存增加,或被批发商告知缺货,只能部分兑换,甚至只能换饮料。

• 批发商既担心假盖,又担心兑奖周期太长,占压资金、造成损失等。针对上述问题,康师傅敏锐地调整着促销的时间和节奏,起初获奖率70%,然后逐步降低到10%,之后,促销战慢慢结束。(资料来源:作者整理)

1. 营业推广的规模要适当

营业推广的规模过小达不到预期效果;过大,较大的刺激规模和范围将产生过多的销售反应,造成营销费用的浪费。

2. 营业推广的对象要明确

可以选择目标市场的一部分或整个目标市场;可以对整个推广对象以同样的推广强度开展营业推广活动,也可以针对不同的推广对象,以不同的推广强度开展营业推广活动。

3. 营业推广的途径要多样化

如对消费者以奖金方法开展营业推广活动,可以将现金装在包装袋里,可以在包装袋中标有特定标志或金额的奖券,也可以通过广告媒体进行宣传,对购买特定数量的消费者给予奖励等。

4. 营业推广的预算与评估应全面

预算时要考虑市场调研、奖品、人员、媒体等费用。评估效果时要考虑促销前、促销中和促销后的销售额变化情况。

5. 营业推广的时长和时机安排要合理

营业推广的时长若太短,许多可能参与的顾客会失去参与的机会;若太长,有意参与的顾客就没有"预购从速"的压力,效果也不会理想。营业推广通常在节假日效果更好,而选择节假日是企业营业推广的重要决策。案例14.3介绍了中美企业利用圣诞节、双十一和春晚的营业推广情况。

穿插案例

案例14.3 双十一和春晚的营业推广

中国的双十一购物节,是指每年11月11日的网络促销日,源于淘宝商城(天猫)2009年11月11日举办的网络促销活动。2020年天猫双十一全天交易额达4 982亿。目前双十一已成为中国电子商务行业的年度盛事,并且逐渐影响到国际电子商务行业。其实,改革开放后,许多中国企业利用传统节日尤其是春节进行营业推广。"春晚"因满足了中国观众的情感和文化需求,具有极高的曝光率和关注度,显示出惊人的吸引力和商业价值,一直是企业营销竞技的舞台。近年来,虽然春晚影响力下降,但其巨量的客户导流能力仍很强大。

2015年春晚与微信新媒体平台合作,通过微信"摇一摇"给所有观众送红包,并通过分享到微信群甚至朋友圈等进行多种社交传播,而红包里有可能是现金,但更多的是代金券、打折卡和实物礼品券等。微信支付短短两天内就绑定了个人银行卡2亿张,成为背后最大的赢家,"干了支付宝8年才干成的事",一跃成为与支付宝比肩的支付巨头。微信支付投入总成本仅为腾讯投标央视春晚新媒体独家合作的5 300万元费用,其他红包和礼品券几乎都由其他参与企业买单。2016年,支付宝与春晚独家互动合作,集齐五张福卡则可按人头数瓜分一个总金额高达2亿人民币的巨型红包。2018年,阿里再度抢到春晚独家营销权,发放价值6亿元的红包和奖品。2019年,百度独家拿下央视春晚9亿元红包互动活动。(资料来源:作者整理)

第三节　广　告

广告是以付费的方式,通过各种传播媒体,对商品、劳务或观念等所做的任何形式的非人员介绍及推广。在进行广告决策过程中,营销管理者必须做好五项重要决策,如图14-3所示。

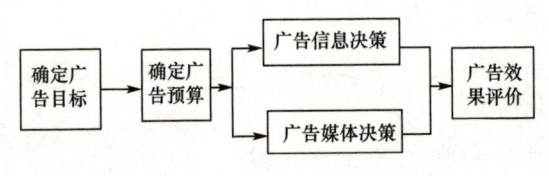

图14-3　广告决策程序和内容

一、确定广告目标

各类广告目标可选择的内容概括见表14-1。

表14-1　　　　　　　各类广告目标可选择的内容概括

大类	可能的子目标
提供信息	向市场介绍产品、企业服务、产品新的功能 修正顾客不好的印象,提供价格信息,消除顾客疑虑 说明产品使用方法,树立企业形象
说服	培养品牌偏好,说服消费者立即购买,诱使转向本企业品牌 说服消费者接听推销电话,改变消费者的产品认知
提醒	提醒消费者近期会需要该产品,提醒消费者何处购买 在淡季提示消费者对产品的记忆维持,消费者对产品的深刻印象

二、确定广告预算

广告策划者在分配企业的广告费用时,可按以下几种方法进行分配:

按时间分配是指广告策划者根据广告刊播的不同时段,来具体分配广告费用。按时段来分配广告费用是为了取得理想的广告效果,因为在不同时间里,媒体受众的人数以及生活习惯是不同的。

按地理区域分配是指广告策划者根据消费者的某一特征将目标市场分割成若干个地理区域,然后再将广告费用分配给各个区域市场。

按产品分配是指广告策划者根据不同产品在企业经营中的地位,有所侧重地分配广告费用。

按媒体分配是指根据目标市场的媒体习惯,将广告预算有所侧重地分配在不同的媒体上的一种分配方法。

三、制定广告策略

1. 广告信息决策

公司首先是决定大体上要向消费者传播什么样的信息。其次,寻找广告的创意,选择特殊诉求点。再次,进行广告信息的选择与评价。一个好的广告通常只集中强调一个销售主题。最后,进行广告信息的表达。表达的具体形式主要有:生活片段、生活方式、幻境、气氛或想象、音乐、个性象征、技术特色、科学证据、证词等。

2. 广告媒体决策

广告媒体决策需决定预期到达率、暴露频率和媒体影响,了解每类主要媒体的特点。主要媒体类型对比见表14-2。

表14-2　　　　　　　　　　　主要媒体类型对比

媒体	优点	局限性
报纸	灵活、及时,本地市场覆盖面大,能广泛地被接受,可信性强	表现手法单调,不易引起注意,传阅者少
电视	综合视觉、听觉和动作,富有感染力,能引起高度注意,到达率高	成本高,干扰多,瞬间即逝,对观众选择性小
广播	大众化宣传,地理和人口方面的选择性较强,成本低	只有声音,不像电视那样引人注意,展露瞬息即逝,对听众选择性差
杂志	地理、人口可选择性强,可信并有一定的权威性,重复出现率高,保存期长,传阅者多	时效性差,篇幅受到限制,版面位置选择性差
户外广告	广告展露时间长,费用低,竞争少	对观众选择性很小,创新性差
直接邮寄	接受者有选择性,灵活,在同一媒体内没有广告竞争,人情味较浓	相对来说成本较高,可能造成滥寄"三等邮件"的印象
网上广告	选择性强,成本低,直接性,互动性	受众分布不均匀,受众自己控制暴露情况,影响质量低

媒体计划者还要考虑目标消费者(媒体受众)的媒体习惯、产品特点、信息类型和媒体成本等因素,选择具体的媒体、位置及时间。

四、广告效果评价

企业的广告效果一般可以分为两类,即沟通效果和销售效果。沟通效果是指由于广告的作用,顾客对企业或产品的认知深度的变化情况或顾客接触广告后的反应。对沟通效果的评价根据安排的时间不同可分为事先评价、事中评价和事后评价。销售效果要比沟通效果难以测量。因为商品销售的变化除了受广告因素影响外,还受许多其他因素的影响,如产品特色、价格和竞争者行为等。所以,对广告的销售效果评价主要集中于对广告费用的使用效率进行评价。

第四节　公共关系

公共关系是指用非直接付费的方式与公众和其他企业的各公共部门建立良好的关系,从而通过赢得公众的好感,树立本企业和产品的良好形象,控制或避免不友好的传闻、现象或事件发生等,最终促进产品销售的活动。

公共关系与其他促销手段的最大不同是它不是一种短期行为,具有高度可信性、传达力强、间接性、长期性、双向性和全方位性的特点。

一、公共关系的促销作用

1. 协助企业开发新产品

企业通过赠送、慈善义捐、赞助公益活动等形式推出新产品,有时其效果要大于直接的广告宣传。

2. 建立与顾客的良好关系

企业可以举办或参与各种社会公益活动和文化娱乐活动,以形成企业与顾客之间的和谐气氛。

3. 协助对企业或产品的重新定位

某项商品往往销售一段时间后需要重新进行定位,这时公共关系的作用就变得很重要。例如,动物园以"人与环保共生存"为主题的活动推出后,除了观光客,还会增加有环境保护意识人群的前往。

4. 保护已经出现公众问题的产品

有时企业的产品可能出现消费者的信任危机,比如某批号产品的质量检验不合格。这时公共关系的作用往往大于广告宣传,它可以通过良好的沟通,消除公众的不信任感。

5. 建立有利于表现商品特点的企业形象

通过演说、公益活动、公众宣传等公关手段,可以树立企业的良好形象,赢得公众的好感。

二、主要的公共关系工具

可采取专业的方式进行公共关系活动,主要的公共关系工具,如图 14-4 所示。

```
┌─────────────────────────────┐
│        公共关系工具          │
│  • 新闻宣传   • 视听资料     │
│  • 演讲       • 公司形象识别资料 │
│  • 特殊事件   • 公共服务活动 │
│  • 书面资料   • 蜂鸣营销     │
└─────────────────────────────┘
```

图14-4　主要的公共关系工具

第五节　整合营销沟通策略

一、沟通的过程

沟通过程一般涉及九个要素，沟通过程和构成要素如图14-5所示。

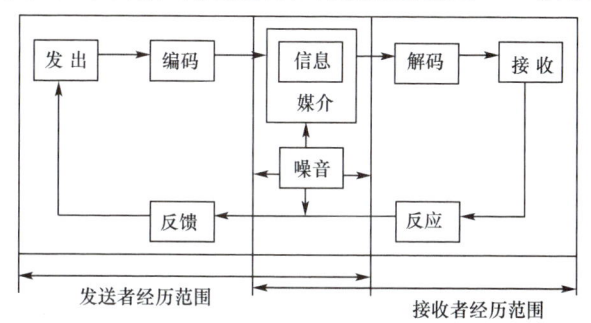

图14-5　沟通过程和构成要素

二、整合营销沟通的内涵

整合营销沟通（Integrated Marketing Communication，IMC）是通过评价广告、直接营销、人员推销、销售促进和公共关系等传播手段的战略作用，以提供一致、清晰、令人信服的公司及品牌信息过程。整合营销沟通的内涵如图14-6所示。

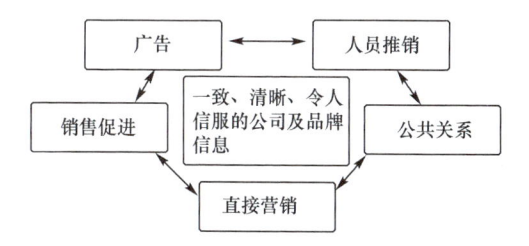

图14-6　整合营销沟通的内涵

三、整合营销沟通的步骤

整合营销沟通的步骤如图14-7所示。

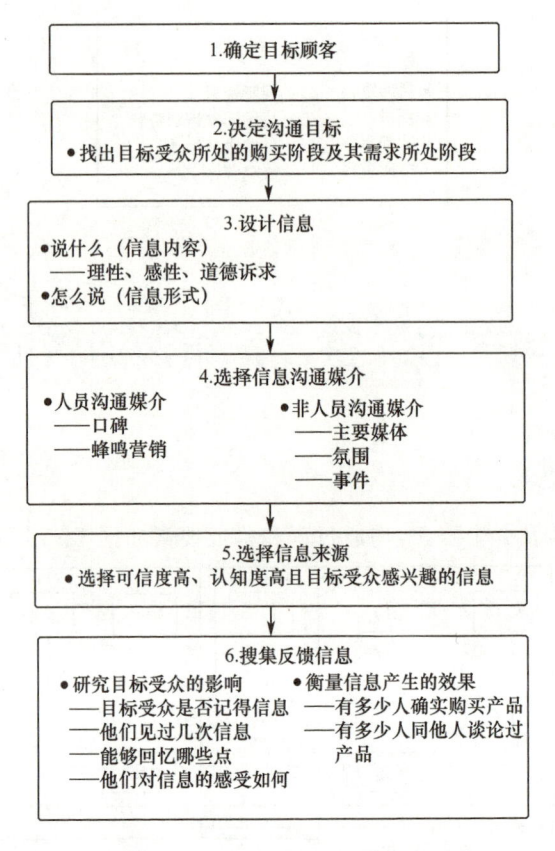

```
┌─────────────────────────┐
│    1.确定目标顾客        │
└───────────┬─────────────┘
            ↓
┌─────────────────────────┐
│    2.决定沟通目标        │
│ •找出目标受众所处的购买阶段及其需求所处阶段 │
└───────────┬─────────────┘
            ↓
┌─────────────────────────┐
│    3.设计信息            │
│ •说什么（信息内容）      │
│   ——理性、感性、道德诉求 │
│ •怎么说（信息形式）      │
└───────────┬─────────────┘
            ↓
┌─────────────────────────┐
│    4.选择信息沟通媒介    │
│ •人员沟通媒介    •非人员沟通媒介 │
│   ——口碑          ——主要媒体 │
│   ——蜂鸣营销      ——氛围   │
│                   ——事件   │
└───────────┬─────────────┘
            ↓
┌─────────────────────────┐
│    5.选择信息来源        │
│ •选择可信度高、认知度高且目标受众感兴趣的信息 │
└───────────┬─────────────┘
            ↓
┌─────────────────────────┐
│    6.搜集反馈信息        │
│ •研究目标受众的影响  •衡量信息产生的效果 │
│   ——目标受众是否记得信息  ——有多少人确实购买产品 │
│   ——他们见过几次信息      ——有多少人同他人谈论过产品 │
│   ——能够回忆哪些点        │
│   ——他们对信息的感受如何  │
└─────────────────────────┘
```

图 14-7　整合营销沟通的步骤

四、营销沟通预算

企业在制定营销沟通决策时,首先会遇到两个问题:应花多少钱用来进行营销沟通活动;这些钱应如何在众多的营销沟通工具之间进行分配。

营销沟通的预算方法主要以下几种:

1.负担能力法

这是一种按照企业管理者认为所能承担的费用水平确定营销沟通预算的方法。其操作程序是从企业总收入中减去经营费用和资本项目支出,然后将剩余资金的一定比例用于广告费。一般来说,小企业常使用这种方法。

2.销售百分比法

这是一种按照现有或预测的特定销售额或者单位销售价格的一定百分比,来安排企业营销沟通预算的方法。

3.竞争对等法

这是一种与竞争对手的营销沟通费用大致保持同一水平的方法。企业首先搜集有关竞争者的广告或营销沟通费用,然后根据全行业的平均费用来确定本企业的营销沟通预算额度。

4.目标任务法

这种方法是根据预期完成的营销沟通任务来安排营销沟通预算。确定预算的方法是：首先确定具体的营销沟通目标，其次决定达到该目标必须完成的任务，最后估算完成这些任务所需要的费用。这些费用总和就是营销沟通预算建议数额。

三、整合营销沟通要素组合

1.促销工具的特性

促销工具包括广告、人员促销、营业推广、公共关系等促销组合，各种整合营销沟通工具见表14-3。

表 14-3　　　　　　　　　各种整合营销沟通工具

广　告	人员推销	营业推广	公共关系
优点	优点	优点	优点
• 单位成本较低	• 在购买者偏好建立和购买阶段很有效	• 顾客吸引力强	• 可信度高
• 一条信息能重复多次	• 允许人际互动	• 直接刺激购买	• 覆盖受众广泛
• 顾客对其合法性较认可	• 允许发展多种人际关系	• 快速提升短期销量	• 可使公司或产品引人瞩目
• 表现性与吸引力强	• 便于购买者倾听并反应	• 刺激顾客反应	
缺点	缺点	缺点	
• 非人员、单向沟通	• 需持续努力	• 短期效应	
• 总成本高	• 最昂贵的促销工具	• 对建立长期品牌效果不太好	

2.促销工具的具体形式

每一类促销方式中又有许多具体的形式，促销工具的具体形式见表14-4。

表 14-4　　　　　　　　　促销工具的具体形式

广　告	人员推销	营业推广	公共关系
报纸广告/杂志广告	推销介绍	现场示范表演	记者招待会
广播广告/电视广告	推销会议	有奖销售	演讲
电影广告/包装广告	推销员示范	折扣	研讨会
产品目录/产品说明书	贸易展销	广告制品	年度报告会
招贴/传单	贸易洽谈	优惠购物券	各种庆典
广告册/广告牌	订货会	招待会	慈善捐款
标语与标志/产品陈列	提供样品	竞赛活动	公益赞助
工商名录/陈列广告牌	推销刺激计划	彩票	企业文化
视听材料/POP广告		赠送样品	企业形象
网上广告		商业信用	
邮寄品		免费试用	

3. "推""拉"相结合的促销组合策略

营销人员可在"推"和"拉"的策略中做出选择。"推"和"拉"的策略如图14-8所示。

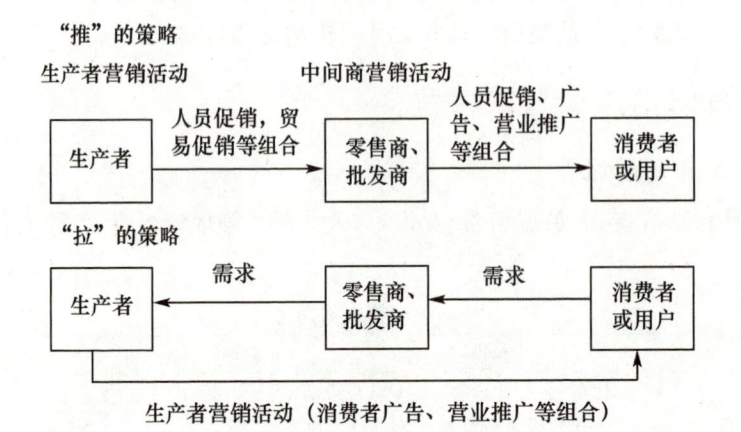

图14-8 "推"和"拉"的策略

一般来说,小型企业或无足够的广告预算的企业可能使用"推"的策略;而多数大型企业可能同时使用两种策略。"推"和"拉"策略的适用条件见表14-5。

表14-5 "推"和"拉"策略的适用条件

"推"的策略	"拉"的策略
企业规模小或无足够的广告预算	产品的市场很大,属便利品
市场集中,渠道短,销售力量强	产品信息须以最快速度告知消费者
产品单位价值大,属特殊品或选购品	产品原始需求显示有利趋势并日益升高
企业与中间商和消费者的关系待改善	产品具有差异化的机会,富有特色
产品性能及使用方法需示范	产品具有隐藏性质,须告知消费者
需要经常维修或需退换	产品能激起情感性购买动机
……	企业有足够的资金支持大规模的广告
	……

六、线上整合营销

1. 移动互联网营销

移动互联网营销是基于手机、平板电脑等移动通信终端,利用互联网和无线通信技术来满足企业和客户之间交换产品或服务的过程,它通过在线活动,创造、宣传、传递客户价值,通常借助微信公众号、App、二维码、手机应用、彩信、短信等方式对客户关系进行移动管理。这些新营销方式具有灵活性强、精准性高、推广性与互动性强等特点。例如,小米手机在今日头条的内容总能获得较大的阅读和互动量;如果你打开QQ空间,关注小米官方帐号,会发现它的活跃度也非常大,一条动态获得的阅读量可达百万次。未来,以移动互联网营销为核心,整合各种线上营销方法,可大大提高营销的实际效果,如图14-9所示。

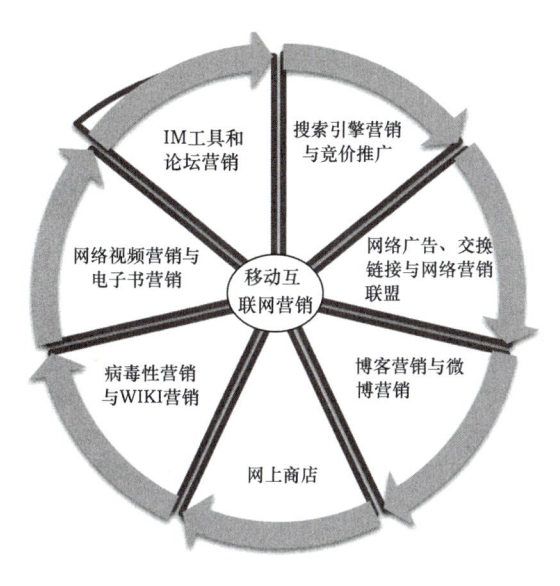

图 14-9 线上整合营销

2. 搜索引擎营销与竞价推广

搜索引擎营销(Search Engine Marketing,SEM)是一种新的网络营销形式,它所做的就是全面而有效地利用搜索引擎来进行网络营销和推广。SEM 追求最高的性价比,以最小的投入,获得最大的来自搜索引擎的访问量,并产生商业价值。

竞价推广是把企业的产品、服务等通过关键词的形式在搜索引擎平台上做推广,它是一种按效果付费的新型而成熟的搜索引擎广告。用少量的投入就可以给企业带来大量潜在客户,有效提升企业销售额。竞价排名是一种按效果付费的网络推广方式,由百度在国内率先推出。企业在购买该项服务后,通过注册一定数量的关键词,其推广信息就会率先出现在网民相应的搜索结果中。

3. 网络广告、交换链接与网络营销联盟

几乎所有的网络营销活动都与品牌形象有关,在所有与品牌推广有关的网络营销手段中,网络广告的作用最为直接。标准标志广告(BANNER)曾经是网上广告的主流,2001 年后,网络广告领域发起了一场轰轰烈烈的创新运动,新的广告形式不断出现,新型广告由于克服了标准条幅广告承载信息量有限、交互性差等弱点,因此获得了相对比较高一些的点击率。

交换链接或称互换链接,它具有一定的互补优势,是两个网站之间简单的合作方式,即分别在自己的网站首页或者内页放上对方网站的 LOGO 或关键词并设置对方网站的超级链接,使得用户可以从对方合作的网站中看到自己的网站,达到互相推广的目的。交换链接主要有几个作用,即可以获得访问量、增加用户浏览时的印象、在搜索引擎排名中增加优势、通过合作网站的推荐增加访问者的可信度等。更值得一提的是,交换链接的意义已经超出了是否可以增加访问量,比直接效果更重要的在于业内的认知和认可。

网络营销联盟目前在我国还处于萌芽阶段,1996 年亚马逊通过这种新方式取得了成功,联盟包括三要素:广告主、网站主和广告联盟平台。广告主按照网络广告的实际效果

(如销售额、引导数等)向网站主支付合理的广告费用,节约营销开支,提高企业知名度,扩大企业产品的影响,提高网络营销质量。

4. 博客营销与微博营销

博客营销是通过博客网站或博客论坛接触博客作者和浏览者,利用博客作者个人的知识、兴趣和生活体验等传播商品信息的营销活动。博客营销不直接推销产品,而是通过影响消费者的思想来影响其购买行为。例如,某相机厂商赞助某知名摄影博客,并向其灌输自己相关产品的内容,而后这些产品由该博客为源头传播开来,影响其他摄影爱好者和相机用户。专业博客往往是那个圈子中的意见领袖,他们的一举一动往往被其他人模仿和追逐。

微博是一个基于用户关系的信息分享、传播以及获取平台,用户可以通过 WEB、WAP 以及各种客户端组件个人社区,更新信息,并实现即时分享。最新数据统计显示新浪微博的注册用户已经超过了 2.5 亿,每天产生的微博内容接近一亿条。作为网络营销的重要方式,许多企业利用它来推广自己的服务或产品。

5. 网上商店

网上商店一般由第三方提供电子商务平台,由商家在此平台上自行经营,如同在大型商场中租用场地开设商家的专卖店一样,是一种比较简单的电子商务形式。网上商店除了通过网络直接销售产品这一基本功能之外,还是一种有效的网络营销手段。在中国,有很多网上商城,如天猫商城、京东商城、苏宁易购、当当网、亚马逊等。

6. 病毒性营销与 WIKI 营销

病毒性营销并非真的以传播病毒的方式开展营销,而是通过用户的口碑宣传网络,信息像病毒一样传播和扩散,利用快速复制的方式传向数以千计的受众。现在几乎所有的免费电子邮件提供商都采取类似的推广方法。WIKI 营销是一种建立在 WIKI 这种多人写作工具上的一种新型营销手段。它以关键字为主,将关键字作为入口,建立产品或公司品牌的相关链接。由于 WIKI 营销是针对关键字来进行的,所以面向的人群更加精确,对于广告主来说,可以提供很好的广告环境。互联网上的奇迹很多是由广大用户创造的。现在,网民使用互联网搜索其实就是想一步到位找到内容,基于 WIKI 理念的百科提供了非常好的平台。

7. 网络视频营销与电子书营销

视频营销是指主要基于视频网站为核心的网络平台,以内容为核心、创意为导向,利用精细策划的视频内容实现产品营销与品牌传播的目的,视频包含电视广告、网络视频、宣传片、微电影等各种方式。近年来,许多企业通过抖音、快手、微信视频号等短视频平台进行营销。

电子书营销是指将广告信息合理地安排到电子书中,比如书的首页、内容中的页眉或者页脚,或者在正文中的合适位置插入一定量的广告信息,让读者在阅读免费电子书的同时,接收到一定量的广告信息。

8. IM 工具营销和论坛营销

IM 工具营销一般是指通过 QQ、MSN、阿里旺旺等即时通信软件来实现营销的目的,常用方法一般为群发消息,利用弹出窗口弹出信息,或者采用工具皮肤内嵌广告的形式。

论坛营销就是企业利用论坛这种网络交流的平台,通过文字、图片、视频等方式发布企业的产品和服务的信息,从而宣传企业的服务和品牌。例如,小米手机为了让用户深入参与到产品研发过程,专门成立MIUI论坛,MIUI团队在论坛和用户互动,手机系统每周更新。在确保基础功能稳定的基础上,小米把各种成熟的或者还不成熟的想法和功能,都坦诚放在用户面前,然后让用户来提交使用报告,小米汇总出用户意见。小米之所以仅用8年时间,就从一家仅有13人的小公司,发展成为市值500多亿美元的上市企业,论坛营销发挥了重要作用。

近年来,不少优秀企业将线上和线下、"推"和"拉"的策略相结合,借消费者的"势"来造势,不断创新促销的形式,取得意想不到的促销效果。案例14.4介绍了支付宝的一次造势促销活动。

穿插案例

案例14.4 支付宝的造势促销

2018年国庆节前夕,支付宝在微博上发起了一个抽奖活动,要抽取一位幸运儿,送上超级大礼包。但这不是一次简单的抽奖,最终获奖的概率达到了三百万分之一,一位昵称为"信小呆"的女士获得了此项大奖,成为"中国锦鲤"。这次促销活动效果惊人,推出6小时,微博转发已破万,活动截止时收获了400多万点及转发赞,2亿的曝光量,是微博热搜榜单中最多的企业促销话题。

这次造势促销经过四个阶段:①冷启动,提前并没有预热,支付宝微博发布活动通知前,没有在其他任何线上或线下渠道发布消息。运营团队预先要求各个品牌在规定的时间内发表评论和转发,同时放出让人眼花缭乱的促销海报,充分利用"锦鲤"概念自带的传播性,类似一个极佳的广告词,让用户可以直接参与并转发;②造势,"三百万分之一的概率"成为话题点,许多微博大V转发海报,同时借助"基于话题的分发逻辑"来切入微信朋友圈的流量池;③收官,制作奖品长条幅,并拍摄视频,"信小呆"获奖后,在微博上只回复了一句话:"我下半生是不是不用工作了?"下半生不用工作这句话,一是简短,二是它本身是一个梗,甚至是一个痛点,极具传播力;④二次传播,明星转发信小呆微博,又一次增加了用户的关注度,同时通过微博生态圈,利用"锦鲤"事件的余温,大V展开话题讨论,互相蹭热度,实现二次传播的共赢。(资料来源:安琪.借势不如造势——来看看支付宝锦鲤是怎么玩转社交营销的? A5创业网,2018-10-10)

本章习题

一、判断题

1. 营业推广的时间越长越好。（   ）
2. 企业在评价广告效果时只需考虑销售效果即可。（   ）

3.人员推销是最省钱的促销工具。   （ ）

二、单选题

1.下列关于广告的叙述中不正确的是(　　)。

A.广告的唯一目标是说服消费者立即购买

B.确定广告预算时,可按时间、地理区域、产品、媒体来进行分配

C.在进行广告信息决策时要寻找广告的创意

D.在广告媒体选择时,要了解报纸、电视、广播、杂志、户外及网上广告等媒体的特点

2.下列关于公共关系的叙述中不正确的是(　　)。

A.公共关系与其他促销手段的最大不同是它不是一种短期的促销行为

B.公共关系具有高度可信性的特点

C.公共关系可以树立企业的良好形象,赢得公众的好感

D.所有的公共关系活动都不用付费

3.下列关于整合营销沟通的叙述中不正确的是(　　)。

A.整合营销沟通的目的提供明确、一致和最有效的传播影响力

B.整合营销沟通首要的步骤是确定目标顾客

C.企业进行整合营销沟通时说什么(信息内容)和怎么说(信息形式)同样重要

D.整合营销沟通时,广告、人员促销、营业推广、公共关系等促销工具可随意组合

三、简答题

1.简述有效人员推销的六个步骤。

2.简述营业推广的方法。

3.简述推拉相结合的促销组合策略。

营销演练

人员推销技能

请根据下面人员推销的真实情景,完成相应的演练任务。

(1)推销员甲在向顾客推销一种新型电风扇。

推销员:请问要买电风扇吗? 我带来了一种新型电风扇。

顾客:电风扇? 我不买。

推销员:买一台吧。

顾客:不买,对不起,我要休息了,再见。

推销员失望地走了。

(2)推销员乙也来到这位顾客家中,同样推销这种电风扇。

推销员:我知道您很需要一台电风扇,这种新型电风扇您一定喜欢。

顾客:你怎么知道我需要电风扇?

推销员:您看,天这么热,有30多度吧?

顾客:热点怕什么? 这么多年都这么过的。

推销员:有了这台电风扇,感觉可不一样了。请问电源插座在哪里?啊!在这,来,让我为你打开试试。好,现在打开了,感觉怎么样,风太大了?没关系,转动这个开关,现在怎么样?

顾客:是不是很贵呀?

推销员:这是价格表,如果您喜欢的话,可以按批发价,比零售价便宜40元。

顾客:那也要248元呢!

推销员:保守点算算,这台风扇,至少可以使用5年,一年至少用2个月,每天才8角钱,还没到一根冰棍的钱呢!

顾客:质量可靠吗?

推销员:您看,这是质量免检证书,这是获奖证书。

顾客:坏了怎么办?

推销员:请您保存好这张卡片,拿着它,可以到我们设在本市的任何一个维修点免费维修。您看放在哪好?放在这里怎么样?

顾客:就放在这吧。(成交)(资料来源:作者整理)

营销演练任务

建议在回顾本章所学内容的基础上,根据有效人员推销的步骤,帮助推销员乙提出一个完整的推销方案:

确定目标:_____
接近顾客:_____
推销介绍:_____
回答异议:_____
促成交易:_____
追踪服务:_____

案例实训

案例14.5 支付宝的促销组合

支付宝网络技术有限公司是国内的第三方支付平台,2004年建立,2014年第二季度开始成为全球较大的移动支付商。2019年1月,全球用户数已经超过10亿,2月获得国家认证。

不断完善的促销组合

2015年,支付宝钱包8.5版,在钱包"探索"二级页面下,多了一个"我的朋友"选项卡,在进入转账界面后,就可以和对方直接发送文字、语音、图片等信息。

2015年7月,支付宝发布9.0版本,加入了"商家"和"朋友"两个新的一级入口,分别替代"服务窗"与"探索",由此切入了线下生活服务与社交领域。此外,还增加了亲情账户、借条、群账户等一系列功能。

2015年9月,支付宝和麦当劳进行大数据合作,全上海地区的麦当劳可使用支付宝付款,并将进一步推广至全国门店。随后与三星移动支付服务Samsung Pay合作。

2016年5月,支付宝与深圳人社局合作上线医保移动支付平台。

2016年11月,支付宝入驻苹果App Store,中国大陆用户已经能在App Store的付款方式和充值两个地方看到支付宝的加入,可以用于购买应用,给账户充值。随后还小范围推出了"白领日记"和"校园日记"。

2016年12月,支付宝宣布已与欧洲4家金融服务机构签署合作协议,致力于为赴海外旅游的中国消费者提供服务。随后推出支付宝10.0版本,带来支付宝AR实景红包的玩法。

利用促销,先成就他人,再成就自己

支付宝在2016年春节期间通过"集五福瓜分5亿现金"活动,成功地吸引了全国人民的注意,这个小游戏最多可分到666元大红包,既有娱乐性又能使大家获得好处,最后还提高了支付宝的名气和使用次数。而此后,支付宝集五福成了大家过春节的一个习惯,是支付宝最成功的营销事件之一。

为了培养大家使用支付宝支付的习惯,支付宝投入数亿来推出"天天领红包"活动。2018年6月,"天天领红包"活动升级,一次可以领两个红包,一个是到店支付红包,最高99元,一个是余额宝消费红包,但是金额很大,而且每天都能领。

2018年9月,支付宝又做了一次成功的营销事件,随机抽取一个"中国锦鲤",然后合作伙伴送出各种奖品和旅游机票,号称独宠一人。

2019年春节前夕,支付宝"集五福"活动又开始了,时间截至大年三十晚,总金额为5亿元,最终大概有两到三亿用户能获得红包,其中最高可分到666元。而今年集福的玩法比往年更多了些,不仅可以通过AR扫福、朋友赠送,还可以在蚂蚁庄园中收取金蛋,参与蚂蚁森林浇水活动,都有可能集到福字。

集福背后的五大促销套路

第一,符合大环境。根据自古以来的风俗习惯,每到新年期间,我们会挂对联、贴福字,寓意着新年如意、福气满满。也就是说,我们周围会被各种"福"字或带有"福"字的对联所包围。而支付宝恰恰是利用了这一大环境,通过随处可见的"福"字不断激励用户参与活动。

第二,操作门槛低。集五福的方式是什么?只要你有智能手机,通过支付宝扫一扫即可获得福卡。而扫一扫这种方式对于用户而言,操作门槛低,不用花费太长时间,方便各类用户参与,易于产生全民集五福的情景。

第三,高额奖励机制。在集五福活动中,5亿便是最大的诱惑点,利用用户的心理,不断激发用户参与活动的行为。同时每一张福字背后都可以通过刮刮卡的方式获得不同的优惠券,在一定程度上也促进了用户对于消费行为转化的刺激,可谓一举两得。

第四,从众心理。许多人开始集五福并不是主动打开支付宝,而是通过同事、朋友聊天听说的。多数情况下,当用户产生购买决策或某一行为时,并不会因为你的商品好、服务好而马上进行购买,而往往快速让消费者产生某一行为的都是一时冲动,或迫于一定的

压力。

第五,损失规避原则。支付宝集五福的活动,为什么可以引起万人参加,甚至到最后不惜去花钱也要凑齐五福?从心理学角度来说,人都是害怕失去某种东西的。有时为了消除或减轻这种心理,会促使自身产生某种行为。在支付宝集五福活动中,一旦你开始集福,便是一个无止境的过程,除非集齐五福。前期我们已消耗了部分心力去集福,后期我们会由于花费的心力、害怕集不到、害怕错过5亿的分钱,从而不断促使自己扫福、换福等行为,甚至不惜花钱也要集齐五福。2020年5月,支付宝宣布打通淘宝直播,商家和小程序开发者可以在支付宝生活号内通过小程序开通直播,可实现直接跳转小程序、领取优惠券等能力,可以在一个App端内完成全流程。(资料来源:作者整理)

1. 实训目的

(1)帮助学生提高促销决策的能力。

(2)帮助学生提高促销组合的技能。

2. 实训任务

(1)讨论支付宝在促销的过程中都采取了什么具体形式?

(2)请帮助支付宝制定新一年促销预算。

(3)请为支付宝制订一个"五一"整合营销沟通计划。

3. 实训步骤

(1)个人阅读

每位学生课前认真阅读背景材料。针对"实训任务"进行阅读,督促学生在课前完成。针对中国学生的特点,课堂上老师或学生还需再花费20~30分钟对背景材料的关键信息及相关背景进行简单的陈述。

(2)分组

在授课教师指导下,以6~8个人为单位组成一个团队,要求学生选出组长、记录人、报告人等角色;

(3)小组讨论与报告

时间为30分钟,主要在课堂进行,围绕"实训任务"展开讨论,同时鼓励学生提出新的有价值的问题。要求每个小组将讨论要点或关键词按小组抄写在黑板上的指定位置并进行简要报告,便于课堂互动。小组所报告的内容尽可能是小组所达成共识的内容。

小组讨论与报告

小组名称或编号:_____ 组长:_____

报告人:_____ 记录人:_____

小组成员:_____

①小组讨论记录:

发言人1:_____

发言人2:_____

发言人 3：_____

发言人 4：_____

发言人 5：_____

发言人 6：_____

发言人 7：_____

发言人 8：_____

②小组报告的要点或关键词（小组所达成共识的内容）：

任务 1：_____

任务 2：_____

任务 3：_____

(4)师生互动

主要在课堂进行，时间为 20 分钟，老师针对学生的报告与问题进行互动，同时带领学生对广告与公共关系有关的关键知识点进行回顾。并追问学生还有哪些问题或困惑，激发学生学习兴趣，使学生自觉地在课后进一步查询相关资料并进行系统的回顾与总结。

(4)课后作业

要求每位学生进一步回顾本章所学内容，并以个人课后作业的形式撰写实训报告，进一步巩固核心知识。报告提纲如下：

实训报告

支付宝新一年的促销预算：

各种促销工具的预算分配

广告	人员推销	营业推广	公共关系

请借鉴集五福活动，制订一个支付宝"五一"整合营销沟通计划：

①整合营销沟通目标：_____

②整合营销沟通预算：_____

③整合营销沟通内容：_____

④说明选择"推"和"拉"策略的条件：_____

⑤整合营销沟通时间及形式：_____

⑥整合营销沟通效果预估：_____

(6)实训成果的考核

根据学生课堂表现和实训报告质量，评定实训成绩。

参考文献

[1] 菲利普.科特勒,凯文.莱恩.营销管理[M].汪永贵,华迎译.北京:清华大学出版社,2017.
[2] 姚飞.创业营销:案例与微课[M].中国纺织出版社,2017.
[3] 姚飞.客户关系管理:销售视角[M].机械工业出版社,2014
[4] 李桂华,姚飞.现代营销管理[M].上海:华东师范大学出版社,2008.
[5] 中国包装网论坛(http://bbs.pack.cn/showtopic-541.aspx).
[6] TCL公司网站(http://www.tcl.com).
[7] 麦当劳中国网站(http://www.mcdonalds.com.cn).
[8] 草根网(http://www.20ju.com).
[9] IBM中国官方网站 (http://www.ibm.com/cn/zh).
[10] 百安居中国(http://www.bnq.com.cn).
[11] 康师傅控股公司网站(http://www.masterkong.com.cn).
[12] 宝洁中国(http://www.pg.com.cn).
[13] 高露洁中国(http://www.colgate.com.cn).
[14] 海尔公司网站(http://www.haier.com).
[15] 雅芳中国网站(http://www.avon.com.cn).
[16] 海底捞公司网站(http://www.haidilao.com).
[17] 迪士尼中国官网(http://www.disney.cn).
[18] 小米网(http://www.xiaomi.com).
[19] 云南白药集团网站(http://www.yunnanbaiyao.com.cn).
[20] 苹果官网(http://www.apple.com.cn).
[21] 沃尔玛中国(http://www.wal-martchina.com).
[22] 格力公司网站(http://www.gree.com.cn).
[23] 可口可乐中国网站(http://www.coca-cola.com.cn).
[24] Dell中国大陆网站(http://www.dell.com.cn).
[25] 杉杉控股公司(http://www.shanshan.com).
[26] 百事可乐中国(http://www.pepsico.com.cn).
[27] 加多宝公司官方网站(http://www.wlj-china.com).
[28] 青岛啤酒公司网站(http://www.tsingtao.com.cn).

附 录

附录一 演练3参考答案及结果分析

①评分标准

每题答对8分,答错得0分,不知道的得4分,总分160分。

②测评答案:

1.错误 2.错误 3.正确 4.正确 5.错误 6.正确 7.错误 8.正确 9.错误 10.错误 11.错误 12.错误 13.错误 14.正确 15.错误 16.错误 17.错误 18.错误 19.错误 20.错误

③结果分析

如果你的得分在130分(含130分)以上,你就具有较高的营销智商;

若你的得分在80~130分以下,目前你的营销智商中等;

若你的得分在80(含80)以下,目前你的营销智商较弱。

④对比分析

20世纪90年代,曾经有家美国顾问公司对2003位任职于年营业额超过50万美元的企业总裁进行了"营销智商测试"。这些主管似乎很认真地回答,并没有不分青红皂白地全答"完全正确"或敷衍地全答"不知道",他们认为知道的就会给答案。测试的结果是:

被测总裁的营销智商与公司的大小成正比(专业化);

没有一个被测总裁的营销智商高于120分;

这些总裁的平均智商是79分。

全答"不知道"可以得80分。

附录二　营销计划书的主要内容

主题	主要内容
执行概要	为使该层管理迅速了解计划的要点而对主要目标和建议做出的简短总结,计划内容应遵循该执行概要
营销现状	描述目标市场和公司在目标市场上的定位,包括市场信息、产品性能、竞争和分销情况,包括: 市场状况:描述整体市场和主要细分市场的情况,评价顾客需求和营销环境中可能影响顾客行为的因素 产品状况:列出产品中主要产品的销售额、价格和毛利润 竞争状况:识别主要竞争者,评价他们的市场定位及其 4P 策略 分销状况:评价主要分销渠道中最近的销售趋势和其他进展
威胁和机会分析	评估产品可能面对的主要威胁和机会,帮助管理层与其可能对公司或战略产生影响的正面或负面的发展
目标和问题	陈述公司在计划的期限内想要实现的营销目标;围绕目标的实现,讨论存在的主要问题
营销策略	概述业务单位实现营销目标的大体思路,以及目标市场、定位、营销花费的具体方案;概述 4P 组合策略中每一个 P 的具体策略,解释每个 P 如何应对计划中提到的威胁、机会和关键问题
行动方案	明确说明营销策略如何转化为具体的行动方案,回答以下问题:应该做什么? 什么时候去做? 谁负责去做? 需要花多少钱?
预算	具体列出计划预期的损益表的营销预算,显示出预期待收益(预期的销售数量和平均价格)和预期的成本(生产、分销和营销成本)。预期利润一旦得到上级管理者批准,预算就成为材料采购、生产计划、人事安排和营销运营的基础
控制	概述进程中控制活动,上级管理层可通过控制来评估执行结果和不符合目标的缺陷产品